CONTRE
VENTS
et
MARÉES

Richard E. Strout

CONTRE
VENTS
et
MARÉES

*Une histoire des Églises de Frères
chrétiens au Canada français
1926 – 2010*

230 rue Lupien,
Trois-Rivières (Québec)
Canada G8T 6W4

Édition originale en anglais sous le titre :
Ebb and Flow : A History of Christian Brethren Churches In French Canada, 1926-2010
© 2016 par Richard Strout. Tous droits réservés.
Publiée en 2016 par Richard Strout.

Pour l'édition française, traduite et publiée avec permission :
Contre vents et marées : une histoire des Églises de Frères chrétiens au Canada français, 1926-2010
© 2016   Publications Chrétiennes, Inc.
  230, rue Lupien
  Trois-Rivières (Québec) G8T 6W4 – Canada
  Site Web : www.publicationschretiennes.com

Traduction : Anne Worms

Tous droits réservés.

ISBN : 978-2-89082-263-4

Dépôt légal – 2e trimestre 2016
Bibliothèque et Archives nationales du Québec
Bibliothèque et Archives Canada

« Éditions Impact » est une marque déposée de « Publications Chrétiennes, Inc. »

Sauf indications contraires, toutes les citations bibliques sont tirées de la version revue 1979 Louis Segond de la Société Biblique de Genève.

*En mémoire de ces hommes dont les mots constituent
la majeure partie de cette histoire et sans qui l'existence
de cet ouvrage aurait été impossible.*

Dr Arthur Clare Hill, M. D.
Éditeur fondateur de *News of Quebec*
(1944-1967)

Arnold John Myers Reynolds
Éditeur en chef
(1968-1983)

Norman Reid Buchanan
Éditeur associé
(1956-1996)

TABLE DES MATIÈRES

Avant-Propos 9
Préface 13

Introduction
Les Frères chrétiens 17
Les premières assemblées 23
Les premiers pionniers 35

Partie 1 – Marées basse et montante
Les premières années 55
Les infrastructures 58
Le harcèlement religieux 65
L'éducation 69
Une école biblique 82
Radio et télévision 84
L'évangélisation par la littérature 91
Le camping chrétien 105
Les conférences 110
Les assemblées locales 117
Les services sociaux 119
Les orphelinats 120
Les maisons de retraite 124

Partie 2 – Marées haute et fulgurante
Le nationalisme 131
L'éducation 136
Sermons de la science 138
Les assemblées locales 142
Nouvelles initiatives 147
Les camps 174
Les conférences 177
La radio et la télévision 181
News of Quebec 190
La littérature 192
Publications Chrétiennes 198
Aide olympique 201

Partie 3 – Marée descendante et accalmie
Quelques éléments déclencheurs 207
La Corporation 209
Les services sociaux 212
L'éducation 213
Groupes bibliques universitaires 215
L'Institut biblique Béthel 217
ProFAC 219
Publications Chrétiennes 223
Le Service d'orientation biblique 226
Radio et télévision 227
Les camps 234
Les conférences 238
Les assemblées locales 246
Le réseautage 247
News of Quebec 256

Notes 261
Appendice 1 283
Appendice 2 287
Appendice 3 295
Index 301

AVANT-PROPOS

En lisant ce livre, je me suis rendu compte que j'ignorais de nombreux détails importants de ce qui s'est passé au Québec. Sans le vouloir, j'avais oublié combien mes confrères, engagés eux aussi dans le travail de Dieu, avaient investi de leur temps et de leur argent dans cette tâche à laquelle ils s'étaient dévoués. Pendant que j'étais moi-même très engagé dans un travail d'évangélisation, de prédication, et dans l'Église locale, plusieurs autres se consacraient également à divers ministères. Ce livre nous en rapporte l'histoire !

En 1947, j'ai été personnellement témoin de ce qui constitue en partie les débuts de l'œuvre de Dieu au Québec lorsque j'ai vu mes parents se faire baptiser par immersion dans les eaux du fleuve Saint-Laurent à Sainte-Marthe-du-Cap. À cette époque, de fervents serviteurs du Seigneur accomplissaient, parfois dans l'ombre, un travail spirituel des plus importants.

Il y a quelque temps, l'auteur de ce récit historique m'a demandé si j'accepterais d'écrire l'avant-propos de son livre. J'ai répondu sans hésitation que j'en serais ravi, et je lui ai demandé la permission de lire la première ébauche. En ce qui concerne ses instructions, j'ai souri en lisant : « Ma seule demande, c'est que l'accent soit mis sur toute la valeur et l'importance de cette histoire plutôt que sur son auteur. »

Pourtant, il me faut tout de même rapporter certains faits qui remontent à ma première rencontre avec lui, alors que nous étions tous deux adolescents. Voici un extrait du journal intime que je tenais à l'époque, daté du 20 octobre 1953 : « Avec M. Paul Boëda, nous avons visité l'école Sunnyside, un petit établissement scolaire situé sur Old Dover Road à côté de Rochester dans le New Hampshire aux États-Unis. Nous y avons rencontré Richard Strout qui était là avec ses parents. » Dès le départ, j'ai été frappé par sa curiosité et son intérêt évident pour le Québec !

En juillet de l'année suivante, l'auteur et sa famille sont venus visiter Trois-Rivières et Cap-de-la-Madeleine. Pendant leur visite qui a duré quatre jours, j'ai pu apprendre à mieux connaître Richard. Au cours de leur séjour, alors que je faisais du vélo, je suis tombé sur Paul Boëda Jr. et Richard qui se promenaient aussi à vélo. C'était sans aucun doute un rendez-vous divinement planifié ! Par la suite, j'ai pu emmener toute la famille visiter le Sanctuaire Notre-Dame-du-Cap, un important lieu de pèlerinage catholique dédié à Marie, la mère de notre Seigneur. Ils ont été tout à fait impressionnés par cette représentation évidente de la ferveur religieuse qui régnait au Québec.

À cette époque, Trois-Rivières était l'une des villes les plus importantes au monde en ce qui concerne la production de pâte à papier et de papier journal. J'ai emmené la famille voir le département des expéditions de la *Saint Lawrence Corporation* où je travaillais. Yolande, qui devait plus tard devenir ma femme et dont le père travaillait sur le même site que moi, est également venue avec M. et Mme Strout, Richard, sa sœur Susan ainsi que deux autres filles de l'assemblée locale, Raymonde Gélinas et Marlène Boëda, la fille aînée de Paul Boëda senior. Le père de Richard s'est exclamé après la visite : « Chaque fois que j'ai vu passer un camion chargé de bois ou que j'ai lu un journal, je ne me suis jamais imaginé tout ce qui était nécessaire à la production d'une feuille de papier ! Maintenant, j'en comprends beaucoup mieux la grande valeur. » Une réelle valeur en effet ! C'est par un petit tract de papier, reçu par la poste en 1947, que mon père a fini par demander une copie du Nouveau Testament aux chrétiens d'une assemblée anglophone de l'Ontario.

On ne peut s'empêcher de remarquer, en lisant ce récit historique, que depuis des années, la page imprimée a été et continue d'être l'un des outils les plus importants pour l'évangélisation du Québec, à

Avant-propos

commencer par la bible, qui a été très largement distribuée dans toute la province par les chrétiens évangéliques.

Pour ma part, j'ai toujours fortement apprécié la collaboration de croyants anglophones. J'y vois clairement la main de Dieu au regard de son œuvre au Québec. Tout au long des années 40 et 50, nos amis anglophones, nos frères et sœurs dans le Seigneur, ont mis toute leur ardeur à envoyer quantité de tracts et de Nouveaux Testaments dans de nombreuses villes et villages du Québec. De même, c'est grâce à la vision de chrétiens anglophones, au Canada et aux États-Unis que plusieurs missionnaires, hommes et femmes, sont venus au Québec et ont appris le français pour y servir Dieu. Ils ont persévéré dans le partage de l'Évangile, du salut par grâce au moyen de la foi. Ils ont ainsi mené beaucoup d'entre nous à reconnaître Jésus-Christ comme leur Sauveur, et ont implanté des assemblées de croyants basées sur le Nouveau Testament, se rassemblant au nom de Jésus.

Il est question de la jeunesse dans ce livre. Voici un exemple parmi tant d'autres de la générosité de nos donateurs de l'extérieur du Québec et des conséquences qui s'en sont suivies, comme les bourses d'études accordées à nos enfants pour qu'ils puissent poursuivre leurs études dans leur langue maternelle. Entre autres, dans les années 1970, la Fondation Stewards et l'hôpital Bethesda aux États-Unis ont alloué des fonds pour offrir des bourses d'études à nos propres enfants. Suite au décès de notre fille Nicole, âgée de 24 ans, nous avons, à notre tour, créer la Fondation Nicole-Saint-Louis qui permet aujourd'hui d'offrir des bourses d'études à des jeunes chrétiens francophones et anglophones au Québec et ailleurs au Canada. Ces bourses d'études sont accordées à de jeunes croyants engagés pour Dieu dans leur église respective et dans la société. Voilà l'un des résultats de l'exemple que nous poursuivons en tant que Québécois francophones, suite à cette grande libéralité de la part de chrétiens anglophones venant des États-Unis et du reste du Canada.

En lisant ce récit historique, nous découvrons combien les premiers croyants du Québec ont dû souffrir pour tenir ferme dans leur nouvelle foi au milieu des persécutions qu'ils ont endurées. Aujourd'hui les choses sont beaucoup plus faciles, mais pour combien de temps ?

Nul ne le sait. Cela démontre l'importance de se rappeler le prix de la liberté que nous avons aujourd'hui de transmettre les valeurs éternelles contenues dans la Bible.

Le fait que ce livre soit écrit de manière chronologique en fonction des divers sujets abordés le rend très facile à lire. Il en résulte une histoire réellement passionnante à ne pas manquer pour tous ceux qui aiment notre Seigneur Jésus-Christ et qui souhaitent mieux comprendre le lien entre son œuvre au Québec et les nombreuses personnes qui, au fil des années, y ont consacré leur vie. *Bonne lecture à tous !*

Fernand Saint-Louis
14 juin 2015

PRÉFACE

News of Quebec, un journal missionnaire des assemblées de chrétiens du Canada français, a été publié la première fois en 1944. Ce journal a vu le jour grâce à Arthur Clare Hill, un médecin demeurant à Sherbrooke. L'idée lui avait été suggérée par Roy Langley, « alors provisoirement en congé de L'Aviation royale canadienne[1] ». Dr Hill fut le premier rédacteur en chef du journal jusqu'à ce qu'il se retire en 1967 après avoir écrit : « Plusieurs numéros de *News of Quebec* sont disponibles, dont certains datant de plus de dix ans. Si vous souhaitez recevoir des exemplaires de ces brochures à **caractère historique,** écrivez à la maison d'édition[2]. » Si cela était vrai concernant les quarante-deux numéros qui étaient déjà sortis à l'époque, ça l'est d'autant plus pour les deux cent quatre numéros qui ont été publiés au cours des soixante-cinq ans que nous rapporte l'histoire contenue dans ce livre.

En y réfléchissant bien, j'ai entrepris de laisser le magazine raconter sa propre histoire du mouvement des Frères dans le Canada francophone, et plus particulièrement au Québec. Les récits d'époque, provenant de documents originaux, ont donc une place de premier plan au cœur de ce travail. D'autres sources d'informations ont bien sûr été mises à profit, dont mes propres souvenirs accumulés au cours des quarante années que ma femme et moi avons passées à œuvrer dans cette province, et ce n'est pas fini. Par ailleurs, j'ai interrogé et consulté de nombreuses autres personnes, dont certaines étaient présentes sur le terrain bien avant mon arrivée.

Je souhaite tout particulièrement exprimer ma gratitude à l'une d'entre elles, Marj Robbins, qui a été notre fidèle secrétaire à *News of Quebec* pendant tout le temps où j'ai dirigé le journal, c'est-à-dire depuis 1983. Ses dons de secrétariat ont été une bénédiction pour tant d'activités et de ministères au sein de nos assemblées, entre autres à Publications Chrétiennes, à *L'Heure de la Bonne Nouvelle*, à L'Institut biblique Béthel et à la Corporation. Elle a aussi été très utile aux diverses assemblées dont elle a fait partie depuis son arrivée au Québec en 1967. J'adresse également toute ma reconnaissance à Roy Buttery, Don Cox, Doug Virgint, Gaston Jolin et Fernand Saint-Louis qui, comme Marj, ont gentiment accepté de relire une partie ou la totalité de mon travail avant qu'il ne soit publié. Un merci tout particulier à ma femme Virginia, qui a non seulement relu mon manuscrit, mais qui m'a surtout encouragé tout au long de ce chemin jusqu'à son aboutissement. Bien entendu, j'assume toute la responsabilité du contenu de ce livre, y compris ses lacunes.

Le choix des titres de chaque section du livre s'inspire du phénomène des marées pour illustrer les faits marquants de l'histoire des assemblées de Frères au Québec. L'histoire relatée dans ce livre intéressera la plupart des lecteurs, notamment les Canadiens français, de qui l'historien Mason Wade disait, il y a de cela soixante ans, qu'ils « revivent leur passé et s'appuient sur lui à tel point qu'il est difficile pour un anglophone nord-américain de le comprendre[3] ».

Ma prière et sincère espérance est que les pages qui suivent puissent servir à renforcer la foi et le courage des ouvriers d'aujourd'hui et de demain, en particulier des Canadiens français, qui servent le Seigneur dans *la Belle Province*. Que la connaissance des erreurs et revers aussi bien que des succès du passé leur soit profitable. Qu'ils puissent se souvenir de ces leaders qui leur ont transmis la Parole de Dieu, et qu'ils persévèrent dans l'imitation de leur foi. Qu'ils puissent à jamais se soumettre à l'autorité du Seigneur Jésus-Christ qui a dit : « Je bâtirai mon Église. »

Richard Strout
Noël 2014

INTRODUCTION

Interroge ceux des générations passées, sois attentif à l'expérience de leurs pères. Car nous sommes d'hier, et nous ne savons rien, nos jours sur la terre ne sont qu'une ombre. Ils t'instruiront, ils te parleront…

(Job 8.8-10*a*)

LES FRÈRES CHRÉTIENS

L'histoire des Frères chrétiens, de manière générale aussi bien que plus spécifiquement au Canada français, doit être vue dans le contexte plus large des flux et reflux de l'histoire de l'Église. Le professeur F. F. Bruce, l'un des « hommes les plus considérés parmi les frères » l'explique très bien en avançant que l'histoire de l'Église est le récit d'une succession d'éloignements et de retours aux principes de l'Écriture comme seule base de la foi et des pratiques. Ce fut lors d'une de ces périodes basses dans l'histoire de l'Église que le mouvement des Frères est apparu.

Ce mouvement est né d'un phénomène religieux qui a émergé dans la première moitié du XIXe siècle. Il était basé sur le principe d'une interprétation et d'une application littérales de la Parole de Dieu. À une époque où les églises institutionnelles – composées de croyants aussi bien que de non-croyants – étaient prédominantes, le désir a grandi parmi certains de redécouvrir les principes du Nouveau Testament en tant que guide pour l'organisation de l'Église et pour les principes de conduite chrétienne. Apparu simultanément à divers endroits du monde, ce mouvement a connu de nets succès, surtout en Angleterre.

L'un de ses fondateurs et brillants meneurs, Anthony Norris Groves, s'est engagé dans le service missionnaire à Bagdad en 1829 en ne comptant que sur Dieu pour combler ses besoins matériels. Son interprétation littérale de la Parole l'avait conduit à renoncer à dépendre en quoi que ce soit des hommes ou des organisations humaines et à éviter toute démarche pour obtenir du soutien financier. Le célèbre philanthrope allemand George Müller a reconnu que Groves avait eu une influence déterminante sur sa vie et son œuvre. D'autres encore ont été inspirés par la profonde conviction de Groves que c'était « l'amour du Christ qui unit les chrétiens, plutôt que l'uniformité doctrinale ». Dans sa lettre fondamentale adressée à Darby en 1836, Groves s'est opposé à l'idée que « la lumière plutôt que la vie soit le critère de base de la communion[4] ».

Parmi ceux qui ont été influencés se trouvait John Nelson Darby. Nommé en 1825 comme ministre de l'Église nationale d'Irlande, il a renoncé à ce poste deux ans plus tard à cause de ses convictions. Il s'est associé à un petit groupe de croyants qui se retrouvaient à Dublin en Irlande pour prier et partager le repas du Seigneur. Il s'est bien vite retrouvé à leur tête et, en quelques années, son rôle de meneur s'est étendu à tout le mouvement.

Il est intéressant de noter que ces hommes vivaient à l'ère du romantisme, une époque où les gens posaient sur le passé un regard nostalgique, manifestant le désir de revenir au « bon vieux temps », aux manières de faire déjà éprouvées. Au sein de l'Église d'Angleterre, John Henry Newman, l'un des leaders influents du Mouvement d'Oxford, a quitté cette Église pour se rendre au sein de l'Église catholique romaine avec sa longue tradition bien préservée qui remonte aux premiers siècles de l'Église. Au même moment, John Nelson Darby quittait l'Église établie d'Irlande pour un retour à une Église fondée sur les principes du Nouveau Testament. Il paraît quasiment certain que les deux hommes se connaissaient, étant donné que le petit frère de Newman, Francis, a partagé pendant quinze mois la même maison que Darby par lequel il a été très influencé.

Francis parle de Darby comme ayant « pratiquement abandonné toute lecture, si ce n'est celle de la Bible ». Il explique aussi : « Pour la première fois de ma vie, j'ai vu un homme transformer en réalités concrètes les principes que les autres ne font que confesser de leur bouche. Principes selon lesquels les écrits du Nouveau Testament constituent la vérité la plus élevée qui soit accessible à l'homme… Je n'avais jamais vu auparavant un homme aussi décidé à ce qu'aucun mot de ce livre ne soit pour lui lettre morte[5]. »

La force de conviction d'hommes à la personnalité si hautement respectée que Groves, Müller ou Darby explique en partie le succès, mais aussi les divisions ultérieures du mouvement[6]. L'étude de ces divisions ne fait pas partie de l'histoire que nous rapporterons. Néanmoins, de tels évènements, si tristes soient-ils, ne doivent pas faire de l'ombre aux apports positifs du mouvement des Frères, dont la base reste les principes bibliques tels qu'exposés plus haut. Nous devons sans cesse proclamer et mettre en pratique la vérité, mais avec amour (Éphésiens 4.15). Malheureusement, cette approche a souvent fait défaut à plusieurs des responsables du mouvement. Bien caché dans l'un des nombreux livres sur l'histoire du mouvement des Frères que contient la bibliothèque de l'auteur, se trouve cette citation, décrivant de façon quasi « prophétique » le mouvement comme étant « ...trop céleste pour être perpétué par des esprits humains ; une position fondée sur des principes d'en haut, qui appellent à un exercice constant de la foi et dont la pérennité ne dépend que de l'action vivifiante de la puissance de Christ ».

Le mouvement s'est étendu rapidement grâce aux efforts constants de son « apôtre » *par excellence*, John Nelson Darby. En Angleterre et dans toute l'Europe, Darby a fait grandir ce mouvement par ses prédications et ses nombreux écrits. La Suisse romande[7] a été l'objet d'une attention particulière de sa part. Et encore de nos jours, il existe un nombre significatif de Frères dans cette région qui cherchent à mettre en pratique les mêmes principes basés sur le Nouveau Testament.

Le Canada n'a pas été oublié. Des immigrants suisses et anglais y ont apporté avec eux ce mouvement vers la moitié du XIXe siècle. Darby lui-même a visité l'Amérique du Nord pas moins de six fois à partir de 1862, consacrant une bonne partie de son temps au Canada. Grâce à ses efforts, il existait en 1878 plus d'une centaine d'assemblées locales basées sur le Nouveau Testament à travers le pays. Évidemment, selon ce qu'on en sait, il ne s'agissait que d'assemblées anglophones.

Le premier indice de réel intérêt pour une œuvre au sein du Canada français apparaît en 1864. Cette année-là, un M. William Low de Londres avait prévu de se rendre au Canada pour y travailler parmi les francophones. Cependant, après avoir discuté avec M. Darby, il a finalement décidé d'aider ce dernier avec son projet de traduire la totalité de la Bible en français. Le Nouveau Testament était déjà paru en 1859 ; l'Ancien Testament sera publié en 1885.

M. Louis Pasche est connu pour avoir été le premier à avoir entrepris l'implantation du mouvement parmi les francophones de la province de Québec. Après ses études à l'Institut Feller de la Mission de la Grande-Ligne, M. Pasche est retourné en 1862 dans son village natal d'Otter Lake dans le comté de Leslie pour y devenir le pasteur d'une petite assemblée baptiste. Peu de temps après, convaincu des principes du Nouveau Testament, il quitte les baptistes, suivi par une petite congrégation. Finalement, ses efforts et ceux de ses collaborateurs ont été récompensés par environ deux cents conversions pendant sa vie et après. Même si cette congrégation a par la suite rejoint les baptistes, le mouvement a continué à influencer ses membres jusqu'en 1926.

D'autres traces d'influence précoce par le mouvement des Frères existent. En 1879, un M. Jacroux, après avoir travaillé deux ans à la Mission de la Grande-Ligne, en est parti, nous dit-on, pour se rallier aux Frères. Et puis, vers 1916, un M. Lucien Bérubé a été associé aux Frères de Rousillon (aujourd'hui Brownsburg) au Québec.

Mais les réels débuts de l'œuvre francophone des Frères, telle qu'elle existe aujourd'hui, datent de l'arrivée au Québec du premier ouvrier anglophone à plein temps envoyé en 1926. Dix-huit ans plus tard, est sorti le premier numéro d'une revue anglaise destinée à rapporter les progrès de l'œuvre des Frères dans le Canada français. *News of Quebec* est la seule ressource existant encore de ce type, datant de 1944 et contenant des informations de grande valeur historique concernant le mouvement. Dr Arthur C. Hill de Sherbrooke en a été le fondateur et le premier rédacteur en chef et il mérite d'être reconnu pour son soutien et ses encouragements envers l'œuvre francophone à travers son magazine. Comme nous l'avons déjà expliqué, la revue est citée abondamment dans ce récit.

Introduction

Les tout premiers efforts d'évangélisation se limitaient à la distribution de tracts évangéliques par la poste ou par le porte-à-porte. Des groupes de jeunes gens venant de l'Ontario, ou d'ailleurs, participaient à d'énormes campagnes de distribution en envoyant les traités à des adresses relevées dans l'annuaire téléphonique. Des contacts s'établissaient, qui pouvaient mener plus tard à des visites personnelles lorsque cela était possible. Le succès de ces initiatives a contribué à l'établissement d'une imprimerie chrétienne destinée à produire des tracts et autre matériel utile à l'évangélisation. En 1958, sous la direction de Norman Buchanan, Publications Chrétiennes a été incorporé et continue depuis à jouer un rôle essentiel dans le travail d'évangélisation et d'édification des Canadiens français.

La radio a aussi été utilisée pour propager l'Évangile. Vingt ans après le début de l'œuvre missionnaire, une première opportunité s'est présentée au niveau des médias. C'est en 1946 qu'Arnold Reynolds, de Sherbrooke, a signé un premier contrat avec une station de radio locale. Malgré une forte opposition, cet effort a persisté pendant trois ans et demi avant d'être stoppé face à la pression des autorités catholiques. Une douzaine d'années plus tard, en 1961, Gaston Jolin lançait son émission radiophonique *L'Heure de la Bonne Nouvelle* qui, dès 1964, sera diffusée à la télévision. De même, le 20 octobre 1963, Fernand Saint-Louis s'est retrouvé sur les ondes à travers le Québec avec l'émission *La foi vivifiante*, qui sera suivie en 1977 par une série télévisée sous le nom de *Toute la Bible en parle*.

Tout ceci a eu et continue à avoir un impact notable sur le salut des âmes et la fondation d'assemblées néotestamentaires à travers le Québec. C'est l'histoire qu'on tente de rapporter dans les pages qui suivent.

Les premiers ouvriers, provenant tous des autres provinces du Canada, sont arrivés au Québec, envoyés dans l'œuvre par leurs assemblées respectives souvent appelées Gospel Halls (Salles évangéliques). Ils ont amené avec eux, et cela est bien compréhensible, leurs convictions concernant les principes et les pratiques néotestamentaires qui définissaient la plupart des assemblées, si ce n'est toutes les assemblées des Frères de ce temps lointain. Nous serons à jamais reconnaissants à ces gens, et à tous les autres qui comme eux, ont contribué à poser de solides bases sur lesquelles les générations d'ouvriers suivantes ont continué à construire jusqu'à ce jour.

Cela dit, peut-être serait-il bon de prendre un moment, avant de continuer, pour expliquer aux lecteurs certains termes qu'ils rencontreront au cours de la lecture de cet ouvrage. Depuis le début du mouvement des Frères, il a été fait un effort particulier pour employer des termes qui puissent s'appliquer à tous les croyants nés de nouveau, afin d'éviter la création d'une catégorie à part ou d'une nouvelle dénomination chrétienne. C'est ainsi que le mouvement au Québec est connu sous le nom de Frères chrétiens. Ces deux termes sont issus de la Bible et reflètent les principes de l'Église néotestamentaire que le mouvement a toujours cherché à mettre en pratique. De ce fait, le terme de « frère » ou « frères » est souvent utilisé parmi nous pour désigner un autre croyant ou groupe de croyants.

Pendant des années, le terme d'« assemblée » a été préféré à celui d'« église », comme étant plus fidèle aux Écritures pour désigner une congrégation particulière de croyants se réunissant de manière régulière. Ainsi, le but était d'éviter la fausse conception selon laquelle le bâtiment dans lequel se font les rencontres serait lui-même l'Église, c'est-à-dire le corps de Christ. Certains des premiers rassemblements étaient simplement appelés « Chrétiens réunis au nom du Seigneur Jésus-Christ ».

Le terme d'« ouvrier recommandé », qui apparaît à quelques reprises dans ces pages, désigne ceux qui ont été officiellement reconnus par leur assemblée locale comme ayant reçu de Dieu le don et l'appel à le servir, le plus souvent à temps plein. Les assemblées dont ils viennent leur donnent une « lettre de recommandation » qui est généralement publiée dans le *News of Quebec*.

LES PREMIÈRES ASSEMBLÉES

Comme précisé plus haut, l'œuvre actuelle des assemblées de Frères au Canada français date de l'arrivée de M. John Spreeman à la fin du mois de décembre 1926. Il était venu s'installer définitivement au Québec afin d'évangéliser la population en grande majorité francophone[8]. Coïncidence intéressante, peu de temps avant son arrivée avait lieu la création de l'Église unie du Canada par un acte du Parlement, le 10 juin 1925. Contrairement aux actions passées des trois principales Églises qui se retrouvent sous cette nouvelle plus grande dénomination protestante du Canada, cette dernière, de son propre aveu[9], ne s'est pas préoccupée de l'évangélisation des Canadiens français.

M. Spreeman est venu de Toronto, dans la province de l'Ontario. Il a été envoyé sur le champ missionnaire parmi les francophones par la Pape Avenue Gospel Hall. Cette assemblée locale était issue de l'œuvre qui avait lieu à Hamilton en Ontario, qui elle-même était le fruit du travail de Frères écossais venus au Canada à la fin des années 1800. Dans son livre, *My People : the History of those Christians Sometimes Called Plymouth Brethren* (Mon peuple : L'Histoire de ces chrétiens qu'on appelait parfois les Frères de Plymouth), Robert Baylis rapporte qu'à une exception près, « tous ceux de la première génération de Frères qui ont été des évangélistes pionniers en Amérique du Nord étaient écossais et anciens presbytériens[10]. »

Le premier écossais qui a prêché en Amérique du Nord fut Donald Munroe, qui est venu à Parkhill en Ontario, à l'automne 1871 (sic).

Munroe avait mené des campagnes d'évangélisation dans les villages et les quartiers ouvriers depuis douze mois sans faiblir et le but de son voyage était de rendre visite à ses frères qui s'étaient installés au Canada, de pouvoir changer un peu d'air et se reposer. Mais très rapidement, il s'est rendu compte que les églises de Parkhill étaient aussi dépourvues de vie spirituelle que celles des villages écossais. Dans une lettre décrivant la situation, il écrit : « Le pasteur méthodiste a prêché comme si tous allaient au ciel ; il les a appelés ses "frères". Le pasteur presbytérien a prêché comme si nous étions tous inconvertis, mais il nous a renvoyés à Moïse pour nous préparer et nous améliorer avant de venir à Jésus. »

Munroe loua lui-même une salle et se mit à prêcher chaque soir. Après une dizaine de jours, il rapporta dans une lettre que « plus d'une douzaine de personnes avaient déclaré s'être attachées à notre précieux Jésus[11] ».

Nous avons des échos par ailleurs de ses activités qui se sont déroulées en 1872, car elles ont soulevé une vraie controverse dans le sud-ouest de l'Ontario, dans la région de Sarnia, comme cela est rapporté dans des articles parus dans le *Sarnia Observer*. Ce qui va suivre provient d'un manuscrit de cinquante-sept pages, rédigé en 1979 par Herbert Lindsay Cochrane Reynolds, frère d'Arnold J. M. Reynolds, dont nous reparlerons au cours de ce récit. La majeure partie de ce manuscrit contient la transcription de nombreux articles apparus dans le journal cité plus haut et il est intitulé : « La grande controverse des "Frères de Plymouth" au sud-ouest de l'Ontario, 1872-1873. »

Au cours des mois de septembre et octobre 1872, deux jeunes évangélistes écossais issus des Frères de Plymouth, Donald Munroe et John Carnie, prêchèrent à Parkhill dans le comté de Middlesex. Ils n'étaient généralement pas les bienvenus au sein de la communauté, au départ, mais plusieurs personnes ont clamé s'être converties grâce à ces réunions. Ils furent invités à tenir des réunions similaires dans les quatre églises congrégationalistes du Révérend John Salmon. Ils tinrent leur premier service à Forest dans le comté de Lambton le 4 novembre 1872. Quelques semaines plus tard, ils prêchèrent à l'église de Warwick, puis à Lake Shore et pour finir, dans la quatrième église de Salmon, à Plymton Township.

Au départ, leur auditoire les a bien accueillis et tous voulaient connaître leur « église d'origine ». Mais très vite, cet enthousiasme s'est transformé chez plusieurs en une forte opposition basée sur un débat interdénominationnel d'une intensité à peine croyable. Le camp de l'opposition était mené par le révérend James B. Duncan, pasteur presbytérien de Forest, qui était soutenu par plusieurs méthodistes, dont le révérend John Neelands et les révérends Hicks et Carscadden. Du côté des deux évangélistes, on trouvait le révérend John Salmon, un congrégationaliste, et le révérend Northrup, un baptiste.

Avec un siècle de recul, il est difficile de comprendre la violence de cette opposition. On pourrait s'attendre à une forte résistance aux penchants connus des Frères à l'anticléricalisme et au rejet de toute structure ecclésiastique, mais il semblerait que cela n'inquiétait que faiblement les opposants. En fait, l'absence totale de quelque allusion que ce soit de la part des évangélistes à ces sujets, tend à montrer qu'ils s'étaient probablement retenus d'en parler durant leurs réunions d'évangélisation. De plus, parmi les convertis (dont la plupart n'appartenaient pas à une église) tous ne se sont pas identifiés par la suite au mouvement des Frères…

À la suite des réunions tenues par les deux évangélistes, deux des premières assemblées de Frères du sud-ouest de l'Ontario se sont créées à Forest et à Lake Shore. Toutefois même après plus d'un siècle, un sentiment d'amertume entre dénominations est encore très présent dans cette région. Ironiquement, le bâtiment de l'ancienne église presbytérienne de Forest, dans lequel le révérend James Duncan avait manifesté une telle opposition aux Frères, sert aujourd'hui de Salle évangélique à l'assemblée des Frères de cette ville.

C'est grâce aux efforts de ce Donald Munroe et d'autres, que se sont établies quelques-unes des premières assemblées locales de croyants au sud de l'Ontario. Il est intéressant de noter que ce fut le cas pour l'Assemblée de Parkhill qui a continué à exister au moins jusqu'en 1992, « certainement le rassemblement le plus ancien de ce genre au Canada[12] ». D'autres assemblées sont nées autour de Toronto. John Spreeman est issu de l'une de ces assemblées, la Pape Avenue Gospel Hall. En étudiant le livre *Triple Tradition* de Ross MacLaren, on arrive à la conclusion que l'œuvre des Frères au Canada français, en ce qui concerne ses débuts du moins, a été tout aussi influencée, si ce n'est plus, par les Frères écossais que par ceux venus d'Angleterre.

> Il existe un nombre suffisant de preuves qui démontrent que ceux qui sont appelés « Frères larges » en Amérique du Nord sont à différencier de ceux qu'on a nommés ainsi en Angleterre après la division de 1848, et que les deux ne sont pas historiquement liés. En effet, la plus grande partie des assemblées larges d'Amérique du Nord sont issues du travail d'un groupe de « Frères du Réveil » venus d'Écosse et d'Irlande dans les années 1870 et 1880 et de leurs descendants spirituels[13].

Dès le départ, M. Spreeman n'était pas tout à fait seul sur le terrain. Parfois il était accompagné de Noah Gratton dont nous parlerons plus tard. Louis Germain était également sur le terrain. Après avoir fait du porte-à-porte au Québec depuis 1911, ce dernier avait quitté le champ missionnaire avant d'y revenir en 1933. L'histoire de la visite de MM. Spreeman et Gratton à Girardville en 1933 a été admirablement exposée par Edgar Doucet dans *La Délivrance*. Ce qui suit est cette histoire telle que rapportée dans les pages du *News of Quebec*.

Girardville

Les gens de cette toute petite communauté au nord du Québec se sentaient frustrés par l'Église catholique simplement parce que le curé avait décidé de faire construire l'église dans le village, qui se trouvait à plus de six kilomètres de l'endroit où vivaient les premiers colons qui s'étaient installés dans cette région, plutôt que de choisir un emplacement à l'avantage de tout le monde. Alors que les vases destinés à l'eucharistie avaient déjà été retirés de la chapelle, le prêtre est venu pour récupérer les statues et les bancs. Toutefois, au lieu de demander la clé pour ouvrir la porte, il est entré en brisant une fenêtre. Il a été vu par Mme Pierre Doucet qui a couru demander de l'aide à ses plus proches voisines. Les femmes étaient, semble-t-il, des plus agressives, menaçant le prêtre avec une rame de canoë s'il osait toucher à l'un des bancs. L'affaire a été portée devant les tribunaux. Une décision a été finalement prise en faveur des habitants.

Dans la même période, un certain Monsieur B. avait commandé un Nouveau Testament qu'il avait vu dans le catalogue des frères Dupuis. Dans son colis, il a trouvé une adresse où l'on pouvait écrire pour poser des questions au sujet de ce livre et sur ce qu'il enseigne. La petite communauté s'est rassemblée et a décidé qu'il serait bon de demander à ce qu'un pasteur francophone vienne prêcher chez eux, puisqu'ils ne pouvaient pas avoir leur église là où ils le souhaitaient. Une annonce est parue dans *Le Soleil,* le journal de la ville de Québec, demandant un pasteur protestant qui parlait français.

À cette époque, M. Spreeman était à Montréal avec M. Gratton, cherchant la direction du Seigneur. Il entretenait une étroite correspondance avec les habitants de Girardville, puis, étant rassuré quant à la volonté de Dieu sur le sujet, il est arrivé dans ce village avec M. Gratton au début du printemps 1933. Ils ont été logés dans une des familles francophones et de là ils ont rendu visite aux gens et tenu des réunions de maison chez ceux qui les y invitaient.

Lors de leur premier dimanche, M. Spreeman a prêché dans la petite chapelle catholique et toute la communauté s'est rassemblée pour entendre ces pasteurs anglais qui parlaient en français et qui allaient les entretenir sur ce qu'ils avaient pu lire dans le Nouveau Testament. Le sujet qu'il a abordé fut celui de la Vierge Marie, très vénérée au sein de l'Église catholique. Cela étant un point très sensible chez les catholiques, beaucoup s'en sont retournés chez eux avec le sentiment qu'il avait mal parlé de la seule chose qui pouvait les conduire au Ciel. D'autres furent impressionnés par ce qu'ils avaient entendu, mais ils ne pouvaient pas accepter cet homme ou ses enseignements parce qu'il ne l'avait pas vu faire le signe de croix. D'autres encore, prétendant être en faveur de leur présence, ont rassemblé leurs enfants en arrivant chez eux et ont fait un chapelet pour ne surtout pas perdre de vue que leur salut venait, comme ils le croyaient, de la Vierge Marie.

Au cours de cette première visite, un prêtre d'Albanel avait envoyé de Québec des inspecteurs pour découvrir exactement ce qu'enseignaient ces deux hommes. Pensant qu'ils faisaient partie des voisins, MM. Spreeman et Gratton ont commencé à leur parler au sujet de l'Évangile et ont prié avec eux avant de partir. Ils n'ont plus jamais entendu parler de ces inspecteurs, ce qui tend à montrer qu'ils n'avaient rien trouvé qui mérite une intervention légale.

Leur première visite a duré environ trois semaines, mais ils y sont retournés durant l'été, accueillis par la même famille. La journée, ils travaillaient avec les hommes aux champs, trouvant de nombreuses occasions de discuter avec eux. Leurs soirées étaient occupées à parler à tous ceux qui se rassemblaient dans diverses maisons du village. Souvent, les hommes qui venaient écouter étaient saouls et ils essayaient désespérément de défendre leur église. Toutefois, à travers ces échanges, plusieurs ont été amenés à l'Évangile et petit à petit quelques-uns se sont convertis. Ça n'a pas été facile du tout pour ces gens de prendre position pour Christ. Certains ont été expulsés de leur maison et la persécution de la part de leurs amis était forte. Par contre, une fois le pas franchi, ils étaient comblés de joie, car ils avaient trouvé la vérité. Pour certains, ces enseignements étaient une source de joie et de bonheur, mais pour d'autres, comme au temps des apôtres, ces deux prédicateurs qui menaçaient la foi catholique devaient être éloignés de la communauté d'une manière ou d'une autre.

Parmi ceux qui ont été sauvés lors de cette deuxième visite se trouvait la femme du maire. Il s'agissait d'une terrible offense envers la dignité de celui-ci et sa position au sein de la communauté. Alors, avec quelques hommes et les encouragements du prêtre, il invita les deux prédicateurs à les rencontrer le long d'une route sur laquelle se trouvaient peu de maisons. MM. Spreeman et Gratton, estimant qu'il ne fallait rater aucune occasion, ont accepté de s'y rendre. Arrivés au rendez-vous, ils ont trouvé étrange de n'y voir aucune femme et que les hommes présents semblaient plutôt mal à l'aise. Un camion s'est alors arrêté à leur hauteur et il en est sorti des hommes armés et cagoulés qui leur ont ordonné de monter, c'est là qu'ils ont compris le pourquoi des allées et venues, des sous-entendus et des comportements bizarres.

Tous leurs tracts, leurs livres et leurs Bibles leur ont été retirés, ils ne les ont jamais revus. Ils ont été conduits jusqu'à Normandin, à seize kilomètres de là, où d'autres hommes, sous l'autorité du prêtre, essayèrent de leur faire promettre de quitter la communauté.

Sans se laisser intimider, MM. Spreeman et Gratton ont été emmenés à Saint-Félicien où ils ont pris une chambre d'hôtel pour la nuit. Le lendemain ils étaient de retour à Girardville. Cependant, ils ont senti qu'il valait mieux quitter le village pour un certain temps, le temps que les ressentiments et l'agitation se calment. Toutefois, ils sont revenus peu de temps après pour poursuivre l'œuvre à l'endroit où le Seigneur les avait conduits.

L'été suivant, en 1934, plusieurs habitants ont été baptisés et un petit groupe de dix ou douze personnes a commencé à se réunir pour partager le repas du Seigneur en souvenir de son sacrifice. La première assemblée canadienne-française était officiellement née.

D'autres efforts, qui n'ont pas abouti à la formation d'une assemblée, ont été réalisés à la même époque du côté de Duquen-Nord, à presque quatre-vingt-dix kilomètres au sud de Girardville, à mi-chemin entre celle-ci et Arvida. Cette ville a changé de nom depuis, elle s'appelle aujourd'hui Saint-François-de-Sales. M. Spreeman y a conduit des études bibliques hebdomadaires qui avaient lieu chez Cécile Deschênes ; cependant, le dimanche, les paroissiens se rendaient à l'église baptiste qui se trouvait dans la ville voisine de Roberval où enseignait le pasteur Gabriel Cotnoir.

Pendant ce temps, ailleurs au Québec, deux autres assemblées francophones sont apparues dès le tout début de l'œuvre : l'une à Montréal et l'autre à Rollet, dans le nord-ouest de la province.

Montréal[14]

Dès 1926, une assemblée anglophone se réunissait dans le Park Extension Gospel Hall dans le quartier de Montréal du même nom. Ensuite, il y a eu pendant un certain temps des réunions sur le boulevard Jean-Talon, puis elles ont été déplacées sur la rue Ogilvy, d'où a été créée la Ogilvy Street Gospel Hall. Encouragée par le zèle et l'enthousiasme de l'un des frères, l'assemblée a essayé de toucher la communauté francophone qui l'entourait en distribuant des tracts évangéliques. Inutile de préciser qu'ils ont rencontré une forte opposition. Lorsque John Spreeman et Noah Gratton sont arrivés au Québec pour commencer leur œuvre parmi les francophones, respectivement en 1926 et en 1933, ils ont fait de cette assemblée anglaise leur base d'opérations.

Parmi les premières personnes œuvrant parmi les Canadiens français à être associés ou encouragés par cette assemblée se trouvait Vincent Davey, qui est arrivé à Montréal en 1935 et qui participait à l'assemblée d'Ogilvy. C'est là qu'il a probablement rencontré Della Palmer. Ils se sont mariés dans cette assemblée en août 1941 et sont partis immédiatement pour la région d'Abitibi dans le nord-ouest du Québec pour soutenir la toute nouvelle assemblée francophone de Rollet et l'école qui s'était ouverte pour les enfants des nouveaux convertis issus du catholicisme. Il y avait aussi Bert Grainger et sa femme Isabel qui sont arrivés à Montréal en 1946. Ils participaient à la fraction du pain dans l'assemblée francophone de Montréal, mais il était important pour eux que leurs enfants entendent l'Évangile en anglais. Tous les dimanches soir, ils se rendaient à Ogilvy. Quand Bert n'était pas là, Isabel y emmenait les enfants en prenant le tramway et l'autobus[15].

Même si ces pionniers, Spreeman et Gratton, ont été tous les deux accueillis à l'assemblée de la rue Ogilvy, c'est à une autre assemblée anglophone que nous devons l'existence de la première assemblée francophone de Montréal ; la Ebenezer Gospel Hall dans le quartier de Rosemont.

Cette assemblée francophone, dont les débuts remontent à 1938, n'est datée officiellement que de 1940. M. Gratton, qui avait aidé M. Spreeman à démarrer l'œuvre à Girardville, a été le principal responsable de cette assemblée montréalaise jusqu'à sa mort en 1962. Semble-t-il qu'elle s'est réunie à un moment donné aussi rue Masson. Dès le départ elle a été composée de croyants francophones et anglophones et a servi de base d'opérations à de nombreux serviteurs de Dieu qui ont travaillé parmi les francophones à Montréal ainsi que dans toute la province de Québec. Des réunions françaises ont continué à se tenir à

Introduction

la Ebenezer Gospel Hall jusque dans les années 70. Entre-temps, cette dernière a changé de nom deux fois. Autour de 1956 elle est devenue la Ebenezer Gospel Chapel pour devenir, au début des années 90, la Rosemount Bible Church.

En 1946, l'assemblée francophone comptait plus d'une vingtaine de membres et pouvait se prévaloir d'un avenir prometteur. Six ans plus tard, l'œuvre se poursuivait, M. Gratton ayant été rejoint par Albert Grainer. Ils passaient tous les deux une bonne partie de leur temps dans cette assemblée. M. Gratton est décédé en 1962. Quatre ans plus tard, cette assemblée continuait d'être un refuge pour les chrétiens venus de loin qui souhaitaient se rassembler « de cette manière-là ». On l'appelait la « Salle évangélique », mais à partir de 1968 elle a pris le nom d'Assemblée française de Rosemont.

Entre-temps, en 1960, le Docteur Ron Smith et d'autres membres d'Ebenezer se sont intéressés de près à une nouvelle œuvre francophone qui démarrait sur la rue Boyce à Montréal, grâce à Raymond Taylor.

En 1970, Roland Labonté, l'un des tout premiers membres de l'Assemblée française de Rosemont, qui avait d'ailleurs été son correspondant pendant des années est décédé. Peu de temps après, l'assemblée francophone a été dissoute. Elle paraît pour la dernière fois dans les pages de *News of Quebec* en 1972. Heureusement, l'Assemblée chrétienne Maranatha sur l'île de Montréal, menée par Bill Learoyd, existait déjà depuis quelques années. Une nouvelle œuvre de Bill Wolitarsky venait de démarrer à Laval, à proximité de l'île. La toute nouvelle assemblée francophone à Pointe-aux-Trembles menée par Vincent Davey, aujourd'hui l'Assemblée chrétienne centre-sud de Montréal, ne verrait le jour qu'en 1979.

Pendant plus de trente ans, cette toute première assemblée francophone montréalaise avait servi de phare et de témoignage de la grâce de notre Seigneur Jésus-Christ.

Rollet[16]

L'assemblée de Rollet au nord-ouest du Québec, comme celle de Montréal, a démarré grâce aux efforts de John Spreeman. Des réunions ont commencé à avoir lieu chez Eugène Ainslay à l'été 1938. Très vite cela a soulevé de l'opposition comme l'exprime M. Spreeman lui-même.

> Le prêtre avait soulevé les gens et avait organisé un complot pour nous intercepter sur la route le dimanche suivant. Le samedi soir, les personnes qui nous recevaient nous ayant prévenus, nous nous sommes rendus sur les lieux du rendez-vous le soir même. Nous sommes arrivés vers deux heures du matin. Peu après midi, une foule s'est formée près de la maison. Certains étaient venus à pieds, accompagnés de quatre gros camions chargés d'hommes ce qui, au total, devait faire entre deux et trois cents personnes. La police provinciale était aussi présente puisque nous les avions prévenus des menaces que nous avions reçues. Il risquait d'y avoir de la bagarre, voire du sang, lorsque certains ont escaladé la clôture et se sont approchés de la maison. Mais le propriétaire leur a interdit d'avancer plus loin et la police leur a ordonné de revenir sur la voie publique. Ils ont continué à traîner autour de la maison pendant quelque temps, mais ils ont fini par partir, nous laissant l'occasion de rejoindre un autre quartier où nous avions une réunion ce soir-là. Nous avons continué de recevoir des menaces similaires et la police nous a conseillé de ne plus nous rendre sur place pendant un petit moment. C'est avec tristesse que nous avons renoncé à nous y rendre le dimanche d'après. Mais par la suite, nous avons continué comme avant sans que cela pose problème[17].

En 1940, une maison vide qui se trouvait entre Rollet et Montbeillard a été obtenue par M. Lucien Martin pour en faire une résidence et un lieu de réunion. Le rez-de-chaussée a été transformé en salle de réunion, équipée de bancs faits de planches. L'étage supérieur a été rénové pour servir d'habitation. À l'automne 1941, M. et Mme Vincent Davey ont emménagé dans le quartier pour s'occuper de la scolarisation d'un nombre croissant d'enfants francophones issus de familles protestantes. M. Davey a également pris la tête de cette jeune assemblée qui a commencé officiellement en 1942.

En 1943, une nouvelle école a pu être construite grâce à une bourse de 3000 $ accordée par le gouvernement provincial. Les réunions de l'assemblée y ont été transférées. Cela s'est poursuivi jusqu'en 1966, lorsqu'une nouvelle salle pouvant contenir une centaine de personnes a été construite sur un terrain acheté de M. Paul Richard à un très bon prix dans le village de Rollet. L'assemblée a donc déménagé pour s'installer à cet endroit, à huit kilomètres de l'endroit précédent. On espérait que cela aurait un plus grand impact sur les gens du village qui avaient un regard plutôt positif sur cette œuvre protestante francophone.

La petite assemblée a continué de fonctionner et de grandir, comptant un bon nombre de jeunes au tournant de ce siècle. Encore de nos jours, son témoignage demeure.

LES PREMIERS PIONNIERS

John Spreeman

John Spreeman n'a pas été le tout premier de nos pionniers à venir au Québec, mais il a été le premier à venir des assemblées néotestamentaires de l'Ontario qui ont soutenu si fidèlement l'œuvre francophone au Québec pendant de nombreuses années. Né en 1901 et converti à l'âge de quatorze ans, il a très tôt manifesté le désir de servir le Seigneur. Soucieux de la situation spirituelle difficile des Canadiens français, il s'est efforcé d'apprendre la langue tout en s'impliquant dans son assemblée locale, la Pape Avenue Gospel Hall à Toronto. Cette assemblée était issue de l'œuvre des Frères écossais tels que Donald Munroe et d'autres, dont nous avons déjà parlé, qui avaient fait un travail d'évangélisation et d'implantation d'assemblées en Ontario vers la fin des années 1800.

Le dernier jour de décembre 1926, M. Spreeman, complètement inconnu à l'époque, est arrivé à Montréal, envoyé par son assemblée. Il a été accueilli à bras ouverts par les frères de la Ogilvy Street Gospel Hall où il s'est trouvé entouré de nombreux croyants qui ont été pour lui un encouragement tout au long des années qu'il a passées à œuvrer au Québec.

Dans un article jamais publié et intitulé *Early Days in Quebec* (Premiers jours au Québec), M. Spreeman raconte sa conversion et son appel à servir Dieu parmi les Canadiens français.

Sauvé par la grâce de Dieu à Orillia alors que je n'avais pas encore quatorze ans, j'avais déjà vers la fin de mon adolescence un désir profond de faire connaître l'Évangile. Ayant commencé autour de chez moi, je me sentais appelé à l'œuvre missionnaire ; était-ce le Venezuela, où ma sœur aînée, devenue Mme G. G. Johnston, se trouvait ? C'est une remarque faite un jour par un frère plus âgé qui m'a amené à répondre à ce questionnement. Il a dit : « Je crois qu'il faudrait que des chrétiens de notre assemblée aillent au Québec. Les gens sont presque tous des catholiques romains de langue française et il n'y a aucun ouvrier de nos assemblées parmi eux. »

Après être retourné à Toronto, vers 1921, cette voie m'a été confirmée par divers évènements. Par exemple, lorsque je suis arrivé un soir à la réunion de prière dans la Broadview Gospel Hall, j'avais demandé au Seigneur de me confirmer cette direction si elle venait de lui en amenant des frères à prier spécifiquement pour le Québec ce soir-là. Quelques minutes plus tard, mon cher frère A. W. Joyce s'est levé et a commencé à prier avec une grande ferveur pour le Québec et pour son évangélisation. Cela m'a encore confirmé l'appel de Dieu, j'ai donc assisté à des cours du soir pendant trois semestres pour apprendre le français.

Devais-je maintenant parler aux anciens de Pape Avenue de ce à quoi je me préparais ? Mes yeux se sont posés sur ces mots dans Actes 12.17, « Annoncez-le à Jacques [NDLT : James en anglais] et aux frères. » Or James était le nom du plus âgé des frères à cette époque, M. James Mahaffy. J'hésitais encore jusqu'à ce que ce même frère me pousse à me confier sur mes projets. Les anciens m'envoyèrent avec joie pour servir le Seigneur au Québec ; j'en étais bouleversé[18].

Nous en savons peu sur ses premières activités au Québec. En plus de s'appliquer à l'apprentissage du français, il semblerait qu'il ait passé ces premières années à faire du porte-à-porte dans tout le Québec, distribuant des tracts et des Nouveaux Testaments et partageant l'Évangile à tous ceux qui acceptaient de lui prêter une oreille attentive. Il a passé beaucoup de temps à Montréal même. C'est peut-être à cette période qu'il a œuvré pour impliquer des croyants de la province voisine de l'Ontario, jeunes et vieux, dans l'envoi de nombreux tracts évangéliques à des personnes du Québec dont les noms et adresses se trouvaient dans les annuaires téléphoniques. Comme ces tracts offraient la possibilité de recevoir un Nouveau Testament, des milliers de Nouveaux Testaments ont été envoyés par un certain monsieur W. R. Atkinson de Montréal.

C'est en mars 1933 qu'il est arrivé à Girardville, au nord du Lac St-Jean, avec son collègue Noah Gratton. Ce village deviendrait le lieu principal de son œuvre pour la plus grande partie du reste de sa vie. À Girardville, les deux hommes ont été accueillis sans enthousiasme et se sont même rapidement retrouvés face à une forte opposition : ils ont été enlevés et conduits hors de la ville. Comme mentionné précédemment, cette histoire a été admirablement rapportée par Edgar Doucet dans son livre : *La Délivrance*. Malgré les menaces, les deux hommes sont revenus l'année suivante, époque à laquelle la première assemblée francophone de la province a été établie à Girardville, parfois appelée Albanel dans le *News of Quebec*.

Trois ans plus tard, une autre assemblée francophone avait démarré rue Masson dans le quartier de Rosemont à Montréal. M. Spreeman a également joué un rôle essentiel dans les débuts d'une troisième assemblée à Rollet dans le nord-ouest du Québec. Elles ont été les trois seules assemblées francophones de Frères au Québec jusqu'à la fin de la guerre.

Entre-temps, en 1936, M. Spreeman a rencontré et épousé Mlle Ellen Martin qui venait de Guelph en Ontario et qu'on nommait affectueusement Nellie. Mlle Martin était née en Irlande du Nord en 1898. Elle avait accepté Christ comme sauveur à l'âge de onze ans. Au fil des années elle s'est révélée être une excellente aide au côté de son mari. Même s'ils n'ont pas eu d'enfant, John était, semble-t-il, doué pour partager l'Évangile avec les petits. Quant à Nellie, plusieurs dans la province « se lèvent, et la disent heureuse ». Elle était une véritable « mère en Israël ».

L'année 1947 fut particulièrement marquante pour M. Spreeman. C'est cette année-là qu'il a terminé l'écriture de son livre *Mes Combats* et l'a publié. Il s'agissait d'une version condensée de deux œuvres écrites par le Père Charles Chiniquy, prêtre québécois converti à Christ et qui était devenu renommé lorsqu'il avait quitté l'Église catholique romaine. Ces deux livres s'intitulaient respectivement : *Cinquante ans dans l'Église de Rome* et *Quarante ans dans l'Église de Christ*.

C'est cette même année qu'il a commencé à travailler à Thetford Mines, dans les Cantons-de-l'Est, au sud du Québec. Pendant le temps du carême, il y a rencontré une forte opposition, dont une nouvelle histoire d'enlèvement qui n'était pas sans faire penser à ce qu'il avait vécu à Girardville. Cela a provoqué chez lui une dépression nerveuse dont il ne s'est jamais complètement remis. Il a été publiquement accusé d'être un « prédicateur de la fausse doctrine des Témoins de Jéhovah » et il a été traité de « malheureux fou » par la presse. Ce n'est qu'après avoir passé deux ans à se rétablir à Guelph en Ontario que les Spreeman ont pu retourner à Girardville. Cinq ans après cet évènement perturbant, même s'il était loin d'avoir retrouvé son état de santé d'avant, il a pu voyager un peu, à nouveau, visiter différentes parties de la province et y prêcher. Il a apparemment continué à faire cela tout en soutenant l'œuvre de Girardville pendant la fin des années cinquante et jusqu'au milieu de la décennie suivante.

Les années soixante ont été plutôt mitigées pour le couple Spreeman. Entre 1961 et 1962, ils se sont installés dans la ville de Québec. La deuxième année, John est revenu à Girardville pour terminer la reconstruction de sa maison qui avait été détruite par un incendie au printemps précédent. Girardville et ses alentours étant plutôt bien évangélisés, et son assemblée solidement établie, M. Spreeman s'absentait la plupart du temps. En 1966, il avait rejoint une poignée de croyants dont certains étaient venus de la région du Lac-Saint-Jean, pour annoncer l'Évangile à Farnham dans le sud de la province. L'année suivante, Nellie a dû subir une opération à Toronto, et malgré une rémission apparemment encourageante au départ, elle est décédée le 16 décembre 1967. La possibilité de sa mort n'avait pas été envisagée, mais quand cela est devenu plus probable, elle a souffert sans se plaindre et a maintenu un excellent témoignage pour le Seigneur qu'elle aimait tant. Deux ans plus tard, en 1969, John s'est remarié, prenant Mlle Eileen Grainger comme seconde épouse. Eileen servait le Seigneur au Québec depuis de longues années. Elle était arrivée en 1944 à Rollet pour servir de surveillante aux enfants qui étaient pensionnaires dans l'école protestante avec M. et Mme Davey. Elle et John se connaissaient donc depuis bien des années.

Le couple s'installa à Farnham en 1969, où John continua d'aider, jusqu'à ce qu'il perde la voix. Il souffrait également de la maladie de Parkinson. Il semble qu'il ait continué à voyager beaucoup à travers le Québec, rendant visite à divers contacts dispersés et s'occupant de plusieurs petites assemblées francophones. C'est à cette époque que l'auteur a eu le privilège de le rencontrer une ou deux fois. Il lui a aussi rendu visite une fois au Bethany Lodge dans la région de Toronto où il s'était installé avec sa femme en octobre 1983. Appelé « le véritable père et pionnier du témoignage des assemblées de Frères auprès des Canadiens français », John est décédé le 12 octobre 1989. Il est enterré au cimetière de Pine Hill à Toronto.

Son poème, traduit de l'anglais, est paru dans le magazine *MISSIONS* puis également dans le nôtre.

Des champs proches
  ou lointains

Le même appel retentit.

« Seigneur envoie plus
  d'ouvriers

Pour répandre ta Parole de vie.

Nous ne sommes pas
  assez nombreux

Pour que la foule innombrable
  entende

Ta grâce, ton pardon,
  ta miséricorde,

Pour les avertir des tourments
  qui les attendent »

Ces ouvriers si souvent
  se demandent

Pourquoi d'autres
  ne se lèvent pas

Face à ces milliers
  de malheureux

Dont la détresse
  leur est bien connue.

Pourquoi dans les assemblées
  locales de chez nous

Où abondent des hommes
  et des dons

Si peu d'entre ceux-là
  Se lèvent pour la mission.

Noah Gratton

M. Noah Gratton est né en 1894 de parents canadiens-français à Grand Bend en Ontario. Ses grands-parents avaient tous été élevés dans la tradition catholique et c'est quand leurs propres enfants étaient encore jeunes qu'ils ont entendu l'Évangile pour la première fois. Ils ont cru au Seigneur Jésus-Christ, ont quitté le catholicisme et se sont joints à une église protestante des environs. Il a donc été élevé dans une maison de croyants où sa langue maternelle était le français. Toutefois, dès qu'il a commencé l'école, l'anglais a peu à peu pris le dessus sur le français jusqu'à ce qu'il l'oublie complètement.

Même si ses parents étaient nés de nouveau, Noah n'a pas entendu parler de l'Évangile chez lui, il a simplement été élevé en tant que protestant. Ce n'est que trois ans après son mariage avec Sophia Elisabeth Eisenbach, de qui il a eu cinq enfants, qu'il a entendu la bonne nouvelle du salut par l'entremise de deux évangélistes itinérants. Il a alors réalisé son besoin d'être sauvé. M. Gratton a donné sa vie au Seigneur quelque temps après cela.

Plusieurs autres ont été sauvés durant cette campagne d'évangélisation et rapidement ils se sont constitués en une assemblée de croyants. Le frère Gratton était un fermier et, tout en continuant son activité, il profitait de toutes les occasions pour prêcher l'Évangile. Il a ainsi témoigné pendant une dizaine d'années. À ce moment-là, notre frère était devenu convaincu que le Seigneur voulait qu'il apporte la bonne nouvelle du salut à ceux de son propre peuple, c'est-à-dire les Canadiens français. Grâce à son enfance passée au Québec, son français, une fois revenu, était correct et plutôt apprécié par ceux qui l'entendaient. Du moins l'un d'entre eux a proclamé : « il parle français comme nous[19] ».

Après de longues discussions avec les frères de son assemblée et aussi avec le frère John Spreeman qui était déjà missionnaire, les Gratton ont vendu leur ferme et ont déménagé à Montréal en janvier 1933. Au bout de quelques semaines, une porte s'est ouverte pour permettre aux frères Spreeman et Gratton de se rendre à Girardville où leur première visite a duré environ trois semaines. Ils y sont retournés l'été de cette même année et c'est à ce moment qu'ils ont été kidnappés, emmenés à Saint-Félicien et avertis de ne jamais revenir. Mais ils sont revenus et Dieu a posé son sceau sur leur travail. L'été suivant plusieurs habitants ont été baptisés et une petite assemblée d'une douzaine de personnes a commencé à se rassembler pour célébrer le repas du Seigneur.

En 1944, M. Gratton travaillait au sein d'une petite assemblée francophone qu'il avait réussi à établir quelques années auparavant rue Masson dans le quartier de Rosemont à Montréal. L'assemblée était constituée aussi bien de croyants anglophones que francophones. En 1946, ils étaient vingt-quatre à communier et l'avenir de cette assemblée semblait prometteur. Dix ans plus tard, des réunions en français pour la fraction du pain continuaient d'avoir lieu à Ebenezer Gospel Hall dans le quartier de Rosemont. Il ne s'y tenait pas de réunion d'évangélisation, mais Noah Gratton, accompagné de Albert Grainger continuaient de visiter les assemblées de la ville tout en assurant leur ministère dans d'autres endroits. Notre frère a continué de travailler en lien avec cette assemblée jusqu'à la fin de sa vie.

Parmi les endroits qui ont bénéficié du travail de M. Gratton se trouvent Thetford Mines et Trois-Rivières où, suite à ses visites et celles d'autres frères, les parents de Fernand Saint-Louis, pour ne mentionner qu'eux, sont venus au Seigneur. Noah a aussi été une aide précieuse à Beaudoin Centre, Lachute, Farnham, Saint-Jean-sur-Richelieu ainsi que dans la région de Témiscouata ou travaillait John Clark.

M. Gratton a grandement contribué à la naissance de l'assemblée de Valleyfield où il a été inscrit comme correspondant la dernière année de sa vie. Lorsqu'il a été rappelé au Seigneur en octobre 1962, il a été dit que bien peu d'assemblées au Québec n'avaient pas profité grandement de son fidèle ministère. Il était un homme de petite taille, mais sa voix profonde et ses gestes vifs faisaient de lui un orateur passionnant, l'un des meilleurs évangélistes jamais vu au Québec selon John Clark.

L'influence de cet homme est restée visible après sa mort, notamment dans la vie de Jean-Paul Berney, arrivé au Québec une douzaine d'années auparavant. En effet, le décès de M. Gratton a causé chez lui le sentiment qu'il était temps qu'une nouvelle génération se lève pour continuer l'œuvre, convaincu que lui-même était appelé à se mettre au service de Dieu à temps plein. En janvier de l'année suivante, Jean-Paul Berney sera recommandé à l'œuvre qu'il poursuivra jusqu'à sa mort, en 2011.

Vincent Davey

E. Vincent Davey est né à Peterborough en Ontario le 28 juillet 1907. Il a accepté Jésus vers l'âge de dix ans grâce au témoignage de sa grand-mère qui était une femme de Dieu et chez qui il vivait à Newmarket. Aucun de ses frères et sœurs n'était sauvé. Sa grand-mère l'a élevé, car sa mère avait été internée dans un asile et son père avait disparu. Vincent n'a été à l'école que pendant trois ans, car on avait besoin de lui pour travailler aux champs. Il a plus tard été baptisé et a été reçu dans le Gospel Hall de l'avenue Brock à Toronto.

À cette époque, la prohibition était en vigueur en Ontario et Vincent a commencé à travailler dans un grand hôtel de Toronto. Plus tard, lorsque la prohibition a été abrogée et que l'établissement s'est remis à vendre de l'alcool, M. Davey a démissionné de son poste. L'entreprise, qui était satisfaite de son travail, lui a offert un poste de comptable dans un autre de ses établissements à Montréal. Il a accepté et est venu s'installer dans la province de Québec en 1935. Il travaillait pour l'hôtel Ford.

C'est là qu'il a rencontré Della Palmer qui venait de l'assemblée Côte-Saint-Luc dans le quartier Westmount de la ville. Ils se sont mariés en août 1941 à la Victoria Hall. Della était une fille de la région, née à Verdun le 1er septembre 1917. Elle avait été élevée par sa belle-mère et un père qui n'était pas sauvé. Comme pour Vincent, aucun de ses frères et sœurs n'était sauvé. Ensemble, les Davey ont eu cinq enfants.

Le premier contact de Vincent avec John Spreeman, l'ouvrier expérimenté qui était déjà dans la région depuis douze ans, eut lieu en 1938. L'année suivante, ils étaient ensemble dans la région de l'Abitibi au Québec pour mettre en place ce qui constitue aujourd'hui l'Assemblée chrétienne de Rollet. Un an après ses tout débuts, en

1940, une maison a été obtenue de M. Lucien Martin pour en faire une résidence et un lieu de réunion. Le rez-de-chaussée a été transformé en salle de réunion, équipée de bancs faits de planches. L'étage supérieur a été rénové pour servir d'habitation à ceux qui venaient y enseigner.

Les Davey ont emménagé dans la région entre Rollet et Montbeillard à l'automne 1941, peu après leur mariage qui avait eu lieu en août. Une école dissidente pour les enfants de parents récemment convertis à l'Évangile avait été créée au printemps de cette année-là. Après leur arrivée, Della a commencé à y enseigner. Les cours se tenaient au rez-de-chaussée de ce bâtiment à deux étages. Deux ans plus tard, une bourse de 3000 $ accordée par le gouvernement a permis de construire une « belle nouvelle école » sur un terrain acheté de M. Albert Larrivée. L'un des premiers élèves, Gaston Jolin, se rappelle : « Nous étions dans une nouvelle école magnifique qui était bien éclairée, avait de larges tableaux noirs, un parquet en bois et des pupitres tout neufs. » Mlle Doris Pitman est venue enseigner au début de l'automne 1943, soulageant ainsi Della qui était enceinte de leur premier enfant et qui naîtra en février de l'année suivante.

Il se trouvait que certains des enfants vivaient trop loin pour pouvoir venir à l'école. Un autre terrain, attenant à l'école, a été acheté de M. Albert Larrivée et un pensionnat y a été construit avec l'aide de plusieurs hommes, sous la direction de M. Spreeman. Les Davey vivaient là et étaient responsables de ce pensionnat. Comme Mme Davey enseignait, Mlle Eileen Grainger est venue de Toronto pour être la surveillante des pensionnaires. La maison des Davey servait donc également d'école et de dortoir pour un nombre d'enfants variant entre six et vingt. En moyenne, il y avait une douzaine de jeunes pensionnaires, chacun d'eux payant douze dollars par mois pour le logement et le couvert.

Au fil des ans, d'autres personnes ont été associées aux Davey dans ce projet. Helen Weir de Toronto a aidé à l'enseignement pendant l'automne 1944. En 1946, Eunice Carr est venue de Timmins en Ontario pour faire la classe à quarante-cinq élèves. Elle y a enseigné pendant cinq ans. À la fin des années 40, Harry et Patricia McCready, venus de Toronto, ont fourni leur aide pendant qu'ils apprenaient le français. Il faut aussi faire mention de Mlle Eleanor Buchanan et des Lloyd Allen – les parents de Evelyn, qui est l'épouse du pasteur baptiste Fernand Petit-Clerc.

Della avait repris l'enseignement à l'automne 1944 alors que Vincent travaillait en tant que magasinier dans les mines de cuivre de Noranda. Tous les samedis, il rentrait chez lui. Quand la route non pavée devenait impraticable à cause de la neige, il lui arrivait souvent de faire les 27 derniers kilomètres à pied. Il passait ses fins de semaine à bâtir l'assemblée locale. En août 1945, il abandonna son travail séculier pour se consacrer entièrement à l'œuvre du Seigneur. L'année suivante, les Davey ont été recommandés à l'œuvre par la Brock Avenue Gospel Hall à Toronto et par l'assemblée francophone qui se réunissait rue Masson à Montréal.

En 1949, les Davey demeuraient à Farmborough, tout près de Rollet. Ils s'occupaient peut-être de l'école anglophone dans laquelle M. Harold Fryday de la Central Gospel Hall à Toronto avait travaillé depuis 1946 ou 1947, « une petite école de maison blanche ». Sinon, il se peut qu'ils se soient occupés d'une école francophone qu'avait créée le ministère de l'Éducation dans cette même région. Bien que nous n'ayons pas d'informations claires là-dessus, ils ont néanmoins enseigné pendant cette année tout en continuant un travail d'évangélisation dans la région. En 1951, Della a enseigné dans l'école protestante d'Arntfield où ils ont vécu temporairement, retournant chaque fin de semaine dans leur assemblée de Rollet. L'année suivante, ils sont revenus à Montbeillard, s'occupant de l'école puisque Eleanor Buchanan et les Lloyd Allen étaient partis.

Au milieu des années 50, M. Davey a commencé à faire le tour du Québec et même au-delà pour visiter les endroits où s'amorçait une œuvre d'évangélisation dans le but d'y apporter son aide et son soutien. Par la suite Mlle Eleanor Buchanan, ayant terminé ses études au MacDonald College, est revenue prendre la responsabilité de l'école qui fonctionnait sous l'égide du ministère de l'Éducation. En 1955, vu la petite taille de l'assemblée et la présence de M. et Mme James Smith, qui vivaient à Rollet le temps d'apprendre le français, Vincent était libre de passer la moitié de son temps à voyager pour encourager l'œuvre d'évangélisation ailleurs.

Il a pu passer du temps avec M. John Clark à Rivière-Bleue dans le comté de Témiscouata près de la frontière du Nouveau-Brunswick. Il a aussi pu soutenir des croyants de Lachute et visiter Thurso près de la rivière des Outaouais et Larder Lake en Ontario. Il a aussi mené des réunions d'évangélisation à Shawinigan Falls. Il était avant tout un évangéliste. Excellent correspondant, Vincent avait réellement à cœur les Canadiens français. Il correspondait régulièrement avec les assemblées francophones du Nouveau-Brunswick. Sa manière de prêcher était très terre à terre et tournée vers les aspects pratiques de la vie chrétienne.

L'assemblée en Abitibi se réunissait encore dans les locaux de l'école qui se situait entre Montbeillard et Rollet. Parfois ils étaient très peu nombreux, car plusieurs hommes devaient travailler loin de chez eux dans la province voisine de l'Ontario. En 1956, les Davey ont déménagé à Noranda pour offrir à leurs enfants de meilleures possibilités au niveau scolaire. Des réunions se tenaient dans leur nouvelle maison les dimanches et mardis soirs. Quand Vincent était absent, ces réunions n'avaient pas lieu, car aucun des hommes présents n'était en mesure de les conduire.

En 1962, les Davey ont déménagé à Sainte-Anne-de-Bellevue à côté de Montréal. Cela était surtout dû à l'état de santé de leur fils Paul qui avait besoin de soins médicaux qui ne se trouvaient pas dans la région de l'Abitibi. Ils ont commencé à communier avec les croyants francophones de Rosemont et à aider à Valleyfield. Ils se sont aussi investis dans les rencontres pour les enfants qui se tenaient à Nitro sous la direction de Bob et Carolyn Thrall.

Dans les vingt années qui ont suivi, M. Davey s'est impliqué dans l'œuvre d'évangélisation qui avait lieu en Gaspésie avec Gaston et Jacques Jolin, Robert Thrall, Cyril Shontoff, Roland Lacombe et Joe Darling. La mort tragique de Jacques Jolin en 1966, peu après son arrivée en Gaspésie, a semblé augmenter le fardeau que ressentait Vincent pour cette partie de la province. Il a cherché à garder les portes ouvertes jusqu'à ce que quelqu'un d'autre puisse s'installer dans la région. En 1970, il a acheté une maison à Price en Gaspésie et, cet été-là, il s'est associé avec Cyril Shontoff pour y tenir des réunions en plein air. En dépit de résultats décevants, il a continué à visiter régulièrement cette région et en 1977, une petite assemblée s'est finalement formée à Price. Elle sera gérée par Vincent Davey et Larry Buote, un ouvrier recommandé provenant de la Nouvelle-Écosse.

Trois ans plus tard, Vincent a été nommé correspondant pour la nouvelle assemblée de Pointe-aux-Trembles, située au 13977, rue Dorchester, qui avait démarrée l'année précédente. Vraisemblablement, elle consistait, du moins en partie, de ce qu'il restait de l'assemblée francophone de Rosemont qui avait cessé de fonctionner, certains ayant rejoint les réunions d'Ogilvy alors que d'autres avaient rejoint cette nouvelle œuvre.

En 1983, alors âgé de 75 ans, Vincent voyageait encore en Gaspésie et dans les assemblées du Nouveau-Brunswick. De retour à Montréal, il participait comme il le pouvait à l'assemblée locale qui, après avoir déménagé quatre fois, se situait maintenant au 4234 de l'avenue DeLorimier et était connue sous le nom d'Assemblée chrétienne du centre-sud de Montréal. Il continuait aussi à apporter son aide à Nitro. Sept ans plus tard, en 1990, il a été inscrit comme retraité dans les pages de *News of Quebec*. Il avait atteint l'âge vénérable de 82 ans.

Della Davey est décédée le 15 février 1994 et Vincent l'a suivie un an après, le 27 février 1995. C'est dans cette dernière année de la vie de M. Davey que l'auteur a eu le privilège de s'asseoir avec lui et de discuter de ses nombreuses années de service pour le Seigneur au Québec. Mari et femme sont enterrés au cimetière Mont-Royal de Montréal. S'ils ne sont pas côte à côte, ils sont tout de même près l'un de l'autre. Leur fille ainée, Elizabeth, est aussi enterrée tout près.

Louis J. Germain

Louis J. Germain, le tout premier ouvrier du Seigneur envoyé au Québec par les assemblées de Frères, est né en France vers 1885, de parents catholiques. Il a été élevé dans cette religion, mais il l'avait déjà abandonnée à l'âge de seize ans. Quatre ans plus tard, il a quitté la maison pour faire des études commerciales. Se retrouvant au milieu d'hommes non croyants et athées, il a vite perdu toute forme de foi.

En avril 1905, il a émigré de France pour arriver à Winnipeg au Manitoba. L'immigration l'a envoyé dans une ferme de la colonie – à la fois française et catholique – de Saint-Pierre-Jolys, où il a travaillé pendant trois ans. Puis il a quitté la colonie, ayant trouvé un travail dans un grand magasin anglophone de la ville de Fleming en Saskatchewan. Le directeur de l'entreprise l'a invité à l'accompagner à l'église et comme il voulait savoir ce qu'il se passait parmi les protestants, il s'est mis à fréquenter une petite chapelle méthodiste. C'est là qu'il a vu une Bible pour la première fois de sa vie. Cinq mois plus tard, un jeune chrétien parmi ceux qu'on appelait les Frères est arrivé pour travailler dans le même magasin. Peu après, ils ont été tous les deux transférés dans un nouveau magasin à Moose Jaw, toujours en Saskatchewan. Par le témoignage de ce chrétien et la lecture de sa bible française ainsi que d'un petit livre intitulé « Andrew Dunn's Conversion » (La Conversion d'Andrew Dunn), Louis a commencé à se voir lui-même comme un pécheur perdu pour finalement se tourner vers le Seigneur Jésus-Christ pour être sauvé. C'était en juin 1909. Peu après il s'est joint à une petite assemblée de Frères à Moose Jaw et a commencé à témoigner pour le Seigneur.

L'année suivante, il a senti qu'il devait retourner parmi les catholiques francophones avec qui il avait travaillé au début, à son arrivée au Canada, pour leur annoncer le Christ. De retour à la ferme dans la colonie française de Saint-Pierre-Jolys, il a commencé à parler à tous de l'amour de Jésus. Mais nul ne voulait l'écouter et, s'il n'y avait pas eu des lois pour le protéger, il aurait pu y perdre la vie.

En juillet 1911, après avoir assisté à une conférence à Fergus en Ontario, il a été recommandé à l'œuvre du Seigneur. De là il est arrivé dans la Gaspésie pour travailler parmi les catholiques francophones. Pendant six mois il a parcouru la côte, allant de porte en porte pour distribuer des tracts et parler avec les gens. C'était un travail ingrat. Il a été frappé, lapidé, poursuivi avec un couteau ou par des chiens, bombardé d'œufs pourris, de fruits, de pierres, et menacé d'être jeté à la mer. Avec l'aide de Dieu, il a réussi à y survivre. Finalement, le 31 décembre 1911, il a quitté le Québec et passé les quatorze années suivantes en tant que missionnaire à l'étranger.

Ce n'est qu'en 1933 qu'il est revenu à Montréal pour y travailler encore une fois parmi les catholiques francophones. Pendant des années il a voyagé de ville en ville à travers le Québec, le Nouveau-Brunswick et l'Ontario, distribuant des tracts et des Bibles et parlant de Christ partout où il se rendait. Il a souvent été maltraité et arrêté, mais il a toujours été gardé par Dieu alors qu'il annonçait l'Évangile autour de lui.

En 1935, il était à Sherbrooke où, malgré les avertissements du chef de la police de partir s'il ne voulait pas être arrêté, il a pu « passer dans des centaines de maisons pour y distribuer plus de 600 évangiles et des milliers de tracts[20] ». Ces informations nous viennent d'un rapport publié à cette époque dans le *Light and Liberty* (Lumière et Liberté), un journal qui transmettait des nouvelles des assemblées de Frères et de leurs activités partout en Amérique de Nord. Louis Germain y expliquait :

> Depuis que Dr A. C. Hill est arrivé à Sherbrooke, Dieu est avec lui. Non seulement D^r et Mme Hill se réunissent avec quelques chrétiens pour se souvenir du Seigneur, mais ils ont aussi une étude biblique et une réunion de prière. Ils envoient également des Évangiles et des tracts par la poste à leurs patients francophones[21].

Il est intéressant de constater que dix ans plus tard, les rôles se sont inversés, et c'est Dr Hill qui écrit à propos de l'œuvre de Louis Germain dans les pages du *News of Quebec*.

En 1943, M. Germain a déménagé à Ottawa pour y commencer une œuvre pour le Seigneur. À cette époque, malgré le fait qu'il n'était que dans la cinquantaine, sa santé a commencé à décliner. Mais il a persévéré. Quand il le pouvait, il continuait à voyager. Par exemple, à l'été 1948, il a pu faire une boucle en passant par Ottawa, Montréal, Sherbrooke, Island Brook, Scotstown, Saints-Martyrs-Canadiens, la ville de Québec, Cap-Rouge, encore Montréal, puis vers le nord à Lachute, Arundel, Vallée de la Rouge, Huberdeau, Rockway Valley,

Introduction

Lac-des-Plages, Saint-Émile-de-Suffolk, Namur et de retour à Ottawa. Lorsqu'il n'était pas en état de voyager, il envoyait par la poste des tracts, des évangiles, des livrets, des Nouveaux Testaments, des bibles, des calendriers et même des vêtements de seconde main à ses contacts francophones au Québec. En 1947, plus de cent paquets de vêtements ont ainsi été envoyés.

La même année, le Seigneur a ouvert un lieu de réunion pour l'œuvre française à Ottawa grâce à un frère, monsieur J.-M. Martin de la librairie *Scripture Truth*, qui se trouvait au 442, rue Bank. Louis Germain a instauré une école du dimanche et il a commencé des réunions régulières qui se sont poursuivies tout au long de l'été et de l'automne de cette année-là. En plus de cela, des études bibliques avaient lieu en semaine dans diverses maisons.

Deux ans plus tard, en 1949, des plans avaient été faits pour la construction d'une Salle évangélique à Cyrville, une banlieue d'Ottawa. Des réunions se tenaient dans ce quartier depuis quelque temps dans la maison d'une chrétienne francophone, qui s'était convertie lors de réunions d'évangélisation organisées par les chrétiens de la Grace and Truth Gospel Hall d'Ottawa. Sa maison servait non seulement aux réunions du dimanche, mais également à celles du soir durant la semaine. Ces réunions étaient menées par monsieur L.-C. Thomas de l'assemblée d'Ottawa ainsi que par Louis Germain lui-même. Ces deux frères se sont sentis conduits par Dieu à planifier la construction d'une salle pour répondre aux besoins de cette communauté. Ils étaient convaincus que l'intérêt démontré à cet endroit justifiait une telle construction.

Une propriété convenable fut achetée et on nomma un comité constitué de chrétiens de la Grace and Truth Gospel Hall. Une charte gouvernementale a été obtenue. Cette nouvelle salle devait s'appeler : Mission évangélique libre et elle appartiendrait à la Mission même, les transactions se faisant à son nom. Louis Germain a été nommé trésorier et monsieur A.-I. Howitt Jr. a été nommé secrétaire. Il a été proposé de construire des appartements dans le bâtiment pour que M. Germain y vive et soit à proximité de l'œuvre dans ses débuts. Curieusement, il n'a jamais occupé les appartements, préférant dormir dans la salle de réunion de l'assemblée. L'année suivante, les fondations du bâtiment étaient terminées, et on espérait finir la construction du premier étage avant l'automne. En 1951, il a été écrit que « la seule assemblée francophone de l'Ontario se situe juste à l'extérieur d'Ottawa à Cyrville[22] ».

L'été suivant, en juillet, des activités bibliques ont été organisées pour les enfants dans le bâtiment de Cyrville. Durant le mois d'août, Louis Germain a passé deux semaines au Québec pour rendre visite aux chrétiens francophones, annoncer l'Évangile à ceux qui étaient perdus et conduire des réunions de maison. Ce même été, M. John Alden, sa femme et ses trois enfants sont venus de Miami en Floride pour aider l'œuvre à Cyrville. Travaillant comme photographe, M. Alden pourvoyait ainsi aux besoins de sa famille en attendant que le Seigneur lui ouvre la possibilité de travailler pour lui à temps plein. Durant cette période il vivait avec sa famille dans l'appartement qui se situait derrière la Salle évangélique. Il aidait à la construction du bâtiment. Il y avait du travail de plomberie, d'électricité, de menuiserie et aussi il fallait voir à l'installation d'un nouveau sol en ciment dans la cave. Il fallait aplanir le terrain, installer une fosse septique, un escalier et ensuite faire la finition en stuc sur la façade extérieure. Curieusement, il a été rapporté en 1954 : « Il n'y a aucune réunion en français à Cyrville ou à Ottawa. Le frère Germain continue intensément sa correspondance en envoyant de nombreux tracts et des portions de l'Écriture par la poste. M. et Mme John Alden… se sont retirés de l'œuvre de Cyrville en Ontario[23]. » Nous avons peu de traces matérielles de l'œuvre menée par M. Germain, sinon son petit livret de chants noir, *Choix d'Hymnes et de Cantiques spirituels*, avec lequel il chantait souvent et qui porte sa signature sur la page de garde.

Dix ans plus tard, alors qu'il approchait des 80 ans et que sa santé était fragile, le frère Germain, quand il ne se rendait pas à Albuquerque au Nouveau-Mexique, au sud des États-Unis, il continuait par temps froid à envoyer par la poste des Nouveaux Testaments, des livres et des tracts, dont, entre autres le *Message de Vérité*. Lorsqu'il faisait plus chaud, tout en continuant ces activités, il rendait visite à ceux qui lui en faisaient la demande et il faisait du porte-à-porte. Il était convaincu que distribuer la Parole de cette manière était le meilleur moyen

Introduction

d'atteindre les gens. Il était apparemment secondé dans cette tâche par une chrétienne, Mme P.-F. Boivin, qui venait d'être envoyée par une assemblée francophone, récemment commencée, qui se réunissait à la Evangel Chapel, au 968, boulevard Saint-Laurent à Ottawa.

Louis Germain est décédé le jour de Noël 1966, à l'âge de 81 ans. Des condoléances ont été exprimées à Annie, sa femme, ainsi qu'à sa famille (ses deux fils, sa fille et ses quatre petits-enfants) dans les pages de *News of Quebec*. « Bienheureux les morts qui meurent dans le Seigneur ! Oui, dit l'Esprit, afin qu'ils se reposent de leurs travaux, car leurs œuvres les suivent » (Apocalypse 14.13).

Partie 1

MARÉES BASSE ET MONTANTE
1926-1967

LES PREMIÈRES ANNÉES

Les toutes premières années d'existence de l'œuvre des assemblées de Frères au Canada français peuvent être comparées au phénomène de marée basse puis, comme nous allons le voir à présent, de marée montante. Les temps étaient difficiles et le travail pénible. L'effondrement économique de 1929 et, plus tard, les années de guerre ont tous deux eu un impact sur l'œuvre de Dieu, non seulement au Québec, mais partout au Canada. Comme nous l'avons vu, la première assemblée francophone, à Girardville, n'a été implantée que huit ans après l'arrivée de John Spreeman en 1926. Comme pour toute œuvre évangélique à cette époque, cette période s'est révélée être un temps de « petits commencements, de lents progrès et d'importantes persécutions[1] ».

Les difficultés financières des années 30 ont eu un effet négatif sur l'œuvre, les fonds disponibles pour sa réalisation ayant diminué. Aussi, « les années 30 ont connu un renouveau de ferveur religieuse, la religion offrant un espoir et une manière d'échapper à un quotidien de misère. De larges foules se réunissaient à l'Oratoire Saint-Joseph à Montréal, à la recherche d'un miracle, ou participaient à des neuvaines, des processions ou aux fêtes du Sacré-Cœur[2] ». Ce renouveau parmi une population essentiellement catholique romaine ne pouvait représenter pour les évangéliques à l'œuvre dans la province qu'un défi supplémentaire.

La Seconde Guerre mondiale a donné naissance à un phénomène connu sous le nom de « repérer les communistes ». Toutefois, même avant cela, sous la direction de Maurice Duplessis, le gouvernement de l'Union nationale, créé en 1935, s'est livré « à une véritable chasse aux communistes et aux dissidents politiques grâce à la loi du cadenas, adoptée en 1937, qui permet de forcer la fermeture de tout lieu où les personnes sont soupçonnées de propager des idées communistes[3] ». À cette époque, les nouveaux convertis étaient souvent considérés par leur entourage catholique comme des communistes et étaient rejetés par tous, y compris leur propre famille. Associer le mouvement évangélique au communisme s'est trouvé être une stratégie particulièrement efficace pour la religion dominante dont le but avoué était de garder le Québec et ses habitants dans son giron.

En parlant de soi-disant « tolérance » religieuse, l'extrait suivant tiré d'un journal jésuite de Rome, *Civilta Catolica*, sorti en 1948, est une affirmation directe de la part de la hiérarchie catholique de sa politique déclarée, c'est-à-dire demander la liberté religieuse au nom de la démocratie lorsque les catholiques romains sont dans la minorité, et refuser la liberté religieuse, au sens communément accepté, lorsque les catholiques romains sont en forte majorité –

L'Église catholique romaine, convaincue de par ses prérogatives divines d'être la seule véritable église, se doit de demander le droit à la liberté pour elle seule, puisqu'un tel droit ne peut être alloué qu'à la vérité et non à l'erreur. En ce qui concerne les autres religions, l'Église ne sortira jamais l'épée, mais elle demandera à ce que soient mis en œuvre tous moyens légitimes pour qu'elles ne propagent pas de fausses doctrines. Par conséquent, dans un état ou la majorité du peuple est catholique, l'Église demandera à ce que toute existence légale soit refusée à l'erreur et que si des minorités religieuses existent, elles n'aient qu'une existence *de facto*, sans opportunité de répandre leurs croyances… Dans certains pays, les catholiques seront obligés de demander la liberté religieuse pour tous, se résignant à cohabiter là où eux seuls devraient avoir le droit de vivre. Mais en faisant cela, l'Église ne renonce pas à son positionnement, qui reste sa loi la plus élevée. Elle s'adapte simplement à des conditions *de facto* qui doivent être prises en compte dans une approche pratique… L'Église ne peut pas rougir de sa mise en œuvre de la tolérance, puisqu'elle l'affirme comme principe et le met en œuvre en pratique[4].

Il faut ajouter à cela un aspect de nationalisme traditionaliste qui « tend à voir les Canadiens français comme un peuple – une race, dit-on alors – dont la spécificité, voire la supériorité, provient d'abord sinon exclusivement, de leur attachement aux traditions reçues du passé : leur origine paysanne française, leur langue, leur religion, ainsi qu'aux institutions vouées à la conservation de cet héritage : la famille, la paroisse et la vie rurale. Tout ce qui risque de porter atteinte à ces valeurs… est perçu comme une menace qui doit être combattue[5] ». Les protestants francophones étaient considérés comme une anomalie dans une province où être français voulait dire être catholique.

Depuis le début de l'histoire du Canada, et en particulier depuis la conquête anglaise, langue et religion ont été étroitement associées. La langue française était vue et présentée comme « la langue, gardienne de la foi ». Alors que les protestants, jusqu'à récemment, étaient vus comme des hérétiques et comme ils étaient majoritairement anglophones il en est resté que le français était la langue des catholiques et l'anglais celle des protestants[6].

Dès lors, il n'est pas surprenant que la croissance du nombre d'assemblées francophones au Québec ait été lente pendant cette première période de leur histoire. En moyenne, il n'y a eu qu'une assemblée qui s'est mise en place tous les deux ans pendant une période de quarante ans comme on peut le voir sur le graphique qui suit.

Décennie	Nombre d'assemblées
1926 à 1936	1
1946	4
1956	15
1966	20

Comme nous l'avons déjà vu, à la fin de cette période initiale, le travail des Frères parmi les Canadiens français ne comptait que quatre ouvriers et trois assemblées : une dans la région du Lac-Saint-Jean, une en Abitibi et l'autre à Montréal.

La prochaine décennie a connu une croissance lente, mais régulière, ponctuée de persécutions sporadiques. En 1946, l'assemblée française à Montréal, lieu des activités de Noah Gratton, comptait autour de vingt-quatre personnes. L'assemblée à Girardville, dans la région du Lac-Saint-Jean, encore petite en nombre, continuait courageusement son chemin malgré une vague d'opposition menée contre elle par le clergé catholique local. L'assemblée à Rollet, dans le nord-ouest de la province, venait juste de démarrer.

Les infrastructures

Les premières années de ce mouvement ascendant du travail des Frères au Québec ont servi à l'élaboration d'une infrastructure ayant comme but de soutenir et d'aider l'expansion de l'œuvre. Tout en respectant l'autonomie propre de l'église locale basée sur le Nouveau Testament, un effort commun a été mis en place pour permettre à toutes les assemblées de fonctionner correctement en se pliant aux réglementations fédérales et provinciales et de recevoir prières et dons de partout en Amérique du Nord. *Les églises des Frères chrétiens dans la province de Québec* a été créée en 1942. Le magazine *News of Quebec* a été lancé en 1944.

Les débuts des Églises des Frères chrétiens dans la province de Québec ont été rapportés dans les pages du magazine en 1955 :

> Tout d'abord, il est essentiel de comprendre que les actes d'état civil, c'est-à-dire l'enregistrement des naissances, la célébration des mariages et l'organisation des funérailles, sont, dans la province de Québec, réservés aux corps ecclésiastiques reconnus. De ce fait, aucune organisation non religieuse ni aucun groupe interdénominationnel n'a le droit de tenir des registres d'état civil. C'est un élément très important à prendre en compte lorsque l'on travaille parmi les Canadiens français. Prenez par exemple une ville francophone typique où ne se trouvent que des églises catholiques romaines. Si une personne se convertit et quitte son église, elle sera alors privée de tous les services que seul le prêtre peut lui offrir. L'ouvrier chrétien ou le missionnaire doit être en mesure de pratiquer ces actes d'état civil pour les chrétiens francophones. Il est aussi important que les gens de cette culture soient intégrés dans la

vie de groupe d'une église dès que possible, car ils sont de nature très grégaire et ils n'aiment pas vivre seuls. Même quand il y a eu une église protestante anglophone dans une ville francophone, par ailleurs catholique, il est souvent arrivé que le pasteur protestant refuse de prendre en charge ces fonctions pour les chrétiens francophones par peur de susciter l'opposition du prêtre de la paroisse locale.

Même parmi les chrétiens dans les assemblées anglophones cela posait des problèmes. Bien sûr, ils devaient faire appel aux services de pasteurs des églises confessionnelles. La plupart du temps, ces hommes étaient modernistes ou, dans le meilleur des cas, ils étaient indifférents à la vérité évangélique en laquelle croyait l'assemblée. C'était vraiment dommage que les membres de ces diverses assemblées soient obligés d'avoir recours à de tels hommes pour ces services indispensables.

Avec ces contraintes en tête et après de nombreuses négociations, un groupe représentant environ quatorze des assemblées de la province fut finalement à même de faire passer par le corps législatif du Québec un acte de constitution en société religieuse en 1942. Cela était effectif en français comme en anglais et couvrait non seulement la formation d'églises, mais également tout ce qui concerne l'instruction, ainsi que les bâtiments et la maintenance des écoles, cimetières et toutes autres choses utiles. Pour obtenir cette reconnaissance légale, les assemblées ont dû se rassembler sous un nom officiel. Le nom « Les églises de Frères chrétiens dans la province de Québec » a été choisi puisqu'il était celui qui se rapprochait le plus de ce que nous voulions. De plus, il était en harmonie avec les Écritures. Nous avons dû également écrire la liste des articles constituant nos statuts légaux et déposer auprès du gouvernement notre confession de foi.

Nous étions très reconnaissants envers Dieu d'avoir pu mettre en place cette organisation avant que l'œuvre francophone ne commence à s'étendre à travers la province. Depuis lors, à certaines occasions, nous avons fait face à de l'opposition de la part des autorités, et nous sommes presque certains qu'il nous aurait été impossible d'obtenir un tel acte de constitution aujourd'hui. Nous avons ainsi pu construire et entretenir des salles évangéliques et des chapelles, et là où cela devenait nécessaire nous avons pu établir des cimetières de manière légale grâce à notre acte de constitution en société religieuse. À plusieurs reprises, nous nous sommes servis de cet acte avec succès pour convaincre les autorités locales que nos membres n'étaient ni des communistes ni des Témoins de Jéhovah. Grâce à cet acte, nous espérons pouvoir éventuellement établir des écoles et tout ce qui pourra être nécessaire à la vie et à la croissance des chrétiens francophones.

Bien que cet acte de constitution en société soit d'une réelle utilité, il existe aussi des dangers inhérents à son existence. Un comité exécutif a dû être constitué pour représenter les assemblées auprès du gouvernement. Cela peut facilement être vu comme le début de la mise en place d'une autorité ou d'une hiérarchie au sein des Frères qui, eux, prônent pourtant une fraternité marquée par l'égalité. C'est la menace contre laquelle nous devons constamment nous mettre en garde et nous nous appuyons sur le Seigneur pour surmonter cette tentation. Chercher à imposer une quelconque politique aux assemblées chrétiennes de la province ne doit jamais être un but pour les membres de ce comité exécutif. Nous nous en tenons fermement à la vérité selon laquelle chaque assemblée de chrétiens est responsable devant Dieu pour elle-même et que notre Seigneur Jésus lui-même marche au milieu de nous et il est le seul Seigneur de nos églises.

Les droits et privilèges octroyés par l'acte de constitution en société religieuse doivent être réservés à ceux qui sont prêts à suivre fidèlement les conditions sous lesquelles il a été obtenu. Nous devons faire preuve d'une vigilance constante à l'égard de ceux qui voudraient apporter dans les églises de Christ de fausses doctrines, et, de fait, des dispositions ont été prises pour priver ce genre de personne de tous droits ou privilèges liés à l'acte. De plus, l'acte ne doit pas être utilisé par qui que ce soit dont la vision de l'Église n'est pas biblique ou qui négligerait de maintenir « la vérité délivrée aux saints une fois pour toutes ».

Nous devons nous rappeler en toutes circonstances que cet acte est un document légal qui nous donne de nombreux privilèges. Mais, en même temps, nous ne devons lui permettre en rien de ternir la vie spirituelle de l'Église de Dieu ni d'empiéter sur le travail et la direction du Saint-Esprit[7].

Avec les privilèges venaient aussi les responsabilités et la nécessité de comprendre et de se conformer aux exigences et aux lois gouvernementales. Cela a donné naissance au *Mémorandum* qui a été préparé par le premier secrétaire général de la société, appelée communément la Corporation, M. Arnold J. M. Reynolds.

J'ai été nommé secrétaire général de la Corporation et j'ai tenu ce rôle pendant les onze années qui ont suivi. J'ai également obtenu le titre de « pasteur civil », nom que nous donnait à l'époque le gouvernement. Cela nous donnait le droit de pratiquer et d'enregistrer des actes d'état civil. J'ai retrouvé dans le registre permanent des actes de la Grace Chapel à Sherbrooke un petit dépliant imprimé constitué d'extraits du Code civil qui s'appliquaient à ces actes d'état civil et à leur enregistrement. J'ai fait une demande auprès du palais de justice pour obtenir ces instructions en français, mais on m'a fait savoir que cela n'existait pas. Comme je l'ai indiqué plus haut, les « pasteurs civils » anglophones pouvaient demander conseil à un ministre protestant s'ils avaient des questions, mais il n'y avait personne pour renseigner ceux qui ne parlaient que le français. Quelqu'un m'a suggéré de me rendre dans une librairie de Montréal spécialisée dans les livres pour les professions juridiques. J'y suis donc allé, mais ils m'ont dit que tout ce qu'ils avaient contenant de telles informations était le Code civil du Québec. J'en ai acheté un exemplaire et je l'ai parcouru avec attention, notant avec soin tout ce qui concernait la célébration des mariages, ou l'enregistrement des naissances et des enterrements. Puis en 1960, j'ai pu écrire un livret bilingue contenant ces informations ainsi que des données concernant l'Église des Frères chrétiens dans la province de Québec. Nous l'avons appelé *Mémorandum* et nous l'avons envoyé à tous les frères des assemblées du Québec qui avaient été chargés de pratiquer ou d'enregistrer de tels actes. Étant le premier document de ce genre, des suggestions ont été faites par la suite pour l'améliorer[8].

Cinq ans plus tard, il a donc été révisé et enrichi par un comité nommé dans ce but, et il a été adopté en tant qu'instructions officielles à la réunion générale de la Corporation du mois de mai 1965. Il a été ensuite imprimé à plusieurs centaines d'exemplaires. D'autres groupes évangéliques ont appris l'existence de ce livret et certains d'entre eux en ont acheté des copies pour leurs membres.

De ce fait, sa valeur pour l'ensemble du monde évangélique est devenue de plus en plus évidente[9].

Le *News of Quebec*, quant à lui, a vu le jour puisqu'il semblait nécessaire d'informer le Canada anglais ainsi que le reste du monde anglophone de l'œuvre du Seigneur au Canada français. Ce journal a été conçu par le docteur Arthur C. Hill, un médecin qui exerçait à Sherbrooke. L'idée lui avait été suggérée, semble-t-il, par Roy Langley, qui, pendant un congé durant son service militaire, avait reconnu que les anglophones ne disposaient que peu d'informations concernant l'œuvre parmi les francophones. Les ouvriers francophones qui n'étaient pas en mesure de partager les informations sur leur ministère avec les frères anglophones avaient besoin d'un intermédiaire. Le docteur Hill était l'homme de la situation. En quittant sa place d'éditeur en chef du magazine en 1968, après vingt-trois ans de fidèle service, il a écrit ceci :

> C'est en tant qu'éditeur en chef que j'ai lancé le NEWS OF QUEBEC sous forme d'une page ronéotypée en 1944, à la suite d'une conversation avec le frère Roy Langley, qui profitait alors d'un court repos de l'armée de l'air canadienne (l'A.R.C.). Nous avons vu, avec une profonde reconnaissance, cette page se transformer en un livret imprimé chaque année pour enfin devenir un magazine trimestriel (même s'il est petit), dont la circulation est montée à environ 20 000 exemplaires par trimestre.
>
> Nous louons également le Seigneur de ce que les fonds reçus pour la distribution aux ouvriers et aux œuvres dans la province du Québec n'ont cessé d'augmenter. De plus, notre correspondance concernant les besoins et les opportunités de service au Québec a aussi augmenté en volume. Tout cela a rendu la charge du bureau de l'éditeur plus lourde, lui qui est encore par ailleurs un médecin généraliste bien occupé (croyez-le ou non, il en reste encore !) [….]
>
> Je n'ai en rien l'intention de me retirer de la ligne de front du service au Québec. Je continuerai d'aider la revue en tant qu'éditeur associé honoraire et je resterai président du comité financier. Avec les deux autres éditeurs, je serai toujours heureux de poursuivre toutes correspondances concernant l'œuvre dans cette province.

> Alors avec une immense reconnaissance envers Dieu qui m'a suscité un successeur particulièrement compétent, un homme qui pourrait très bien faire un meilleur travail que le mien en tant qu'éditeur de ce petit trimestriel, je cède la direction du NEWS OF QUEBEC à mon fidèle frère dans le combat, Arnold J. M. Reynolds[10].

Le premier numéro du magazine n'était constitué que de trois feuilles polycopiées avec un petit addenda agrafé au bas de la troisième page. L'année suivante, il a été imprimé sous forme de livret, reprenant toutes les informations du numéro précédent, mais avec de nouvelles informations sur le progrès de l'œuvre. Un numéro par an a été publié jusqu'en 1960. Deux ans plus tard, le magazine est devenu trimestriel et cela a continué ainsi pendant vingt-cinq ans.

Le magazine permettait non seulement de susciter plus de prières pour l'œuvre au Canada français, mais aussi de récolter des dons et de les distribuer aux différentes œuvres des Frères. En 1948 apparaît la première référence dans le magazine aux sommes distribuées au cours de l'année, elles s'élevaient à 1144,75 $. Vingt ans plus tard, le total des distributions pour 1967/1968 s'élevait à presque 54 000 $.

Au départ, et jusqu'à la fin des années 50, le magazine contenait des rapports sur toutes les œuvres évangéliques connues dans la province. Cela est expliqué dans le paragraphe suivant qui reflète l'attitude des Frères larges, du premier éditeur du magazine ainsi que de ses deux successeurs.

> Nous avons essayé, pour le numéro de *News of Quebec* 1956, de faire une liste de toutes les églises protestantes francophones et de tous les missionnaires. Cette liste se trouve ci-après. Les éditeurs du *News of Quebec* sont associés à ce qui est officiellement connu sous le nom (en tant que société religieuse) d'Églises des Frères chrétiens dans la province de Québec. De ce fait, tout en reconnaissant nos autres partenaires dans d'autres barques et en priant pour que Dieu bénisse tout ce qu'ils font pour son service, nous devons dorénavant limiter nos rapports détaillés à l'œuvre qui nous est réellement familière. Autrement, un tel rapport prendrait une place trop importante étant donné l'espace dont nous disposons[11].

En plus du problème de l'espace, la décision de ne plus parler que de l'œuvre des nôtres est aussi venue de la suggestion faite par un frère venu d'Europe, alors qu'il visitait l'œuvre au début des années 60. Apparemment, certains de nos frères les plus conservateurs, dans la province et en dehors, jugeaient ces listes très déplaisantes. Il est inutile de préciser que pour nous, les historiens d'aujourd'hui, ces listes sont vraiment précieuses.

Comme pour d'autres publications de ce genre, parfois les éditeurs avaient du mal à savoir jusqu'à quel point ils devaient entrer dans les détails pour expliquer clairement les faits, surtout quand il s'agissait de domaines qui posaient problème dans l'œuvre. Comment les gens pouvaient-ils prier avec précision s'ils ne connaissaient pas les faits ?

> Les éditeurs sont systématiquement confrontés à la difficulté de savoir ce qu'ils peuvent publier et ce qu'ils ne doivent pas publier dans le *News of Quebec*... Ce problème est sans aucun doute commun à tous ceux qui sont dans l'œuvre de Dieu. L'ennemi s'introduit pour semer de l'ivraie dans tous les champs de blé et tourmenter les semeurs, ceux qui arrosent et ceux qui moissonnent. Il est presque impossible, et cela ne serait pas une bonne chose, de rapporter tout ce qui concerne les difficultés internes des églises locales et entre les ouvriers du Seigneur[12].

Sauf pour ceux qui étaient « au courant » concernant l'œuvre ou l'ouvrier mentionné, quiconque lisait le magazine de temps en temps aurait eu bien du mal à discerner les histoires derrière les références soigneusement formulées à certaines personnes ou à certains évènements. L'amour couvre une multitude de péchés (1 Pierre 4.8).

Revenons-en au sujet de la croissance des assemblées locales. Des quatre assemblées établies à partir de 1945, l'œuvre a presque triplé dans la décennie qui a suivi, pour compter quelque quatorze rassemblements. C'est au cours de ces années que des assemblées locales ont été établies à Sherbrooke (1946), Cap-de-la-Madeleine et Arvida, aujourd'hui Jonquière (1947), La Tuque et Shawinigan (1950), la ville de Québec et Thetford Mines (1951), Granby et Drummondville (1952). L'existence de lieux de rencontres permanents dans une dizaine d'endroits différents était la preuve que l'œuvre était bien implantée.

Autour de quatre cents croyants étaient à cette époque repartis parmi ces assemblées locales.

La quatrième décennie de travail des Frères fut un temps pour semer plus largement, de nouvelles portes s'ouvrant dans un Québec qui changeait doucement. Plusieurs des préoccupations des premiers temps ont continué à peser sur les ouvriers, mais simultanément se présentaient à eux des nouvelles opportunités visiblement plus grandes. Parmi ces préoccupations se trouvait le harcèlement toujours présent des autorités religieuses ainsi que le besoin pressant de résoudre le problème de l'éducation des enfants de parents évangéliques.

D'un autre côté, des voies de plus en plus larges s'ouvraient dans le domaine de la radio et de la littérature évangélique ainsi que sur les campus à travers la province. Nous développerons ces thèmes dans les pages qui suivent. Cinq autres assemblées locales se sont créées durant ces années : Farnham (1953), Maranatha à Montréal (1956), Chibougamau (1960), Valleyfield (1960) et Montmagny (1963).

Le harcèlement religieux

En plus de ce qui a déjà été dit concernant les difficultés liées à l'annonce de l'Évangile à Girardville et à Rollet, de nombreux autres cas de harcèlement religieux envers le travail d'implantation d'assemblées et les personnes qui s'en chargeaient pourraient être décrits. Les assemblées de Thetford Mines, Cap-de-la-Madeleine et de Shawinigan n'ont pas vu le jour sans enlèvements de frères, émeutes ou destructions de propriétés. Manifestement, l'un des évènements les plus marquants, au cours duquel les autorités sont clairement allées trop loin, est arrivé la nuit du 12 avril 1950. Ce qui suit en est le récit tel qu'il a été publié dans les pages du *News of Quebec*.

> À travers les médias du monde entier, aussi bien religieux que séculiers, nous sommes certains que nos lecteurs ont entendu parler de l'émeute qui a éclaté contre les chrétiens de Shawinigan Falls la nuit du 12 avril. Nous voulons rappeler ici les évènements qui ont mené à cette émeute et les probables effets que cela pourra avoir sur l'œuvre du Seigneur dans cette province.

Dans notre dernier numéro, nous avions parlé de l'arrestation de Paul Boëda à Trois-Rivières pour avoir utilisé un système de sonorisation pour prêcher l'Évangile en public. Nous avions exprimé notre espoir de voir les charges contre lui abandonnées. Malheureusement, cet espoir s'est révélé vain et, en septembre 1949, notre frère Paul a dû s'acquitter d'une amende de 50 $ pour ce crime.

Quelques semaines plus tard, le frère Boëda a déménagé avec sa famille pour s'installer à Shawinigan Falls, à 30 km au nord de Trois-Rivières, là où quelques personnes avaient été sauvées et où beaucoup d'autres manifestaient un intérêt pour l'Évangile. Ils ont vite été rejoints par les Darling. L'œuvre a avancé lentement mais sûrement durant tout l'hiver et un lieu public pour se réunir leur a été ouvert.

Le samedi 4 mars, Paul a été kidnappé et mis dans un train en route pour Montréal. Un article calomnieux a été publié contre lui dans le journal local le lundi suivant et lui et sa famille ont été violemment menacés si jamais ils essayaient de revenir à Shawinigan. De nombreux chrétiens de Sherbrooke, de Drummondville et de Montréal sont venus à Shawinigan pour y rencontrer le maire et les autorités. Malgré cela ils n'ont pas obtenu satisfaction et rien n'a été mis en marche pour retrouver et punir les kidnappeurs.

C'est à la suite de cela que s'est produite l'émeute du 12 avril. Une foule, estimée à 2000 personnes a manifesté pendant trois heures contre les chrétiens qui étaient rassemblés dans leur petit lieu de réunion. Ils ont fini par saccager entièrement la salle. Malgré le fait qu'il y avait parmi la foule des agents de police pendant toute la durée de l'émeute, rien n'a été fait pour limiter les dégâts ou arrêter les émeutiers.

Les responsables parmi les Frères se sont réunis, et après avoir longuement prié et réfléchi, il a été décidé de protester vigoureusement auprès des autorités locales, mais de ne pas entamer de démarche légale. Cependant, la presse de tout le Canada et d'ailleurs a pris la parole au nom des « Frères chrétiens » de Shawinigan Falls pour demander que des mesures soient prises. En fin de compte, sous l'insistance des protestants anglophones, le maire et son conseil ont accepté de payer les dommages causés au lieu de rencontre et la voiture de l'un des chrétiens, pour un montant de 1 412 $. Aucune action n'a été entamée à l'égard des émeutiers jusqu'à maintenant. Il faut quand même noter que peu de temps après ces évènements, le chef de la police a été démis de ses fonctions ainsi que trois de ses hommes. Bien que de nombreuses protestations, venues de toute l'Amérique, soient arrivées sur le bureau de l'honorable Maurice Duplessis, premier ministre et ministre de la Justice du Québec, aucune réponse officielle n'est venue de ses bureaux sur ce sujet. L'effet immédiat de cette émeute a été de mettre fin aux actions d'évangélisation publiques[13].

L'auteur a en sa possession un épais dossier contenant d'innombrables coupures de journaux importants, aussi bien des États-Unis que du Canada, parlant de cette affaire. Cela a clairement attiré l'attention des Nord-Américains, et, comme cela sera démontré par la suite, a servi à avertir qu'un tel comportement ne devait en aucun cas être toléré au sein d'une société démocratique. Si la persécution ne s'est pas arrêtée immédiatement, du moins des violations aussi flagrantes des droits de l'homme au Québec ont clairement diminué.

Cela dit, la sorte de harcèlement qui a continué à gangrener l'œuvre est décrite dans la citation suivante qui est issue du troisième numéro de *News of Quebec* de 1961, dix ans après l'incident de Shawinigan Falls.

> Le 23 août, Roy Buttery, accompagné de quatre étudiants de l'École biblique Emmaüs de Chicago, distribuait des tracts à Grande-Baie, à côté de la ville de Port-Alfred. Ils ont été arrêtés par la police qui leur a expliqué qu'il était interdit de distribuer des tracts dans la rue. Après avoir discuté avec eux, la police a accepté qu'il donne leurs tracts, mais seulement dans les maisons, pas dans la rue. Peu après, alors qu'un des jeunes étudiants, Allan Hoffman, quittait une maison, une voiture s'est arrêtée à sa hauteur et le conducteur a tendu la main pour indiquer qu'il voulait un tract. Allan lui en a donné un et un policier est immédiatement apparu pour arrêter le jeune homme. Il a été emmené au poste, accusé d'avoir illégalement distribué des tracts dans la rue, et après être resté derrière les barreaux quelque temps, il a été libéré contre une caution de 10 $. Il a comparu le 30 août et a plaidé non coupable. Le procès a été fixé au 8 septembre.

Le chef de la police a admis devant Roy Buttery que le prêtre était derrière cette arrestation. Il a aussi expliqué à Arnold Reynolds au téléphone qu'un piège avait été préparé contre les jeunes distributeurs.

Pour obtenir un statut sur le plan légal, les Frères au Québec avaient auparavant décidé de se constituer en société religieuse, connue sous le nom de « églises de Frères chrétiens du Québec ». Dr Hill, président de cette société, Arnold Reynolds, son secrétaire, et Leslie Russell, membre du comité exécutif vivant à Arvida, à quelques kilomètres de l'endroit de l'arrestation, se sont réunis et ont décidé d'avoir recours à un avocat. Alors, il n'y a pas d'avocat protestant dans ce district, et deux de ceux que nous avons essayé d'engager dans un autre district n'ont pas pu nous aider. Il a donc été décidé d'avoir recours à un avocat catholique de Chicoutimi.

Nous avons demandé à notre avocat de faire reporter le procès au mois de novembre pour que nous ayons le temps de travailler sur le cas. Nous lui avons également demandé d'attirer l'attention du chef de la police de Port-Alfred sur le fait que la Cour Suprême du Canada avait décrété que les règlements municipaux concernant la distribution de prospectus ne s'appliquaient pas à la distribution de tracts religieux, décret qui a été soutenu dans au moins deux verdicts de la Cour Supérieure du Québec. Notre avocat a aussi découvert qu'aucune convocation officielle n'avait été donnée à Allan Hoffman, ce qui selon lui, amoindrirait les charges contre l'accusé.

Le 28 septembre, notre avocat a informé Arnold Reynolds que toutes les charges contre Allan Hoffman avaient été retirées et que les dix dollars de caution avaient été remboursés. Il nous était demandé qu'Allan Hoffman signe un document dans lequel il renonçait à toute poursuite pour dommages.

Pour cette fois, nous avons décidé d'accéder à leur demande et de ne pas poursuivre cette affaire. La prochaine fois par contre (et nous sommes presque sûrs qu'il y aura une prochaine fois dans une ville où ils n'auront pas entendu parler de ce cas), nous pensons que nous devrions suivre l'exemple de Paul et Silas dans Actes 16.19-39. Quand ils ont été injustement arrêtés, ils ont insisté pour que les magistrats s'excusent auprès d'eux. De tels troubles pourraient probablement être évités dans le futur en montrant une semblable lettre d'excuse au chef de la police en question.

Le 29 août, Roy Buttery et les étudiants ont distribué des tracts à Alma sans y rencontrer d'opposition, puis ils se sont rendus dans la ville voisine de Naudville. Là encore, leur travail a été interrompu par la police et ils ont été emmenés au poste. Là, le chef de la police a montré à Roy Buttery un règlement municipal selon lequel il était interdit de distribuer des tracts en ville, sauf avec un permis délivré par la municipalité. Le policier a insisté pour qu'ils cessent immédiatement leur distribution ou il les arrêterait pour infraction au règlement. Comme les étudiants désiraient retourner à l'école le plus tôt possible, ils ont décidé d'obéir, mais Roy Buttery a prévu de revenir plus tard braver cette menace.

Le 22 août, le groupe distribuait des tracts à Bagotville. Tard dans l'après-midi Allan Hoffman et Helena McNeil ont été suivis par une bande d'enfants qui leur ont crié des injures, leur ont jeté des cailloux et ont craché dans leur direction. Alors qu'Allan Hoffman déposait des tracts dans un immeuble d'appartements, les enfants ont fait tomber les tracts des mains de Mlle McNeil et les ont déchirés. Roy a discuté avec ces enfants qui lui ont dit que c'était le prêtre qui leur avait dit d'agir ainsi. Il a alors été voir le prêtre, qui s'est montré arrogant et insolent et qui a dit aux enfants en face de Roy de continuer tout en se justifiant : « Nous avons le droit de nous défendre. » Le petit groupe de distributeurs s'est alors rendu au poste de police, mais comme le chef de la police n'était pas là, ils ont décidé de s'arrêter là[14].

L'éducation

L'éducation des enfants de familles chrétiennes au Canada français a toujours été une source de défis. Au commencement de l'œuvre évangélique au Québec, avant l'arrivée au début des années 40 de la scolarisation obligatoire, et même après cela, l'Église catholique romaine contrôlait le monde de l'éducation. Les croyants canadiens-français évangéliques ont été obligés d'ouvrir leurs propres écoles paroissiales. À la fin des années 1800, dispersées partout au Québec, pas moins de cent cinquante écoles de ce genre avaient existé à un moment ou à un autre. Il existait aussi quatre pensionnats liés à des églises, dont certains ont continué à accueillir des enfants jusque dans les années 60.

Avec le renouveau de l'œuvre évangélique dans les années 20, les écoles dissidentes sont devenues à la mode. L'ouverture de ces écoles avait été autorisée par l'État dans les cas où il se trouvait suffisamment d'enfants de parents évangéliques ou d'une autre confession non catholique pour justifier un tel établissement. Il y avait deux de ces écoles à Montréal. En 1963, on comptait huit écoles dissidentes de plus dans les campagnes rurales de la province. Elles accueillaient 130 enfants. Parmi les premières écoles à se créer au sein de nos assemblées se trouvait celle à Girardville, où la première de nos assemblées était née plusieurs années auparavant. L'école a commencé en 1937 et a continué jusqu'en 1980.

> Depuis que nous avions quitté l'Église catholique, nous n'avions plus d'école pour nos enfants. Et comme nous ne voulions pas qu'ils apprennent les mêmes mensonges que ceux que l'on nous avait transmis, nous avons demandé à la Commission scolaire catholique de les dispenser de cours de catéchisme et de la récitation du chapelet.
>
> Notre requête a été rejetée. C'est alors que nous avons décidé de créer notre propre Commission scolaire protestante et de construire une école. Notre demande est arrivée trop tard pour l'année en cours, elle a donc été refusée. Mais l'année suivante, nous nous y sommes pris à temps et notre demande a été acceptée.
>
> Malheureusement, la Commission scolaire catholique de Girardville venait de bâtir une nouvelle école et avait acquitté la dette l'année même. Comme à cette époque, nous ne nous étions pas encore séparés d'elle, nous avons dû payer notre part.
>
> Une fois séparés d'elle, la Commission catholique a essayé de nous faire payer d'autres dettes. Comme cela représentait de grosses sommes d'argent, nous nous sommes procuré une copie des règles et réglementations relatives aux écoles et nous l'avons étudiée de près. Nous avons appris que la loi ne nous obligeait en rien à payer, mais qu'au contraire, c'était plutôt à la Commission de nous rembourser ce que nous avions déjà payé. Néanmoins, nous avons dû avoir recours à la loi pour obtenir notre remboursement.
>
> Nous avons fait une demande de bourse de 1200 $ auprès du ministère de l'Instruction publique. La bourse promise n'était pas encore arrivée, mais nous avons quand même construit l'école et

tout payé, sauf l'ameublement que nous avions commandé auprès de *Vilas Furniture* à Cowansville. Nous comptions alors sur la bourse pour régler les 1200 $ que nous devions à l'entreprise.

L'entreprise d'ameublement s'est montrée patiente, mais après une longue attente ils ont tenu à être payés. La bourse n'étant toujours pas arrivée, nous avons décidé de demander un prêt à la banque de Roberval. Le président et les membres de notre commission scolaire, ainsi que moi-même en tant que secrétaire, étions tous solvables. De plus, nous avons pu proposer l'argent de la bourse comme garantie de remboursement. Malheureusement pour nous, nous étions protestants ! « Pas un sou pour vous », nous a dit le gérant de la banque ; et nous sommes rentrés les mains vides.

Nous avons donc fini par écrire au ministère de l'Instruction publique pour leur expliquer notre situation et nous avons rapidement reçu notre chèque de 1200 $. Après avoir payé nos meubles, nous avions enfin notre propre école et nos enfants n'ont plus eu à étudier et à apprendre les erreurs du catholicisme. Nous considérions que cela était un immense privilège de pouvoir leur apprendre la vérité. À partir de ce moment-là, nous étions en paix quant à leur scolarité[15].

Au fil des années, de nombreux enseignants et enseignantes ont servi à l'école de Girardville, comme le montre la liste suivante.

Mlle Leila Boyd	Septembre 1937 à juin 1940
Mlle Berthe Pouliot	Septembre 1940 à juin 1941
Mlle Margaret Masters	Septembre 1941 à Pâques 1942
Mlle Emma Saint-Gelais	Septembre 1942 à juin 1944
Mlle Doris Pitman	Septembre 1944 à février 1946
Durant l'automne 1945,	Marion Thomas a apporté son aide, suivie de Phyllis Stratton
M. Arnold Reynolds	Février à juin 1946
Mlle Florence Steele	Septembre 1946 à juin 1950
Mlle Elsie Scott	Septembre 1950 à juin 1951
Mlle Florence Steele	Septembre 1951 à juin 1952
Mme Florence Doucet	Septembre 1952 à juin 1956
Mlle Eleanor Buchanan	Septembre 1956 à juin 1958
M. James Smith	Septembre 1958 à juin 1959
Mlle Isabelle Bacon	Septembre 1959 à juin 1975

Mlle Perside Doucet	Septembre 1975 à juin 1977
M. Lucien Louis	Septembre 1977 à juin 1978
Mme Lucie Petelle	Septembre 1978 à juin 1980

Après avoir pris contact avec le pionnier qu'était John Spreeman, M. Davey a visité la région de Rollet en juin 1941. C'est pendant cette visite qu'il a appris qu'une petite école protestante francophone avait été récemment créée dans la région par M. Spreeman et qu'elle avait besoin d'un enseignant. Cette école était clairement nécessaire puisque les enfants de parents qui avaient accepté Christ comme Sauveur étaient persécutés par leurs pairs des écoles publiques qui, il va sans dire, étaient catholiques. Une deuxième école dissidente a donc ouvert ses portes à Rollet à l'automne 1941.

Comme il n'y avait là que des écoles catholiques, où les enfants de convertis étaient obligés d'assister au catéchisme, de réciter les prières, etc., ensemble avec tous les autres écoliers, ils ont retiré leurs enfants de l'école et signé un avis de dissidence, se retirant du Comité scolaire catholique et créant un Comité protestant (Comité dissident de syndics) à l'été 1941. M. et Mme Vincent Davey sont arrivés de Montréal à ce moment-là, peu après leur mariage. Mme Davey prit en charge l'enseignement pendant que le frère Davey prit un travail de magasinier dans une mine près de Noranda. La maison… a été utilisée (l'étage inférieur) comme salle de classe pendant un semestre et demi, après quoi une bourse a été accordée qui a permis de construire une toute nouvelle école. Depuis, le nombre d'élèves a augmenté et plusieurs enfants venant de loin ont besoin d'être logés sur place, ils ont donc été accueillis. L'année dernière, Mlle Helen Weir est venue de Toronto pour aider à l'entretien de la maison, ce qui n'est pas rien étant donné qu'elle ne possède pas toutes les commodités et les avantages des maisons de ville. La santé de Mlle Weir n'a pas encore permis son retour ce semestre, mais elle a contacté une autre sœur qui ressentait un appel de Dieu à venir la remplacer, Mlle Eileen Grainger, également originaire de Toronto. Elle est venue et s'acquitte avec fidélité de cette tâche en l'absence de Mlle Weir. De plus, à la fin du mois d'août, le frère Davey a décidé de démissionner de son poste à la mine et il a été embauché comme enseignant. Comme l'école compte trente-six élèves et de nombreux niveaux scolaires différents, cela est presque trop pour une seule personne. De ce fait, il a été décidé que Mme Davey apporterait son aide en s'occupant des plus jeunes[16].

Parmi les premiers croyants de la région se trouvait la famille Jolin qui habitait Rollet. Denis Jolin, père de Gaston et Gérard, avait fait savoir à M. Davey lors de sa visite qu'ils comptaient sur Della pour enseigner dans leur école dès l'automne suivant. Ceci, s'ajoutant à d'autres indications de la volonté de Dieu pour eux, a conduit Vincent et Della à planifier leur mariage au mois d'août pour s'installer à Rollet tout de suite après. Le couple, qui s'était rencontré à Montréal après que Vincent y soit venu de l'Ontario en 1935, avait été envoyé sur le champ missionnaire par la Brock Avenue Gospel Hall à Toronto. Pendant que Della travaillait à l'école, Vincent a trouvé un emploi à la mine de Wait Amulet près de Noranda à quelque cinquante kilomètres de là.

Leur maison servait d'école et de dortoir pour un nombre d'enfants allant de six jusqu'à vingt. En moyenne, une douzaine de jeunes étaient logés chez les Davey, chacun payant environ douze dollars pour la chambre et le couvert. M. Spreeman avait entrepris la construction d'une maison à deux étages pour eux. C'est là que l'assemblée francophone a démarré en 1942.

Le travail augmentant, ils ont eu besoin d'aide pour s'occuper de l'école. Parmi ceux que le Seigneur a envoyés pour cette œuvre se trouvaient Eunice Carr et Doris Pitman pour n'en citer que deux. Eileen Grainger, qui est devenue Mme Spreeman bien des années plus tard, a également apporté son aide. Doris Pitman, qui par la suite a longtemps été missionnaire en Angola, fait part de son expérience à Rollet dans le récit suivant.

> Au début des années 40, Della et Vincent Davey étaient un jeune couple marié dont la vision était de servir le Seigneur parmi les Canadiens français. Ils avaient emménagé à Rollet dans ce but. Il trouva du travail pendant la semaine aux mines de Rouyn-Noranda, mais il passait ses fins de semaine à Rollet où ils avaient une maison là où se trouvait un groupe de chrétiens. Della était là pour enseigner dans l'école protestante francophone qui avait été fondée pour les enfants des croyants, car à cette époque, la persécution que subissaient ceux qui quittaient l'Église catholique était trop dure à

supporter pour des enfants. Il y avait environ 24 enfants divisés en sept niveaux scolaires. Il n'y avait qu'un enseignant pour les sept niveaux ce qui ne laissait pas le temps de corriger les cahiers ou de préparer les leçons pour le lendemain en classe, c'est à cela qu'étaient occupées les soirées.

En 1943, Della découvrit qu'elle attendait un enfant et qu'elle ne pourrait pas poursuivre son travail jusqu'à la fin de l'année. Leur foi était si profonde qu'ils n'ont pas parlé de leur besoin à qui que ce soit, mais ils ont déposé cela devant Dieu dans la prière pour qu'il mette à cœur à quelqu'un de venir s'occuper de l'école pour soulager Della pendant les quelques mois après son accouchement. C'est à ce moment-là que Dieu m'a mis à cœur de le servir au Québec en attendant qu'une porte s'ouvre pour l'Angola. J'en ai parlé avec Dr Arthur Hill, qui lui non plus ne voyait pas ce qu'une jeune fille pouvait faire, mais ayant déjà rencontré brièvement Della, il lui écrivit pour lui demander conseil. La réponse n'a pas tardé, il leur fallait une enseignante pour terminer l'année scolaire. Dieu avait répondu à leurs prières.

Je vivais avec les Davey, partageant tout ce qui concernait le travail de Della. Sa maison était toujours ouverte à ceux qui passaient, et compte tenu de son hospitalité, nous avons passé de nombreuses heures dans la communion avec d'autres croyants autour d'un copieux repas de tout ce qui était disponible dans cette saison de l'année.

Le rez-de-chaussée de la maison contenait une grande salle où se réunissaient les chrétiens pour partager le repas du Seigneur et entendre l'Évangile. Un coin de cet étage avait été fermé pour en faire une chambre pour les visiteurs. Un poêle à bois ornait un autre angle de la pièce et, avec de grosses bûches, la maison restait assez confortable pendant les mois d'hiver. Il n'y avait pas d'électricité bien sûr, mais tous étaient reconnaissants pour les lampes à gaz qui nous éclairaient autour de la table. Il n'y avait pas non plus d'eau courante ; seulement une vieille pompe à l'ancienne.

Plus tard, quand le besoin s'est fait sentir, Della a accueilli chez eux les élèves qui venaient de trop loin. Leur nombre variait d'une année à l'autre. C'était des moments précieux où nous avions l'occasion d'enseigner les Écritures à ces enfants, et de les élever dans la crainte du Seigneur[17].

Après la guerre, le frère Davey a quitté la mine pour se consacrer à temps plein au travail de Dieu, ce qui incluait le fait d'aider Della dans le domaine de l'enseignement. Les Davey ont déménagé à Farmborough, puis à Arnfield, puis de nouveau à Rollet avant de partir pour Noranda en 1956 pour assurer une meilleure éducation à leurs propres enfants.

Liste des enseignants et autres aides à Rollet :
Della et Vincent Davey (1941-1954)
Doris Pitman (1943-1944)
Helen Weir (1945)
Eunice Carr (1946-1950)
Eileen Grainger (1946-1951)
Les McCready (1949-1950)
M. et Mme Lloyd Allen (1951)
Eleanor Buchanan (1951,1954-1956...? ...)

Quelques statistiques :
36 inscriptions selon le *News of Quebec* pour 1946.
33 inscriptions, dont 14 pensionnaires, selon le *News of Quebec* pour 1948.

En 1945, il existait trois écoles de ce genre qui fonctionnaient sous l'égide d'une Commission scolaire protestante[18]. La troisième aurait été l'Académie chrétienne de Montréal, établie par les pentecôtistes en 1943.

En 1952, il a été rapporté que « le départ de deux des enseignants, Mlle Eleanor Buchanan et M. Lloyd Allen... ont reporté tout le fardeau de l'école sur M. et Mme Davey. Ils estiment que la situation est grave et qu'il faut trouver des solutions précises si on veut que les enfants de chrétiens francophones aient une éducation satisfaisante[19] ». Deux ans plus tard, Mlle Buchanan avait obtenu son diplôme d'enseignante au MacDonald College et elle est revenue à Rollet pour prendre l'école en charge. L'année suivante, en 1955, il semblerait qu'il y ait eu une école qui fonctionnait à Noranda, celle-ci ayant été fondée par les baptistes de l'Association[20]. En 1960, nous apprenons que « l'école de Rollet, en tant qu'externat, continue à fonctionner selon les directives du ministère de l'Éducation du Québec[21] ». En 1966 pourtant, cette école ne fonctionnait plus. Les chrétiens avaient fini par obtenir leur propre autobus scolaire et les enfants allaient à l'école publique de Noranda[22].

En parallèle, à Farmborough, une petite communauté de fermiers à 24 km à l'est de Rouyn-Noranda, une école anglophone pour les protestants s'est vraisemblablement créée autour de 1947. « Harold Fryday, qui vient de la Central Gospel Hall à Toronto, maintient le fonctionnement de l'école au jour le jour dans ce petit bâtiment blanc[23] ». En ce qui concerne les protestants francophones de cette région, il n'y avait à ce jour-là « aucune école stable pour les douze enfants du district, car il est très difficile de trouver un enseignant pour un endroit aussi reculé[24] ». L'année suivante, nous apprenons que l'Inspecteur scolaire du district avait « écrit pour demander une bourse gouvernementale pour construire une école dans ce district négligé… Les enfants doivent pouvoir être enseignés en français comme en anglais[25] ». En 1949, il y avait clairement un effort pour que l'école soit bilingue[26], même si nous n'avons pas de preuve qu'une nouvelle école ait jamais vu le jour. Pendant ce temps, les Davey avaient « emménagé de Rollet pour s'installer dans ce nouveau champ de mission[27] ». La dernière référence à cette école à Farmborough dans les pages du *News of Quebec* apparaît en 1950. Nous y apprenons que « Mme Davey a été encouragée dans son travail pour le Seigneur comme enseignante à l'école par le fait que le plus âgé des garçons a témoigné avoir cru en Jésus-Christ au cours de l'année et il a montré des signes d'une vie renouvelée[28] ».

Le problème des écoles touchait la province tout entière. De manière certaine, nous savons qu'il y avait d'autres écoles protestantes dans des endroits tels que Saints-Martyrs-Canadiens[29] dans les Cantons-de-l'Est et à Pied-du-Lac à Témiscouata[30], mais rien à Sherbrooke[31] ni à Chicoutimi[32]. Comme mentionné précédemment, les pentecôtistes en avaient installé une à Montréal[33]. Quant à Montmagny et Rimouski, la situation était loin d'être satisfaisante, comme on peut le voir dans ce qui suit.

M. et Mme Fernand Saint-Louis habitent à Montmagny, à 65 km à l'est de Québec. Le Seigneur a béni leur travail et ils ont réuni autour d'eux environ seize chrétiens et leurs familles. Ces chrétiens n'avaient d'autre choix que d'envoyer leurs enfants à l'école catholique francophone locale. Ils ont réussi à obtenir un accord avec la direction de l'école, dispensant leurs enfants de cours de catéchisme. Mais malgré cet accord, certains des enseignants se sont ouvertement moqués des enfants protestants et leur ont rendu la vie très désagréable.

C'est ce problème d'école qui a finalement décidé le couple Clerin à déménager de Rimouski à Québec. Nous pensions tous que l'évangélisation de la Gaspésie avait commencé deux ans plus tôt lorsque M. et Mme Clerin, issus de la *Bible Christian Union* avaient emménagé à Rimouski, quelques 300 km en aval de Québec le long du fleuve Saint-Laurent. Cette ville est en quelque sorte la porte de la péninsule gaspésienne. Cependant, après deux années d'efforts durant lesquelles ils ont vu quelques Canadiens français proclamer leur foi en Christ, ils ont été obligés de quitter Rimouski pour la scolarisation de leurs enfants.

L'éducation des enfants de missionnaires représente donc un véritable problème en ce qui concerne l'évangélisation de la Gaspésie. Il s'agit d'un territoire profondément catholique et sous la présente législation du Québec, cela signifie que toutes les écoles y sont dirigées par l'Église catholique romaine. Même lorsque la « liberté religieuse » est garantie aux enfants protestants, comme c'est le cas à Montmagny, souvent les enseignants leur rendent la vie impossible[34].

À propos de la ville de Québec, il a été rapporté en 1956 que la Commission scolaire protestante avait « mis à part deux salles de classe pour les élèves de 1re et 2e années et pour ceux de 3e et 4e années. Dans ces classes, tous les cours sont donnés en français[35] ». Ce dispositif semble avoir continué de fonctionner au moins jusqu'en 1961[36]. On espérait le voir étendu pour les enfants jusqu'en 7e année, dernière année de l'école élémentaire au Québec. « Si l'enfant protestant peut acquérir de solides bases de connaissances en français au cours de ces premières années, il ne perdra pas sa langue maternelle et aura plus de chance de rester au Québec[37]. » L'importance de cette affirmation a été mise en évidence par le professeur Alphonse Primeau-Robert dans sa conférence sur la place des protestants dans la nationalité canadienne-française, prononcée en 1924.

> La première condition, et la plus essentielle, c'est que nous restions français ! Nos adversaires ont systématiquement élevé un mur conventionnel entre les Canadiens catholiques et les Canadiens protestants. On a montré les protestants français, non seulement comme des renégats et des apostats, mais comme des traîtres à leur nationalité, en disant que le protestantisme conduit fatalement à l'anglicisation. Prenons bien garde de ne pas donner prise à ces préventions contre nous. Malgré toute notre admiration pour ce que les Anglais ont fait autour de nous, malgré l'attraction de croyances communes, malgré l'obligation où nous nous trouvons parfois d'envoyer nos enfants aux écoles anglaises (qui sont les seules écoles « publiques » protestantes), malgré tout, restons français; français de cœur, d'esprit et de langue ! C'est à cette condition seulement que nous pourrons remplir notre mission parmi nos frères de cette province[38].

À Trois-Rivières, une autre approche fut prise face à ce problème. En 1951, l'assemblée locale s'apprêtait à lancer la « première école chrétienne francophone que nous ayons réussi à ouvrir dans une métropole[39]. »

> C'est avec crainte et tremblements, mais avec foi dans le Seigneur, que nous envisageons démarrer une école francophone dans le sous-sol de notre chapelle. Les inspecteurs du ministère de l'Éducation nous ont expliqué que cette entreprise doit rester strictement privée et sous notre entière responsabilité, nous signalant que nous n'obtiendrons aucune aide gouvernementale. Cela signifie que nous devrons assurer l'achat des livres, le salaire de l'enseignant, l'équipement du bâtiment, les fournitures scolaires et la rénovation de notre sous-sol pour qu'il corresponde aux exigences de la commission scolaire, tout cela aux frais de notre assemblée... Nous prions pour qu'un jour cela débouche sur un internat, avec un bâtiment capable d'accueillir les nombreux enfants qui en auraient besoin. L'école commencera avec les classes de primaire et environ vingt enfants. Mlle Lewis (une enseignante diplômée) leur enseignera, regardant uniquement au Seigneur pour tout ce dont elle aura besoin[40].

Un an plus tard, il a été rapporté que le projet avait effectivement été mis en place, mais qu'il avait très vite rencontré de sérieuses difficultés.

Mlle Lewis, une enseignante diplômée parlant le français, a entrepris d'assurer les cours pour les cinq niveaux de classe qui sont rassemblés dans la nouvelle « école ». Les enfants étaient réticents à quitter leur école anglophone moderne avec tous ces aménagements et ses « avantages », mais ils se sont quand même rassemblés dans leur nouvelle salle de classe, au sous-sol de notre chapelle. Malgré les difficultés habituelles à trouver des livres appropriés en français, Mlle Lewis a continué son travail pendant plusieurs mois jusqu'à ce que sa santé fragile l'oblige à arrêter face à la pression que cela représente d'enseigner cinq niveaux en même temps à des enfants pleins d'énergie. Par la suite, un ou deux non professionnels ont repris la classe. Au cours de l'année, les élèves ont eu cinq ou six enseignants différents, dont seulement deux étaient réellement formés.

Le résultat net de cette année scolaire a été que les enfants ont appris très peu de choses et l'assemblée a montré une bien piètre image à nos voisins catholiques et à la Commission scolaire protestante. Les parents des enfants ont été très déçus et les enfants se sont retrouvés avec une année de retard lorsqu'ils sont retournés à l'école anglophone en septembre 1952[41].

En 1955, et puis à nouveau en 1956, on note que l'on travaillait encore dans le but d'établir une école à Trois-Rivières. Cependant, en 1958, tout espoir réel de voir un tel projet aboutir semblait avoir été abandonné.

Il n'existe pas d'école protestante francophone à Trois-Rivières ou à Cap-de-la-Madeleine et les Canadiens français sont obligés d'envoyer leurs enfants à l'école anglophone. Les parents n'en voient pas le danger, ils ne voient que le fait qu'il est plus facile pour les jeunes qui sont bilingues de trouver de bons postes de travail plus tard. Pour cette raison, ils ne voient pas l'intérêt de former une école protestante francophone[42].

Inutile de dire que la question de l'éducation des enfants de nouveaux convertis évangéliques était d'une importance capitale durant cette période de « marée basse » dans l'histoire de nos assemblées francophones au Québec. Plusieurs raisons peuvent être citées pour appuyer l'importance de cette question, mais deux préoccupations étaient clairement centrales. Il s'agissait de l'endoctrinement et de l'anglicisation de ces enfants, comme souligné dans les citations suivantes.

> L'éducation dans les communautés catholiques romaines se fait en fonction de l'organisation catholique et presque tous les professeurs (*tous* dans les grands centres) sont des religieuses ou des religieux venant du clergé catholique... Cela est un problème très sérieux au Québec puisque, comme chacun peut le constater à la lecture des manuels scolaires, l'enseignement de l'histoire, de la littérature et même de la géographie sont utilisés pour promouvoir un sentiment d'appartenance au catholicisme (et souvent un sentiment anti-Anglais et antiprotestant) parmi les jeunes garçons et filles[43].

> Alors que nous étions à Saint-Narcisse, nous avons pu constater un besoin urgent. Les enfants francophones allaient, et vont encore dans des écoles catholiques. Nous avons pu voir le désespoir des parents alors que les enfants nous racontaient comment les religieuses les avaient appâtés avec de la nourriture et la promesse de leur donner des jouets pour les amener à suivre leurs rituels. Nous avons entendu qu'ils étaient forcés d'assister à la messe malgré les demandes répétées des parents pour qu'ils en soient exemptés[44].

De toute évidence, il n'y a pas de place dans ce système dualiste pour les enfants des protestants francophones. Les parents convertis n'ont que deux options face à eux lorsqu'ils décident de quitter l'Église catholique. Ils peuvent faire ce que beaucoup ont été obligés de faire, c'est-à-dire laisser leurs enfants dans le système scolaire catholique où ils étaient auparavant et espérer que l'exposition constante à un enseignement catholique ne sera pas trop préjudiciable. Mais à chaque fois, ces enfants sont découragés par les persécutions qu'ils endurent et les parents finissent par les retirer de l'école. L'autre option est de les envoyer dans une école protestante anglophone. Cette option est souvent choisie puisque plusieurs des grandes écoles anglophones reçoivent une douzaine au moins d'enfants francophones. La langue et les standards d'enseignement n'étant pas les mêmes, ces élèves perdent souvent une année ou plus à s'adapter à cet environnement nouveau. Plusieurs d'entre eux se découragent et quittent l'école. Enfin, s'ils ne trouvent pas de travail, il quitte la communauté pour aller dans les régions du pays qui se montrent plus tolérantes. Les parents restent dans la région et dans leurs assemblées, mais nous avons besoin de ces jeunes gens pour prendre la relève quand les plus âgés nous quittent. Beaucoup des enfants de convertis venus du catholicisme n'arrivent pas à s'adapter à leur nouvel environnement scolaire. Ceux qui y arrivent, cependant, deviennent très vite anglicisés et ils souhaitent couper tous les ponts avec leur passé. Ils rejoignent des groupes anglophones et quittent l'église et les assemblées francophones.

Il est très clair qu'il nous faut trouver une solution pour pouvoir apporter à ces enfants une éducation dans leur langue maternelle et qui échappe à l'influence de l'Église catholique[45].

Au-delà de l'établissement de petites écoles telles que celles dont nous avons parlé à Rollet et à Girardville, plusieurs mesures ont été prises pour remédier à cette situation. En 1956, une association d'enseignants chrétiens s'est créée « pour étudier les besoins des enfants de protestants francophones et encourager les enseignants à se consacrer à cette tâche[46] ». Selon un rapport donné en 1960, des enseignants chrétiens étaient déjà arrivés de l'extérieur du Québec « pour enseigner dans le système scolaire protestant du Québec et pour appuyer les efforts d'évangélisation existants dans cette province. Certains se préparent à enseigner dans des écoles protestantes francophones[47] ». On pensait que de telles écoles allaient sûrement se créer.

Mais un vent de changement soufflait sur le Québec à cette époque alors que la Révolution tranquille se répandait à travers la province. L'espoir d'une réelle amélioration a été exprimé en 1961, en référence au tout jeune gouvernement libéral de Jean Lesage qui avait déclaré qu'« il allait mettre en place un système scolaire non paroissial, dans lequel la religion ne serait pas enseignée comme faisant partie du programme[48] ». Deux ans plus tard, nous apprenons que « la situation évolue vite ces derniers temps dans les écoles au Québec. La nouvelle loi sur l'école a été mise de côté, pour le moment, afin de donner l'occasion aux autorités catholiques et protestantes de l'étudier. Mais il est de notoriété publique que le premier ministre Jean Lesage a l'intention de la faire passer ». Cette loi « établit une autorité scolaire centralisée pour la première fois dans la province. Cette autorité aura le contrôle absolu sur le programme scolaire, à part ce qui concerne l'enseignement religieux. Cette partie de l'enseignement sera sous le contrôle de l'Église catholique ou de la commission protestante ». Cela a été vu comme « une première étape vers l'alignement du système d'éducation québécois au reste du continent[49] ».

Une école biblique

L'École biblique Béthel a démarré en 1948 et bien qu'elle ait été interdénominationnelle depuis le départ, elle a toujours été en lien étroit avec les assemblées de Frères. Les dirigeants de l'école, de Walter Angst à Richard Strout, nommés par un comité interdénominationnel venaient généralement de l'une de nos assemblées locales. Les autres directeurs ont été Sheldon Bard[50], Norman Buchanan et Dr Homer Payne. Il convient de noter, et ce, avec reconnaissance que l'avant-dernier directeur, Bernard Guy, ainsi que M. Walter Angst, pendant la deuxième moitié de son mandat, faisaient partie des baptistes de l'Association. Au fil des ans, les Frères et les Baptistes ont toujours travaillé en étroite collaboration dans de tels efforts interdénominationnels.

Parmi tous les ministères auxquels nos assemblées ont été associées depuis des années et dans divers domaines, on peut dire sans hésitation que Béthel est celui qui a reçu le plus d'attention dans les pages de *News of Quebec*. Nous n'avons pas pour but ici de raconter l'histoire de ce ministère puisque cela a déjà été fait admirablement dans *Bethel's Story : A Light In A Dark Place* (L'histoire de Béthel : une lumière au milieu des ténèbres) ainsi que dans *Our Dreams Are Greater Than Our Memories : Celebration 1949-1999* (Nos rêves sont plus grands que nos souvenirs : Célébration 1949-1999). Cela étant dit, nous n'évoquerons que quelques-uns des moments clés qui sont à mettre en lien avec l'histoire de nos assemblées.

La vision et les prières, particulièrement celles de Dorothy Kenyon, sont à l'origine de la fondation de Béthel. Mlle Kenyon était venue au Québec en tant que missionnaire avec la *International Child Evangelism Fellowship*, une association pour l'évangélisation des enfants. Provenant de l'Alliance chrétienne et missionnaire, elle a bientôt été rejointe par Dr Hill, un médecin de la communauté de Grace Chapel à Sherbrooke. Leurs prières, avec celles des autres, ont donné naissance à cette école.

Le premier directeur de l'école, M. Walter Angst, est venu de Suisse en passant par la Mission de la Grande-Ligne. Cette dernière était un ministère mené par les baptistes, qui faisait suite à une œuvre évangélique encore plus ancienne, commencée dans le sud-ouest de la province dans les années 1830. Lors de son arrivée à Béthel, M. Angst s'est rapidement associé à l'Assemblée chrétienne de Sherbrooke, association qui s'est poursuivie jusqu'à la fin de l'automne 1959. Une tension grandissante au sein de nos assemblées concernant la justification d'une formation dans une école biblique, a fini par aboutir au départ de M. Angst de nos rangs. Cela est rapporté discrètement dans l'extrait suivant du *News of Quebec*.

> Notre assemblée locale a perdu des membres au cours de cette année, certains sont morts, et d'autres ont décidé de changer d'église. Il n'est jamais agréable de perdre la communion avec des frères en Christ, mais dans une petite assemblée, cela est d'autant plus dur. Nous avons aussi subi une forte attaque de « mauvais sentiments » pendant un temps, ce qui a découragé les croyants et empêché les autres d'être attirés par l'Évangile[51].

Béthel a joué un rôle clé dans la formation de responsables pour l'œuvre de Dieu au Québec, et aussi dans la préparation linguistique de missionnaires pour l'étranger à travers ses programmes d'études en langue française. Le tout premier étudiant à s'inscrire a été Raymond Taylor dont le rôle subséquent a été très important dans l'établissement des assemblées de Sherbrooke, Thetford Mines, Granby, Montréal et Saint-Hyacinthe. Fernand Saint-Louis a été diplômé de l'école en 1962. Il a ensuite établi l'assemblée de Montmagny ainsi que les ministères à la radio et à la télévision pour lesquels il est bien connu.

L'école a été un élément important dans le travail d'évangélisation grandissant qui se faisait à travers la littérature chrétienne. C'est lorsqu'il faisait partie de l'équipe, au début des années 50, que Norman Buchanan a émis l'idée d'un département d'imprimerie pour l'école. Une idée qui a finalement abouti à la naissance de Publications Chrétiennes lors du déménagement des Buchanan à Cap-de-la-Madeleine en 1957. De plus, l'école servait de centre pour la diffusion et la correction des cours bibliques par correspondance Emmaüs en français, particulièrement en lien avec la *Every Home Crusade* (Croisade Chaque Foyer) des années 1950 et le pavillon *Sermons de la Science* à l'Exposition universelle de 67. Ces cours ont été écrits par des membres du personnel de l'École biblique Emmaüs, une institution de Frères aux États-Unis.

> Béthel s'est engagée dans le projet « Sermons de la science » depuis ses débuts, fournissant des cours de formation pour les conseillers francophones. L'école s'est aussi occupée du suivi des quatre leçons de la série « Ce que la Bible enseigne ». Des centaines de ces cours par correspondance ont été envoyés à tous ceux qui étaient intéressés ; et ils ont tous été traités par le personnel de Béthel. « Cela nous a soulagés d'un énorme fardeau, » a écrit le directeur de « Sermons de la Science », Keith Price. « Le ministère accompli par votre personnel et vos étudiants, en tant que conseillers et préposés à l'accueil, a été inestimable. Nous sommes reconnaissants pour toute votre participation[52]. »

À l'automne 1969, quand M. Walter Angst est retourné en Suisse, Dr Sheldon Bard l'a remplacé en tant que directeur. Ce dernier a été tué en 1975 dans un accident de voiture durant l'hiver. Richard Strout l'a remplacé en tant qu'administrateur par intérim pour les deux années qui ont suivi. À ce moment, il a été proposé de nommer un directeur parmi les baptistes, ce qui ne s'est pas produit. C'est finalement à Norman Buchanan que l'on s'est adressé pour prendre le poste, ce qu'il a fait avec une grande compétence jusqu'à l'arrivée de Dr Homer Payne en 1984. C'est au cours de ces dernières années que le programme de Béthel a subi de profonds changements pour que l'école puisse délivrer des diplômes reconnus.

Radio et télévision

Le tout premier numéro de *News of Quebec*, paru en 1944, attestait que, malgré le fait que les stations de radio locales se montraient très peu coopératives, voire pas du tout, il y avait plusieurs postes qui rediffusaient des émissions évangéliques en français au Québec. L'une d'entre elles était celle de M. Henri Lanctin, qui était diffusée depuis Moncton au Nouveau-Brunswick et qui atteignait l'est de la province de Québec ainsi qu'une grande partie des provinces maritimes. À cette époque, de tels programmes manquaient d'efficacité, comparés à leurs équivalents anglophones, parce que les Canadiens français, de manière générale, n'avaient pas l'arrière-plan pour leur faciliter une compréhension de l'Évangile.

La première émission radiophonique en français soutenue par les Frères a été celle de Sherbrooke, avec Arnold Reynolds à sa tête.

> En date de novembre dernier, Dieu est merveilleusement intervenu pour nous permettre de passer à l'antenne. Il nous est également venu en aide en ce qui concerne le financement nécessaire puisque nous n'aurions jamais pu faire face par nous même aux coûts que représente la diffusion d'une émission de radio. Depuis le début de l'année, nous offrons un Nouveau Testament gratuit à tout auditeur qui nous écrit pour le demander. Nous avons jusqu'à maintenant reçu une quarantaine de demandes, dont plusieurs exprimaient de la reconnaissance pour notre travail. Cela a réveillé l'opposition de l'ennemi et de nombreuses tentatives ont été faites pour que notre émission soit arrêtée, ce qui nous amène à considérer chaque émission diffusée comme une victoire pour l'Évangile. Une fois, il nous a été interdit de diffuser l'émission et, à deux autres reprises, nous avons dû supprimer une partie de notre message. À part cela, nous avons pu être sur les ondes chaque dimanche. Nous nous sommes efforcés de ne pas offenser inutilement, néanmoins nous voulions être clairs quant à la question de l'éternité[53].

Les émissions à la station de radio CHLT ont été diffusées pendant environ trois ans et demi (1946-1950), mais ont été finalement arrêtées à cause de l'opposition religieuse. Deux ans plus tard, il nous a été rapporté que les postes radiophoniques au Québec nous étaient encore fermés. M. Reynolds nous a expliqué comment cela se faisait.

> Un jour nous avons eu comme invité dans notre émission le frère Alphonse Lacombe de Trois-Rivières. Avant sa conversion, il était très actif dans le monde catholique et aussi en politique. Il était très connu comme orateur enflammé et fut profondément détesté par les autorités catholiques. Il n'a rien dit qui soit offensant lors

de cette émission, mais sa présence a suffi à mettre l'évêque très en colère. Il a demandé au poste de radio de mettre un terme à notre contrat avec eux, ce qu'ils ont fait malgré nos protestations[54].

Heureusement, cet effort n'a pas été vain, car certains sont venus au Seigneur en écoutant notre programme radio. Entre autres la famille Cotnoir, qui venait des alentours de Coaticook. Deux des fils de la famille ont fini par s'engager au service de Dieu au Québec, ce qu'ils ont fait pendant de nombreuses années au sein des églises baptistes de l'Association. Il est important de préciser que, contrairement à ce que vivaient nos assemblées, les « Regular Baptists » avaient à cette époque plusieurs émissions de radio diffusées dans différentes stations du nord-ouest du Québec. Les églises pentecôtistes avaient également un certain succès dans la région de Montréal et l'Alliance chrétienne et missionnaire diffusait une émission (1954) sur CHVC.

En 1952, une tentative de diffuser sur les ondes avait été faite à Granby, mais cela n'a abouti que six ans plus tard. Une autre tentative infructueuse a eu lieu en 1955 à Drummondville. Deux ans après, il a été écrit que les postes français au Québec refusaient toujours de diffuser des émissions évangéliques et qu'il y avait quasiment une absence totale de prédication évangélique à la radio. L'émission *Back to the Bible* a réussi en 1956 à obtenir un programme en français au poste à Québec. Mais après quelques semaines, la station en question a dû céder à la pression de Rome pour arrêter cette diffusion. La situation générale a été décrite à l'époque dans le *News of Quebec*.

> Le contrôle de tous les moyens francophones d'instruction publique par les catholiques et l'indifférence des Canadiens anglophones face à cette situation ont encore été démontrés clairement à l'automne dernier, quand un groupe de représentants, choisi parmi ceux qui voulaient diffuser la bonne nouvelle du salut à leurs compatriotes francophones, ont présenté un dossier à la Commission Fowler sur la diffusion radiophonique.
>
> Le dossier démontrait à la commission qu'il était impossible, presque sans exception, de réaliser une émission francophone protestante. La Société Radio-Canada ne met aucun créneau à la disposition pour de telles émissions, que ce soit de manière

quotidienne ou hebdomadaire, ni ne vend aucun temps d'antenne pour cela. Alors qu'elle accorde des créneaux horaires gratuitement aux catholiques pour diffuser en français et en anglais, les stations privées, qui seraient prêtes à vendre du temps pour des programmes religieux, sont soumises à une telle pression quand elles acceptent des émissions protestantes francophones qu'elles sont obligées de les discontinuer. Non seulement cette situation est une réalité pour tout le Québec, mais, en plus, des postes du nord de l'Ontario, qui acceptaient auparavant de diffuser des émissions évangéliques francophones, refusent aujourd'hui de le faire.

En dépit du fait que deux des trois membres de la Commission Fowler étaient anglophones, ils n'ont montré aucun intérêt pour ce problème. Une grande partie du temps a été consacrée à discuter de la place des stations privées et publiques, mais ils n'ont même pas pris le temps de lire le dossier constitué par les protestants francophones concernant leur droit à l'antenne[55].

Une percée s'est apparemment réalisée en 1959 quand deux émissions de radio francophones, l'une à Timmins en Ontario et l'autre à Granby au Québec, ont été diffusées. Cette année-là, le *News of Quebec* a pu récupérer presque 500 $ pour soutenir l'émission de Granby. En 1961, « La voix de l'Évangile », produite par *Back to the Bible*, était entendue sur pas moins de dix stations à travers la province. Deux ans plus tard, Roy Buttery et Fernand Saint-Louis se préparaient à conquérir les ondes respectivement à Chicoutimi et Montmagny dès que les financements nécessaires seraient disponibles. Alors que cela ne s'est pas fait à Chicoutimi, à Montmagny le projet a abouti. Il est possible après tout que Dieu ait utilisé la réunion avec la Commission Fowler pour préparer cette avancée.

Un numéro spécial de *News of Québec* au sujet de la radio a été publié au début de l'année 1964. Deux avancées significatives ont été rapportées. La première étant ce qui a été perçu à l'époque comme un changement d'attitude, minime, mais positif, de la part de la Société Radio-Canada ; la deuxième nouveauté était la preuve d'un réel intérêt de nos frères pour cette question et les répercussions que cela allait amener.

> Un nouvel accord semble avoir été réalisé entre Radio-Canada et ses stations individuelles. Jusqu'à maintenant, nous dit-on, les émissions religieuses devaient passer devant un conseil de censure pour être approuvées. Bien sûr, la plupart de ces censeurs sont catholiques et, parfois même, membres du clergé. Cela n'a pas toujours été le cas, mais lorsque ça l'était, les émissions évangéliques étaient presque à chaque fois refusées. Il semblerait qu'à présent, chaque station locale peut s'arranger comme bon lui semble avec les diffuseurs locaux. Nous croyons que cela est prometteur pour des émissions évangéliques dans la province.
>
> L'émission *Back to the Bible* nous avait offert son programme francophone en Ontario et au Québec il y a quelque temps. En fait, il semblerait qu'ils souhaitent simplement que nous soutenions ces émissions tandis qu'ils continueraient à préparer les programmes. Ils redirigeraient vers nous les demandes qui découleraient de ces émissions… Pour le moment, des négociations sont en cours, mais elles sont loin d'avoir abouti[56].

Dans ce même numéro du magazine se trouvait la toute première référence à *La foi vivifiante* qui devait devenir par la suite l'une des principales œuvres médiatiques portées par les assemblées de Frères dans le Québec francophone. Le numéro suivant parlait de l'autre émission du même genre, l'appelant pour la première fois par son nom : *L'Heure de la Bonne Nouvelle*. Ces deux émissions, associées respectivement aux noms de Fernand Saint-Louis et Gaston Jolin, ont été la colonne vertébrale de notre ministère au niveau de la radio et de la télévision au Québec pendant des années. Voici l'histoire des débuts de la dernière de ces émissions comme rapportée dans notre magazine.

> Pendant des années, nos missionnaires aux Québec ont été empêchés de proclamer l'Évangile par la radio francophone. Le premier de nos frères à franchir cette barrière invisible a été Gaston Jolin qui, en association avec les Glad Tidings Crusaders de Sault-Sainte-Marie, a commencé à diffuser une émission en français depuis des stations du nord de l'Ontario. Il a ensuite pu trouver des créneaux horaires dans des stations de radio québécoises[57].

Gaston Jolin reprend lui-même l'histoire à partir de là.

Pendant la dernière année que nous avons vécue à Elliot Lake en Ontario, Dieu nous poussait à retourner au Québec. Quand les mines ont fermé, nous avons compris que le moment était venu de revenir chez nous. À ce même moment, le frère McLaren m'a parlé de sa vision pour le peuple francophone et de la possibilité de diffuser une émission évangélique à partir d'une station de radio de Kirkland Lake en Ontario. Nous avons donc demandé à Dieu de nous diriger. Un mois plus tard, on nous offrait quinze minutes d'antenne à moitié prix. C'est ainsi que le Seigneur nous ouvrait la voie pour utiliser la radio pour son œuvre.

Un an plus tard, quand la direction de la CBC (Canadian Broadcasting Corporation) a appris que nous profitions d'un rabais, ils ont décidé de doubler les prix ; cette porte s'est ainsi fermée pour nous. C'est alors que notre station locale nous a donné quinze minutes, à une heure de grande écoute, et à un prix intéressant. Là aussi, nous avons reconnu la main du Seigneur. Un peu plus tard nous étions sur le réseau francophone, émettant simultanément sur les quatre stations de Radio Nord.

Quelques mois après, la station francophone de Timmins, qui diffusait dans tout le nord de l'Ontario et le Québec, nous a également offert un créneau de quinze minutes. La population du nord de l'Ontario est au deux tiers francophone. Depuis, le Seigneur nous a ouvert les stations de radio à Blind River, qui couvre une population à 65 % francophone, et à North Bay qui émet dans tout le Témiscamingue au Québec et ses environs où plus de la moitié de la population est francophone…

Nous envisageons, selon la volonté de Dieu, de lancer aussi des émissions de télévision. La station télé ici est très puissante et elle atteint jusqu'à 90 % de la population francophone du nord du Québec et de l'Ontario. Voilà comment le Seigneur nous a conduits… et comment *L'Heure de la Bonne Nouvelle* a été lancée à l'été 1961[58].

Pour ce qui est des débuts de *La foi vivifiante*, ces derniers ont été rapportés en ces mots.

La foi vivifiante est l'un des nombreux moyens par lesquels l'Évangile résonne au Québec aujourd'hui. Cette émission de radio évangélique en français a été diffusée à Montréal depuis la fin du mois d'octobre 1963, et nous gardons sans cesse les regards fixés sur Dieu pour développer et étendre ce ministère tel qu'il le désire.

Fernand Saint-Louis prépare ses messages et lectures bibliques avec soin et les fait enregistrer au studio de la station locale de Montmagny. Il envoie rapidement les enregistrements à notre boite postale de Montréal. C'est là que notre part du travail commence. Avec l'aide de deux magnétophones professionnels, d'un phonographe et de disques importés de France et de Suisse, nous (MM. Leslie Russell et Peter Foggin) reconstituons une émission évangélique de quinze minutes chez M. Russell[59].

Vers le début de 1964, *L'Heure de la Bonne Nouvelle* (L'HBN) était à l'antenne avec sa première version télévisée, alors qu'elle passait déjà sur les ondes de plus de huit stations radiophoniques du nord-ouest du Québec et du nord de l'Ontario. *La foi vivifiante* (LFV) était diffusée par cinq stations de radio dans le centre et le sud du Québec. Lors du cinquième anniversaire de son émission radiophonique LFV, Fernand Saint-Louis a salué chaleureusement les auditeurs d'une quinzaine de stations différentes ; depuis Hull-Ottawa à la Gaspésie, depuis Sherbrooke à Chicoutimi, ainsi que de Cornwall, Saskatoon, Edmonton et même Haïti. Quel public !

Pour assurer une utilisation sage et juste des dons reçus pour le travail radiophonique au Québec, un comité avait été créé. Les membres en étaient Fernand Saint-Louis, Gaston Jolin, Leslie Russell, et Peter Foggin. Il y avait aussi un comité à part pour chacun des deux ministères puisque *L'Heure de la Bonne Nouvelle* était toujours gérée par les Glad Tidings Crusaders.

À ce stade-ci, il est nécessaire de souligner un autre point particulièrement important qui a été relevé dans les pages du dernier numéro du magazine paru en 1964.

Au Canada, il semble qu'en ce moment il n'y a pas le moindre espoir de pouvoir créer une station de radio chrétienne. Par conséquent, notre activité se limite entièrement à acheter des créneaux horaires pour nos émissions évangéliques, ce qui est possiblement la méthode la plus efficace pour évangéliser par la radio en Amérique du Nord. De ce fait, ce dont nous avons besoin au Québec n'est pas des techniciens de radio compétents (bien que nous saurions utiliser de bons techniciens), mais plutôt des renforts qui seraient à même d'apprendre le français et de constituer des troupes pour prendre possession des terres qui ont déjà été arrosées par les messages évangéliques à la radio[60].

Manifestement, nos assemblées étaient solidement impliquées sur le plan de l'évangélisation par les médias.

L'évangélisation par la littérature

L'évangélisation par la littérature a été le premier moyen utilisé par les Frères pour répandre l'Évangile au sein de la population francophone du Québec. Comme nous l'avons déjà dit, le premier ouvrier recommandé à l'œuvre qui a sillonné la province a été Louis Germain qui faisait du porte-à-porte en Gaspésie dès 1911. M. Germain a marché sur les traces des colporteurs intrépides qui avaient fait partie d'une vague précédente d'évangélistes-pionniers au XIXe siècle, des hommes tels que Joseph Vessot[61] et plusieurs autres. Près de cinquante ans après ses premiers pas dans la province, Louis Germain faisait encore du porte-à-porte pour propager l'Évangile. Nous avons ses propres récits concernant ces deux expériences.

C'est en juillet 1911 que je suis entré dans la province du Québec. Je me suis rendu en Gaspésie où, pendant six mois, j'ai fait du porte-à-porte parmi les catholiques francophones, distribuant des tracts évangéliques et racontant aux gens l'amour incroyable de Christ et le salut qu'il donnait à tous ceux qui se confiaient en lui...[62]

Personnellement, j'ai fait du porte-à-porte avec des tracts et des évangiles. De plus, des amis chrétiens ont envoyé des tracts et des offres pour recevoir un Nouveau Testament par la poste. À Eastview, une banlieue d'Ottawa où vivent environ 15 000 catholiques francophones, j'ai fait du porte-à-porte avec des tracts et des évangiles. J'y ai été arrêté après une plainte déposée par le prêtre et j'ai été maltraité de différentes manières. L'un des prêtres a été jusqu'à dire qu'il serait content qu'on me mette sur le bûcher pour me brûler vif et qu'il serait heureux d'allumer lui-même le feu[63].

À cette période, cela était presque le seul moyen d'annoncer l'Évangile au Québec, puisque ni la radio ni les journaux ne nous étaient accessibles et la prédication en plein air était interdite. Comme nous l'avons vu, même ce moyen d'évangéliser suscitait souvent de l'opposition et des menaces de la part des autorités religieuses de la province, et cela, malgré la charte obtenue en 1942 par l'ensemble des assemblées de Frères qui leur garantissait ce droit. Par exemple, en 1958, une tentative infructueuse a été faite à Drummondville pour obliger les colporteurs à obtenir un permis afin de pouvoir vendre des bibles. Roy Buttery a été gardé en prison pendant plusieurs heures. Dr Hill a été appelé et a pu avoir recours à un avocat pour obtenir la libération de Roy. Cela a été la première d'une série de six occasions au cours desquelles des ouvriers ont été impliqués dans des difficultés avec le clergé local et la police. D'autres ouvriers ont été victimes de tels évènements comme Roger Dupont, Cyril Shontoff et C.-E. Boulianne. En dépit de ces problèmes et d'autres obstacles, le porte-à-porte a continué d'être utilisé par nos assemblées et par d'autres groupes évangéliques, et ce jusqu'à aujourd'hui.

Bien que ce travail était épuisant et souvent dangereux, comme nous pouvons le voir dans ce qui suit, certaines femmes parmi nous ont consacré une grande partie de leur temps et de leur énergie à cette tâche.

> Nous sommes affligés d'apprendre que la mauvaise santé de Mlle Mabel Quinlan l'oblige à abandonner son travail de colporteuse pour la *British and Foreign Bible Society*. Mlle Quinlan travaillait depuis deux ans à Québec, faisant du porte-à-porte pour vendre des écrits bibliques. Elle distribuait également ceux-ci aux nouveaux arrivants canadiens qu'elle rencontrait au port. Dans une lettre récente, elle rapporte qu'au cours des dix premiers mois de 1952, 382 Nouveaux Testaments, 400 extraits de la Bible et 29 bibles ont été vendus ou donnés. Nous sommes certains que cette distribution n'a pas été vaine et nous croyons que cela en amènera plusieurs à se confier au Seigneur Jésus comme leur Sauveur[64].

Apparemment, Mlle Quinlan s'est remise de ses soucis de santé, et elle a été rejointe plus tard par deux autres femmes dans cette activité de distribution à Québec, comme cela est écrit en 1957.

> Au cours de l'année dernière, Blanche Durocher, Mabel Quinlan et moi-même (Jean Heidman) avons visité environ mille foyers avec l'Évangile. Dans chaque maison, nous avons offert un Nouveau Testament à prix réduit et donné des tracts et des évangiles à tous ceux qui voulaient bien les prendre. Il y a beaucoup d'opposition à notre travail, les Canadiens français étant des catholiques fanatiques, mais presque tous acceptent de prendre un tract et beaucoup veulent bien discuter de questions spirituelles. De ce fait, nous avons eu le privilège de témoigner de notre Seigneur Jésus et de laisser une portion de sa Parole dans de nombreux foyers canadiens-français[65].

Un deuxième moyen d'évangélisation était l'envoi de tracts par la poste. Cela a été lancé en 1928 par l'un de nos ouvriers, probablement John Spreeman, avec l'aide de quelques autres. En 1939, Arnold Reynolds donnait suite à des contacts dans la région de Sherbrooke. Lorsque Paul Boëda est venu à Cap-de-la-Madeleine en 1947, il avait une liste de 70 personnes qui désiraient recevoir un Nouveau Testament gratuitement. Cela était le fruit de ce travail d'envoi de tracts réalisé dans plusieurs parties de la province.

L'article suivant est paru en 1952 dans les pages de notre magazine qui rapportait que le nombre moyen de demandes par mois pour recevoir un Nouveau Testament depuis les derniers vingt-quatre ans était de 61.

> Les « Tract Bands » qui ont envoyé des tracts évangéliques par la poste accompagnés d'une offre pour recevoir un Nouveau Testament gratuit ont été les « troupes de choc » de l'évangélisation au Québec pendant plusieurs années. Le frère Donald Cox de Toronto a donné gracieusement de son temps pour organiser cette distribution de tracts pendant que le frère W. R. Atkinson de Montréal s'est chargé de l'envoi des Nouveaux Testaments...
>
> Nous sommes heureux de voir que cette œuvre pour le Seigneur, ces envois de tracts évangéliques au Québec, continue aujourd'hui avec encore plus de vaillants ouvriers qu'avant. C'est pour nous un sujet de profonde reconnaissance de voir que de nombreux chrétiens en Ontario et à l'est des États-Unis donnent de leur temps et de leurs ressources financières pour cette importante œuvre évangélique...
>
> Au cours du mois de janvier 1952, l'éditeur du « News of Quebec », en compagnie du frère David R. Wilson de Magog au Québec, a eu

le privilège de rendre visite à plusieurs assemblées locales dans les régions de Philadelphie, du New Jersey et de New York. Là ils ont pu présenter les besoins pour le Canada français. Pendant ce voyage, de nombreuses assemblées et personnes ont proposé d'envoyer des tracts et des offres d'un Nouveau Testament si on leur fournissait des adresses au Québec...

> Plus de 50 000 copies d'un tract en français écrit par le frère John Spreeman : « Ce qu'est la Sainte Bible », avec une offre d'un Nouveau Testament, ont été envoyées dans toute la province[66].

Un autre tract francophone, *Le Journal du soir*, avait été préparé par Jean-Paul Berney pour être mis en circulation dans les années 50. C'était un tract évangélique de quatre pages sous forme de journal. Sa parution a été annoncée dans le mensuel *Jeunesse Ardente*, lors de son quatrième numéro daté d'avril 1957.

> Nous avons récemment reçu un exemplaire du journal évangélique « LE SOIR » du Québec. Ce journal est parfait pour être distribué parmi les inconvertis ; nous le recommandons vivement.

En plus de répandre l'Évangile, ce qui très souvent a permis de gagner des âmes, il y a eu d'autres fruits importants qui sont sortis de l'œuvre des « Tract Bands ». Parfois de nouvelles assemblées se sont créées. En fait, la plupart des premières assemblées francophones du Québec ont vu le jour grâce, en partie, à cet effort. C'est ce qu'a dit Donald Cox, le secrétaire des « Tract Bands », dans notre magazine en 1954[67] et en 1956. Quatorze ans plus tard, il a été dévoilé que le travail de ces envoyeurs de tracts avait été essentiel, de manière directe ou non, dans la conversion de trois évangélistes canadiens-français qui travaillaient alors à temps plein parmi nos assemblées.

Il serait injuste de ne pas mentionner à ce point la contribution de la *Western Tract Mission* à l'évangélisation du Québec. Cela a été rapporté par Bill Learoyd à Montréal.

> L'importance de cette ville métropole et la forte résistance rencontrée contre le colportage m'ont poussé à chercher un moyen plus rapide de trouver des personnes intéressées. L'envoi postal de littérature chrétienne par la *Western Tract Mission* a répondu à ce besoin. Alors, entre mars et décembre, nous avons reçu plus de

300 demandes de Nouveaux Testaments venant des quartiers de la ville qui nous étaient alloués. Ils ont été livrés en mains propres et nous avons rendu une nouvelle visite à chacune de ces personnes quelques mois après[68].

L'organisme interdénominationnel qui est la *Western Tract Mission*, de Saskatoon en Saskatchewan, a fourni d'énormes efforts et beaucoup d'argent pour aider les ouvriers à Montréal. Je signale pour eux les noms français dans l'annuaire téléphonique. Ensuite leurs trois secrétaires les retapent en entier pour pouvoir les envoyer à des centaines de volontaires qui fournissent timbres et enveloppes sur lesquelles ils affichent les adresses. La *Mission* fournit une carte-réponse et trois tracts en français pour chaque adresse. On peut imaginer la facture quand on sait qu'ils ont fait des envois à pratiquement la moitié des francophones de Montréal et de ses alentours dans l'espace de deux ans.

Les demandes de Nouveaux Testaments arrivent dans notre boîte postale. C'est les baptistes qui s'occupent de l'ouest de la ville et de la rive sud ; les mennonites prennent en charge les demandes qui viennent de Montréal Nord et de l'île Jésus, mais nous, nous livrons les Nouveaux Testaments à ceux du centre-ville et nous assurons le suivi, tout comme le fait notre frère Raymond Taylor dans la partie est de la ville[69].

Pendant ce temps, Dieu travaillait dans le cœur d'un jeune ingénieur, Norman Buchanan, qui, avec sa femme Marion, servait déjà le Seigneur au Québec depuis l'automne 1946. Après plusieurs années d'un ministère de « faiseurs de tentes », concevant des compresseurs pour la filière canadienne de Ingersoll-Rand à Sherbrooke tout en portant aide à l'assemblée francophone dans son temps libre, Norman a rejoint l'équipe de l'École biblique Béthel en 1950. Depuis le début, il a montré un réel intérêt pour la création d'un département d'imprimerie à l'école. Sept ans après, il a partagé cette vision avec les lecteurs de notre magazine. La prochaine grande phase dans l'histoire de l'évangélisation par le biais de la littérature était sur le point de commencer.

Dans de plus en plus de domaines, les missionnaires se rendent compte de la valeur de la littérature chrétienne. Carl J. Tanis, directeur de *Christian Life Missions*, a récemment fait une tournée en Afrique pour pouvoir estimer les besoins en termes de littérature là-bas. Sa conviction au retour de ce voyage était : « Ce n'est pas l'<u>un</u> des plus grands besoins, c'est <u>le</u> plus grand besoin. Ce n'est pas le besoin de nouveaux missionnaires en chair et en os qui prime, mais plutôt celui de la littérature à distribuer ! Les communistes, les catholiques, les adventistes, les Témoins de Jéhovah et bien d'autres font un usage intensif de la page imprimée afin de diffuser leurs doctrines. Ne devrions-nous pas en faire autant ?

Au Québec nous avons remarqué ce besoin depuis plusieurs années, mais nous n'en avons pas évalué l'urgence. Il n'y a pas de magazine chrétien de langue française et les revues importées ne peuvent pas remplir ce besoin. Il n'y a pas de feuillets d'école du dimanche en français. Nous n'avons à ce jour que trois cours par correspondance en français. Les tracts adaptés au Québec sont rares. Les tracts francophones venus d'Europe sont souvent mal adaptés à la culture et au vocabulaire des gens d'ici, et ceux qui sont imprimés dans les pays anglophones comportent en général au moins quelques mots en anglais, ce qui est perçu comme une insulte par de nombreux Canadiens français.

Mon épouse et moi croyons que le Seigneur nous ouvre la porte pour que nous nous consacrions à temps plein à l'imprimerie pour l'avancement de l'Évangile dans le Canada français. Mon frère, Frank Buchanan se chargera de la plupart de mes responsabilités ici à Béthel pour que nous ne soyons plus obligés d'y rester. Un arrangement a été conclu avec des chrétiens fort intéressés permettant au département d'imprimerie l'utilisation de machines de base dont l'investissement sera amorti par ce qu'elles nous feront économiser. Nous sommes maintenant à l'écoute de Dieu pour savoir où localiser l'imprimerie pour que notre témoignage en tant que famille soit aussi utile pour une assemblée déjà existante que pour en former une nouvelle.

Bien entendu, un tel ministère ne peut être autosuffisant, même si les ventes et les abonnements aideront à payer le coût du matériel. Cela sera un projet missionnaire en ce qui concerne les ouvriers et la production. Mais nous sommes convaincus que l'argent investi dans l'imprimerie sera très utile pour la prédication et l'enseignement de la Parole et servira à encourager les chrétiens[70].

C'est en 1957 qu'ont eu lieu les débuts de Publications Chrétiennes avec un seul employé et un peu d'équipement offset dans un coin du sous-sol de la chapelle de Cap-de-la-Madeleine. L'équipement qui avait été utilisé jusque-là à l'Institut biblique Béthel à Sherbrooke a été amené en août, et en novembre le personnel a doublé avec l'arrivée de Sam Coppieters, un jeune artiste chrétien venu de Montréal, qui a rejoint Norman.

L'année suivante, l'œuvre s'est agrandie au point que les deux hommes ne pouvaient plus tout gérer, même avec l'aide occasionnelle de bénévoles. La charge de travail est mieux décrite par leurs propres mots.

« Publications Chrétiennes » cherche à combler plusieurs besoins : 1. Servir de lien entre les chrétiens de différentes parties du monde francophone et ainsi éviter de gaspiller nos forces en répétant le même travail dans deux endroits différents. Ce n'est que lorsque chacun sait quels sont les tracts, etc. que les autres ont imprimés qu'on peut en faire le meilleur usage. 2. Publier un tract ou un livret dès que le besoin devient évident. 3. Publier le mensuel « Vers Minuit » qui présente l'Évangile à ceux qui ne sont pas sauvés. Un journal plus petit (« Vie Ardente ») est publié en tant que supplément destiné aux chrétiens. Il contient des informations et des exhortations pour la vie et le service chrétien. De réels efforts sont faits pour les rendre plus « agréables » à lire en utilisant des couleurs, des images et des photos. 4. Offrir un service d'impression commerciale pour les chrétiens de la province. Tous les profits réalisés aident à compenser les pertes liées à la publication des magazines. Mais le véritable but de ce travail est de nous permettre d'encourager la production et l'impression de matériel attrayant. Nous sommes persuadés que le jour des tracts peu attrayants et mal écrits est terminé. Nous avons tous entendu des récits dans lesquels la page imprimée a été le moyen utilisé par Dieu pour sauver des âmes et les équiper pour le service[71].

Publications Chrétiennes ne servait pas seulement à répondre aux besoins des assemblées de Frères, mais aussi ceux des baptistes, des mennonites et d'autres groupes évangéliques, ainsi que des organismes chrétiens indépendants qui ont été dès le départ encouragés à utiliser les services offerts à Cap-de-la-Madeleine. Ces derniers éditaient et préparaient eux-mêmes la plupart de leurs documents, n'utilisant les services de Publications Chrétiennes que pour l'impression. Ce service s'est montré une excellente aide pour tous ceux qui avaient à cœur les âmes perdues du Québec.

À cette époque, la valeur totale de l'équipement et des stocks ne dépassait pas 5000 $, dont 3000 $ étaient pour les machines et le reste était le prix du papier et des fournitures. Le ministère était équipé pour pouvoir faire le travail photographique, les plaques et bien sûr l'impression elle-même. Mais certains travaux étaient confiés à des sous-traitants lorsque cela était possible. Cela avait pour but de libérer des hommes spirituels et compétents pour qu'ils puissent plutôt se concentrer sur ce que d'autres imprimeurs ne voulaient ou ne pouvaient pas faire comme l'édition, la conception et la mise en pages des articles dans le but de présenter le message de l'Évangile le plus efficacement possible.

Il a été très clair dès le départ que l'accent devait être mis sur la qualité, la lisibilité et l'adaptation culturelle.

> Ce qui est important c'est que nous mettons aujourd'hui entre les mains des Canadiens français de la matière imprimée qui correspond à leur culture et leur arrière-plan. Ces écrits sont rédigés par des catholiques romains convertis, tels que Roger Dupont et Roland Lacombe, et par ceux qui connaissent l'approche qui correspond au contexte québécois. Avant cela, des traductions ou même de la littérature venue de France étaient les seuls écrits disponibles en circulation. Maintenant, nous pouvons produire notre propre littérature qui n'a plus à être estampillée comme venant de l'étranger, par exemple « fait aux États-Unis ». Ainsi nous évitons l'une des raisons pour lesquelles une si grande partie des documents distribués étaient méprisés, voire détruits : la peur de recevoir une doctrine étrangère. Nous devons user de sagesse ! Nos distributeurs ne se sentiront plus gênés, car ils ont quelque chose de beau et d'attirant à donner plutôt que les tracts ennuyeux, sans attrait et de piètre qualité des années précédentes[72].

Quant à la publication mentionnée plus haut, *Vers Minuit*, il s'agissait d'un magazine mensuel de douze pages pour les inconvertis. Il était édité et publié par Norman Buchanan et Sam Coppieters et distribué gratuitement dans divers endroits. On y traitait de la doctrine catholique, c'est-à-dire le purgatoire, le pape, la prêtrise, etc. tout en y présentant la vérité de l'Évangile. Les articles y étaient écrits par les ouvriers et par d'autres personnes de talent. Des témoignages y étaient ajoutés ainsi que l'offre d'un Nouveau Testament. *Vie Ardente* était du même format et préparé par les mêmes personnes, mais il s'adressait plutôt aux croyants. Il parlait des difficultés propres au Québec, les sectes, les faux enseignements à combattre et d'autres problèmes de ce genre dont seules les personnes sur place pouvaient parler de manière à édifier les croyants. Des annonces et d'autres informations utiles y figuraient aussi. Le « Bulletin évangélique » était un petit journal évangélique de quatre pages, édité par Roland Lacombe et publié une fois par mois dans la mesure du possible.

Pendant deux ans et demi, l'imprimerie était enregistrée en tant qu'entreprise privée sous le nom de Norman Buchanan, par souci de simplification. À la fin de l'année 1959, il a été décidé de transférer l'entreprise au nom des Frères, au coût symbolique d'un dollar. La principale raison pour cela était de pouvoir profiter de certains avantages fiscaux accordés aux organismes religieux. Le personnel à temps plein s'élevait alors à quatre personnes par l'arrivée de Claude Boucher ainsi que de Ruth Bloedow, venue de Toronto et recommandée par son assemblée locale.

L'imprimerie avait commencé avec une petite presse offset Davidson, un massicot manuel un appareil photo 8 x 10, une relieuse à pédale et une machine à écrire IBM. D'autres équipements ont été ajoutés au fur et à mesure que les besoins se présentaient. D'abord une machine de pliage, puis un agrandisseur, une machine à adresser ainsi qu'une autre pour préparer des titres, une presse rotative Rotaprint 14 x 20, un Vari-typer, et finalement, un appareil de montage fait spécialement pour l'impression des photos. En 1961, après une longue réflexion et la consultation de toute l'équipe, la vieille presse Rotaprint a été remplacée par une machine un peu plus costaude, une « Chief 22 », qui pouvait imprimer sur du papier 43 x 56 cm. La machine de pliage à remplissage manuel a été remplacée par une machine automatique plus grande qui pouvait traiter les nouvelles feuilles de papier. Les deux machines avaient été achetées d'occasion à un très bon prix, sachant qu'elles étaient destinées à servir pour de nombreuses années.

Inutile de préciser qu'en 1961, le local dans lequel cette œuvre avait commencé est devenu beaucoup trop petit.

> Depuis presque cinq ans, une partie du sous-sol de la chapelle de Cap-de-la-Madeleine a été le berceau de notre ministère d'imprimerie et de publication. Mais aujourd'hui, nous prenons de l'expansion. Avec notre équipe permanente de quatre personnes, les machines plus imposantes et les stocks de papier nécessaires à notre volume d'impression, notre petit « coin » est sur le point d'exploser. Nous devons souvent attendre notre tour pour pouvoir aller d'un côté à l'autre de la pièce en contournant les piles de papier, les cartons et les machines. La seule manière d'avoir accès à la machine de montage Vari-Typer, qui prend un coin important de notre espace, est souvent de passer entre la secrétaire et son propre bureau et d'enjamber le magnétophone. La salle réservée à l'école du dimanche nous a servi de soupape de sécurité, mais il n'a jamais été question qu'elle devienne un lieu de stockage pour nos machines et nos piles de papier. Les frères de la chapelle se sont montrés très patients, mais nous serons bientôt tous soulagés. Ces cinq dernières années nous ont convaincus que les besoins sont de plus en plus réels dans le domaine de l'imprimerie et de la publication. Nous croyons que le Seigneur nous enjoint d'avancer. Nous avons acheté le terrain qui fait face à la chapelle et nous allons y construire une imprimerie d'ici l'été prochain[73].

Le 14 juin 1962, les bases du nouveau centre d'imprimerie et de publication étaient posées. À cette époque, M. Lawrence Burtnik, un imprimeur expérimenté venu de Greenwood Chapel à Toronto, avait emménagé à Cap-de-la-Madeleine avec sa famille et rejoint le personnel de l'imprimerie. Il était prévu que Publications Chrétiennes s'installe dans les nouveaux locaux vers la fin du mois d'octobre. Le rez-de-chaussée serait consacré aux bureaux, au stockage, aux envois et livraisons et au département de production. Le premier étage, qui a dû être ajouté à cause des lois de zonage de la ville, devait accueillir deux appartements pour des membres de l'équipe. La moitié des fonds pour la construction avait été empruntée sans intérêt, une autre partie venait de la Fondation Stewards et on s'attendait à ce que de nombreux chrétiens désirent participer par leurs dons. En tenant compte de l'aide bénévole disponible, on espérait finir les travaux pour un coût d'environ 25 000 $, en remboursant tous les prêts sur une période de vingt ans. Le rapport financier de 1963 fait état de : actifs immobilisés (bâtiment, équipement), 39 230 $; hypothèque et autres emprunts à long terme, 22 438 $; capital, 19 292 $[74].

Comme nous venons de voir, l'œuvre de Publications Chrétiennes, lancée en 1957, était devenue un outil essentiel dans le travail du Seigneur au Québec. Le calendrier de Dieu était parfait, puisque dans les trois ans qui ont suivi, les assemblées de Frères se sont engagées dans un projet énorme visant à couvrir la totalité de la province par des distributions de littérature évangélique. La « Croisade Chaque Foyer » était un effort conjoint impliquant la plupart, si ce n'est tous les groupements d'églises évangéliques du Québec. Le point de départ de ce projet a été une rencontre de trois jours sur le campus de l'École biblique Béthel pour les personnes intéressées, du 4 au 6 mai 1959, qui est décrite dans les paragraphes suivants.

Pendant trois jours, un groupe d'environ 50 personnes profondément intéressées par l'évangélisation du Québec s'est réuni pour affuter notre nouvel outil, la page imprimée. Nous sommes reconnaissants à Harold Street pour son aide concernant l'organisation de cette rencontre et aussi à Ken Taylor pour ses messages durant la conférence. Ces deux hommes, qui représentent « Evangelical Literature Overseas », ont fait des tournées dans le monde entier pour aider les missionnaires de divers endroits par des conférences telles que celle que nous avons tenue.

La littérature chrétienne a été employée au Québec depuis le tout début de l'activité missionnaire ici. Mais ce n'est que récemment que nous avons pris conscience qu'elle méritait une place bien plus importante que ce que nous lui avons accordé jusque-là. La page imprimée, c'est le missionnaire qui ne se fatigue jamais, qui ne perd jamais patience, qui vous répètera son message encore et encore que ce soit en public ou en privé, qui peut voyager partout pour quelques cents, qui peut atteindre les rois comme les plus pauvres, les grands-mères ou les élèves du primaire, qui peut parler toutes les langues sans aucun accent, qui a mené et mènera encore des milliers d'âmes à la lumière de l'Évangile de Jésus-Christ – cette page imprimée veut en faire plus pour la gloire de Dieu ici au Québec...

La conférence a été l'occasion de pouvoir enfin examiner tous les facteurs en jeu, de partager nos expériences et de planifier de futurs projets. Le résultat de cette conférence sera, si Dieu le permet, une plus grande coordination pour rendre accessible aux lecteurs les 763 livres évangéliques existants en français, un club pour mettre les nouveaux tracts entre les mains des gens, une autre conférence pour étudier les principes d'écriture et une *Croisade Chaque Foyer*.

Bien que nous ayons travaillé à l'évangélisation du Québec depuis de nombreuses années et que ce travail ait été béni par le Seigneur, jamais un programme de distribution systématique n'avait été entrepris pour toucher toutes les maisons de la province. Voilà la nouvelle vision qui a émergé lors de la récente conférence sur la littérature conduite par M. Jack McAlister de la *World Literature Crusade*...

Une *Croisade Chaque Foyer* est un effort systématique où la participation de chaque croyant est encouragée dans le but d'amener un message de salut dans chaque maison d'un pays. Aujourd'hui, de telles campagnes sont en cours ou en voie de préparation dans plus de cent pays sur cinq continents.

Pour le Québec, près d'un million d'exemplaires d'un message évangélique soigneusement choisi et imprimé de façon attrayante vont être mis à disposition. Ils seront fournis gratuitement à chaque chrétien qui s'engagera à en mettre dans tous les foyers d'une zone bien définie. Nous allons aussi répertorier soigneusement les distributions et leurs lieux, pour éviter tout chevauchement et nous assurer que toutes les zones soient couvertes.

Chaque tract distribué contiendra un coupon à renvoyer par le lecteur s'il désire obtenir de l'aide spirituelle ou un cours biblique par correspondance gratuit. Tout sera mis en œuvre pour encourager les personnes intéressées à chercher à s'intégrer à une église locale. Le lancement de ce projet est rendu financièrement possible par la *World Literature Crusade* et les milliers d'auditeurs chrétiens qui suivent ce ministère à la radio. Nous sommes persuadés que de nombreux lecteurs du *News of Quebec* voudront également participer à cet effort systématique pour atteindre les cinq millions d'âmes du Québec[75].

Environ un an avant cela, un autre effort d'évangélisation avait été lancé par Publications Chrétiennes, *Atteindre le Québec pour Christ*, qui devait aussi servir de plateforme pour la *Croisade Chaque Foyer*. Ces deux œuvres qui avaient pour but de couvrir toute la province de littérature chrétienne ont fini par n'en former qu'une seule, en tout cas du point de vue de nos assemblées. Plusieurs d'entre elles se sont profondément investies dans ce travail. Les pages de notre magazine relèvent que les villes ou régions suivantes ont été entièrement couvertes de tracts et de livres chrétiens par des ouvriers issus des assemblées : Kénogami, Jonquière, Arvida, Chicoutimi, Port-Alfred, Bagotville, Grande-Baie, Chibougamau et Girardville dans la région du Saguenay-Lac-Saint-Jean ; de grandes parties de Montréal et de Québec ainsi que certaines parties de leur périphérie ; le nord du Québec et l'est de l'Ontario ainsi que d'autres villes éparpillées comme Montmagny et Drummondville. Évidemment, il ne s'agit en aucun cas d'une liste exhaustive des lieux qui ont été couverts par des croyants de nos assemblées. Par exemple, Fernand Saint-Louis a personnellement participé dans les villes de Thetford Mines, de Sainte-Agathe et de Sherbrooke.

Les tracts qui ont été distribués lors de ces campagnes incluaient parmi d'autres ceux intitulés : « La sainte Bible », écrit à l'origine par John Spreeman, « La confession des péchés », « Les deux frères », et « Le meilleur prêtre du monde ». Ils ont été suivis peu après par une copie du *Message de Vérité*, un mensuel évangélique très coloré de huit pages. Il s'agissait de la suite d'une autre publication, *Vers Minuit* qui avait été publié pendant deux ans (1958-1959). Le rôle de *Message de Vérité* fut décrit dans les pages du numéro d'avril-juillet 1961 de notre magazine.

> Cela sera formidable lorsque le Québec aura été entièrement couvert, un tract dans chaque maison, mais ça ne sera que le début. C'est là alors que notre journal d'évangélisation mensuel intervient. Tous ceux qui nous ont fait part d'un quelconque intérêt pour l'Évangile sont ajoutés à nos listes d'envoi et reçoivent *Message de*

Vérité chaque mois. Cela représente notre marteau pour détruire peu à peu le roc de la tradition et des préjugés dans le cœur des Canadiens français.

Au cours de ces dix-huit derniers mois, avec la collaboration de nombreux autres ouvriers du Seigneur, nous avons mené deux projets de distribution massive et nous avons couvert des villes et des régions entières avec une série de 4 à 6 numéros consécutifs de notre petit journal. Nous sommes certains que beaucoup des 500 000 exemplaires qui ont été envoyés ont eu leur effet et que cela portera du fruit dans les années à venir[76].

Cinq ans plus tard, toujours à propos de ce journal…

Il est maintenant édité sous la forme d'un livret attrayant, de la même forme et taille que le « News of Quebec ». Six numéros par an sont envoyés dans environ 7000 foyers. Toutes les personnes qui nous ont contactés suite aux émissions de radio ainsi que d'autres personnes qui ont montré un certain intérêt sont automatiquement ajoutées à nos listes d'envoi. L'année dernière, plus de 100 000 exemplaires supplémentaires ont été imprimés pour des distributions de masse dans différentes parties de la province[77].

Gaston Jolin nous a demandé de l'aider à distribuer de la littérature évangélique pour couvrir les régions qu'il pouvait toucher par ses émissions évangéliques. Environ 70 000 copies d'un numéro spécial de *Message de Vérité* ont été envoyées par la poste dans le nord-ouest du Québec et le nord de l'Ontario pour un coût d'environ 2000 $.

À Drummondville, Roland Lacombe et ses fidèles collaborateurs ont distribué de porte en porte 25 000 copies du journal au cours de l'hiver. Nous avons pu fournir pour 500 $ de *Message de Vérité* pour assurer cette distribution.

Nous avons récemment imprimé environ 50 000 exemplaires d'un autre numéro pour Roy Buttery qui prévoit une distribution massive dans la région du Saguenay. La production de ce lot nous a coûté 1300 $.

Une autre distribution est en cours dans un secteur de la Gaspésie pour préparer le terrain en vue de la visite de plusieurs de nos ouvriers au mois d'août ; c'est un projet dont le coût s'élève à 1000 $.

Chaque numéro de *Message de Vérité* est imprimé à 10 000 exemplaires. La moitié sont immédiatement envoyés par la poste à nos lecteurs réguliers, qui sont pour la plupart des personnes qui nous ont contactés après des distributions ou plus récemment après avoir entendu nos émissions de radio[78].

Comme il a déjà été mentionné, les cours par correspondance de l'École biblique Emmaüs étaient aussi envoyés à la suite des distributions massives de littérature évangélique. Apparemment, à cette époque, seuls deux titres étaient disponibles en français : « Ce que la Bible enseigne », et « Vérités principales ». L'École biblique Béthel de Sherbrooke s'est chargée de la correction de ces cours.

Pour résumer, au cours de la première année de la *Croisade Chaque Foyer*, il a été rapporté qu'environ 675 000 tracts ont été imprimés et fournis aux distributeurs. Près de 500 000 d'entre eux avaient déjà été distribués dans les foyers à travers la province. Il a été estimé qu'un total de 1 200 000 tracts serait nécessaire pour terminer cette énorme tâche. En 1962, le projet avait avancé aux trois quarts, c'est-à-dire plus ou moins 900 000 tracts distribués et encore 350 000 à distribuer. Il ne restait que quelques régions où personne n'avait encore entrepris la distribution. L'année suivante étant, en fait, la dernière année de la *Croisade,* il a été signalé que le résultat mesurable de cette campagne et des autres actions de distribution massive de littérature chrétienne à travers les quatre dernières années fut une liste de plus de 2000 personnes ayant manifesté un intérêt envers l'Évangile.

> Mais la triste réalité est que la grande majorité de ces personnes n'ont jamais reçu de visite personnelle. Où sont les ouvriers pour s'occuper de cette tâche essentielle ? Nous sommes heureux de pouvoir les soutenir par notre mensuel évangélique *Message de Vérité,* mais rien ne peut remplacer le contact personnel[79].

Le camping chrétien

La toute première colonie de vacances chrétienne à voir le jour au Québec a été celle qui est aujourd'hui connue sous le nom de *Frontier*

Lodge. Son nom a été choisi à cause de l'endroit où elle se situe, sur la frontière sud de la province, au bord d'un lac qui la sépare du Vermont, aux États-Unis. Ses débuts datent de l'été 1936 quand le premier camp a eu lieu sur les rives du Petit-Lac-Magog dans les Cantons-de-l'Est. En 1944, après avoir changé de lieu à plusieurs reprises, un couple chrétien, M. et Mme Arnold Jackson, a fait don d'un terrain de trois hectares, pour y développer un site pouvant servir à des camps et à des conférences chrétiennes.

> En 1945, grâce au don généreux d'un terrain de la part de M. Arnold Jackson, de Canaan dans le Vermont, Frontier Lodge a trouvé un lieu fixe sur les bords de ce qui deviendrait plus tard le lac Wallace. Grâce à l'aide de nombreux hommes et femmes d'affaires, entre autres Harold et Peggy Munkittrick ainsi que Dr William et Dorothy Klinck, la construction a pu démarrer en 1946 et les premiers enfants ont profité des terrains de camping dès l'été de cette même année[80].

D^r et Mme Arthur Hill de Grace Chapel à Sherbrooke ont été, dès le départ, les instigateurs de ce projet de camp. Sous leur direction et avec l'aide d'une longue liste de personnes dévouées, les nouvelles installations ont pris forme. Les premiers camps se sont tenus sur le nouveau site à l'été 1946, dix ans après les premières graines semées sur la rive du Petit-Lac-Magog. Une autre décennie devra s'écouler avant qu'un programme pour les jeunes francophones commence à cet endroit. Beaucoup de nos ouvriers, recommandés à l'œuvre parmi les Canadiens français ont participé à l'élaboration de ce dernier programme. Parmi eux figurent Sheldon Bard, Paul Boëda, Roy Buttery, Howard Forbes, Roland Lacombe, Arnold Reynolds, Fernand Saint-Louis et peut-être d'autres. Parmi les orateurs souvent invités se trouvait Gaston Racine de Montréal. Le petit récit suivant est tiré du livre *The Foundations of Frontier Lodge – Fifty Years of Christian Camping in Quebec*, publié en 1986.

> En 1956, Paul Boëda, assisté de Jim Godfrey et de Roland Lacombe, a commencé un camp chrétien pour les familles francophones sur le site de Frontier Lodge. Paul et sa femme Gertrude servaient le Seigneur à Québec et ils aidaient aussi tous les deux dans les camps anglophones.

Ce premier camp francophone a eu tellement de succès qu'il a été décidé de le faire durer deux semaines à l'été suivant. Comme il n'y avait plus de temps disponible dans la programmation du site, le comité du camp a décidé que le camp francophone de M. Boëda aurait la priorité sur le groupe baptiste, à qui le temps a alors été réduit à une semaine. Finalement, le camp francophone n'a pas utilisé cette deuxième semaine, car le camp pour enfants de Frontier Lodge a pris la place.

Les camps francophones se sont poursuivis ainsi jusqu'en 1966, quand ils ont acheté leur propre site au Lac-Saint-Jean. Roy Buttery a succédé à Paul Boëda en tant que directeur du camp francophone et Arnold Reynolds a souvent participé à cette œuvre qui mettait l'accent sur l'enseignement des Écritures. En 1957, il y avait trente campeurs francophones et ces chiffres sont restés assez stables jusqu'en 1966[81].

En 1949, un deuxième camp chrétien a débuté sur le terrain de la Ferme Béthel au sud de Sherbrooke. Ce site de quarante-cinq hectares avait été acheté l'année précédente pour y établir une école biblique francophone. C'était la vision de Dorothy Kenyon de l'Association pour l'évangélisation des enfants (AEE), soutenue par Dr Hill et d'autres. Les premiers cours ont eu lieu au début de l'année 1949, suivis par un programme de camps d'été. Des personnes de l'AEE de Montréal avaient déjà organisé des camps à divers endroits, prêtés ou loués, dans les Laurentides, tandis que leurs homologues des Cantons-de-l'Est en faisaient apparemment autant à Frontier Lodge. Les gens de L'AEE ont cessé d'utiliser le Frontier Lodge après 1950[82] et, en août de l'année suivante, ces camps ont été incorporés à ceux de Sherbrooke. Plus de 100 personnes ont participé au camp cette année-là, ce qui en a fait le meilleur camp qu'ils aient jamais connu.

En 1959, un nouveau développement était en préparation, comme on peut le lire dans les lignes suivantes écrites par Roy Buttery.

> Les camps tiennent une place importante pour rencontrer les difficultés des jeunes ici au Québec. C'est une pratique de plus en plus populaire auprès des catholiques, des scouts et d'autres associations qui se créent pour répondre à ce besoin. Nous avons en plus à faire face au problème de l'anglicisation de nos enfants

s'ils participent à des camps anglophones. Nous avons cependant la possibilité d'utiliser le camp de Frontier Lodge et de proposer un programme géré par nos frères francophones pour la jeunesse canadienne-française. Cela est idéal à tous points de vue. Cette année, nous souhaitons joindre nos efforts à ceux de l'École biblique Béthel, les enfants les plus jeunes se retrouvent là-bas et les adolescents à Frontier Lodge, si nos projets actuels se réalisent[83].

Avec notre œuvre qui grandit parmi les jeunes, nous les avons divisés en deux groupes. Les plus jeunes (jusqu'à 13 ans) vont à Béthel et les plus âgés (au-dessus de 13 ans) à Frontier Lodge. Cet arrangement a parfaitement fonctionné l'année dernière et se renouvellera cette année puisque nous travaillons ensemble pour y arriver[84].

Cet arrangement harmonieux a bien fonctionné pendant environ six ans. Par la suite, des projets se sont formés pour développer des camps francophones dans les régions au nord du Québec. Leurs débuts remontent à 1965.

Un camp a eu lieu cette année pour la première fois sur les bords du magnifique lac Saint-Jean. Ce lac fait environ 40 km en largeur et en longueur. De belles plages de sable et des vagues énormes non loin de zones boisées attirent beaucoup de gens pendant l'été.

Ce camp était destiné aux enfants de sept à douze ans puisque se rendre à Frontier Lodge devenait trop compliqué pour notre groupe dont le nombre d'enfants était en constante augmentation. Nous avions seize enfants et six animateurs pour trois jours de véritable camping ! Nous avons loué un terrain sur lequel nous avons dressé des tentes et construit des tables et des bancs. Les repas, préparés par Evelyn (Buttery), étaient cuisinés sur un feu en plein air. Le temps était plutôt beau, mais frais…

En interrogeant les autres assemblées de la région, nous avons pu estimer qu'il y aurait trente à quarante campeurs qui pourraient participer à une semaine de camp l'année suivante. Nous pensons qu'il est temps de trouver un lieu approprié et d'entamer le projet. D'autres gens partagent cette même vision. Nous la déposons devant le Seigneur. Nous vous demandons de prier avec nous pour que, si c'est la volonté de Dieu, nous ayons un camp permanent dans cette région pour les plus jeunes[85].

Avant même la création d'un camp dans la région du Lac-Saint-Jean, un camp francophone avait débuté dans la région de l'Abitibi, au nord-ouest du Québec. Déjà en 1963, Gaston Jolin, son jeune frère Jacques et d'autres ont tenu un premier camp francophone sur le terrain du *Northland Bible Camp* dans le nord de l'Ontario. Bob Thrall en était l'orateur. L'année suivante, le camp a eu lieu sur son site actuel, au bord du lac Opasatica, prenant le nom de Joli-B, un choix inspiré par la magnifique baie sur laquelle le camp se situe.

La collaboration entre ces différents camps est soulignée dans les paragraphes qui suivent, tirés des pages de notre magazine datant de 1967.

> Pendant des années, les chrétiens francophones ont organisé un camp pour les jeunes à Frontier Lodge durant les dix premiers jours de l'été. Ils voyaient que cela n'était plus suffisant, et Frontier Lodge, avec son programme anglophone toujours grandissant, ne pouvait pas leur accorder plus de temps. Notre frère Gaston Racine, qui chaque année était un orateur fort apprécié lors de ce camp francophone, estimait qu'il commençait à peine à toucher le cœur des jeunes au moment où le camp se terminait.
>
> Nous sommes donc heureux d'annoncer que deux camps francophones ont vu le jour dans les régions du nord du Québec. Notre frère Gaston Jolin, avec l'aide de plusieurs autres frères, dirige le camp Joli-B dans la région de Rollet, tandis que plus à l'est, du côté du Lac-Saint-Jean, notre frère Roy Buttery s'occupe de l'autre camp.
>
> Il est question de se servir de ces camps pour les enfants les plus jeunes et de fonder un autre camp pour les adolescents qui soit plus central, peut-être dans les environs de Trois-Rivières[86].

À la veille de l'Exposition universelle de 1967 à Montréal, nos assemblées avaient posé de solides bases pour les camps chrétiens au Québec, qu'ils soient anglophones ou francophones. D'autres programmes de camping verraient le jour dans les décennies à suivre ce qui met en lumière l'importance qui était accordée à ce ministère dans la Belle Province, et qui continue à l'être. Les mots suivants, écrits par Dr Arthur Hill, fondateur du *News of Quebec,* montrent bien cette réalité.

> Le monde d'aujourd'hui met tout particulièrement l'accent sur la jeunesse ! Les statistiques sur la population nous l'expliquent. Dans le numéro de *Time Magazine* d'août 67, il est écrit : « En 1975, presque la moitié de la population (des États-Unis) aura moins de 21 ans. » Ici au Québec, les projections montrent que d'ici 1971, pas moins de 44,35 % de la population aura moins de 19 ans. Cela constitue donc une part essentielle de notre société et un champ missionnaire important ! Nous devons en être conscients et nous préparer à proposer un programme attrayant, dont les camps feront partie, si nous voulons atteindre la jeunesse d'aujourd'hui et les retenir pour l'Église de demain. Ne les négligeons pas ! Car le monde ne le fera pas !
>
> La jeunesse peut être un champ de mission fructueux. Les chiffres disponibles montrent que c'est dans cette période de la vie que la plupart des décisions pour Christ sont prises[87].

Les conférences

La toute première conférence tenue par nos assemblées francophones au Québec a eu lieu en 1949, presque un quart de siècle après le début de l'œuvre dans la province. Une référence tardive à cet évènement, qui a eu lieu à Cap-de-la-Madeleine, a été faite dans le *News of Quebec* en 1951. La citation qui suit est tirée d'un livret imprimé pour le 25e anniversaire de l'Assemblée chrétienne de Cap-de-la-Madeleine. Une photo accompagnait ce rapport et elle montre une forte participation à la conférence ainsi que la présence des personnes les plus en vue parmi nos assemblées à cette époque. Cette conférence est, semble-t-il, devenue un évènement annuel pendant deux ou trois ans.

> *La cabane* a également été le lieu de notre première conférence provinciale au mois de septembre 1949. Plusieurs serviteurs du Seigneur ont délivré un message qui était destiné aux nouveaux croyants. Pour certains, ces messages étaient durs à entendre, mais pour d'autres, ça a été les enseignements qui ont marqué le début d'une vie consacrée au Seigneur[88].

Une deuxième conférence a commencé l'année suivante dans la région du Lac-Saint-Jean au nord de la province. Cette conférence existe encore aujourd'hui ; c'est le rassemblement annuel d'églises évangéliques qui fait preuve de la plus grande longévité dans tout le Québec. Voici un extrait du magazine datant de 1950.

Le Seigneur nous a abondamment bénis lors de notre première conférence qui s'est tenue les 24 et 25 juin derniers. Alors que nous n'attendions pas plus de 50 visiteurs, nous nous sommes retrouvés avec presque 80 personnes, dont quelques enfants et adultes non croyants. Plusieurs personnes sont venues de la région de Trois-Rivières et de Shawinigan Falls, d'autres de Thetford Mines, de Sherbrooke, de Montréal, et même de Rollet qui se trouve à plus de 1500 km d'ici. Puis il y avait ceux qui sont venus de plus près comme Arvida, Jonquière et Duquen-Nord, et tous ont été logés confortablement chez nous dans nos propres maisons à proximité de notre salle évangélique. La prédication et l'enseignement avaient été laissés dans les mains de notre Seigneur qui n'a pas manqué de nous donner une variété de messages opportuns et très utiles. De plus, l'Évangile a été prêché avec force et une grande liberté. À la fin de la réunion du samedi, le frère Paul Boëda a baptisé sept personnes venues des environs de Shawinigan Falls et de La Tuque. Le lendemain, jour du Seigneur, au début de nos réunions de l'après-midi et du soir, nous avons écouté le témoignage personnel de plusieurs des frères en visite, et cela a été très apprécié. À la fin de notre dernière réunion, plusieurs non-croyants étaient visiblement touchés. D'ailleurs, nous avons tous eu du mal à nous séparer tant nous avions passé un bon moment ensemble. Dix de nos frères recommandés à l'œuvre y étaient présents, et chacun a parlé de son ministère, pendant la conférence ou immédiatement après.

Cela nous a remplis de joie de voir une centaine de chrétiens canadiens-français ainsi que plusieurs d'entre nous, les ouvriers anglophones, assis ensemble le dimanche pour célébrer le repas du Seigneur. Et tout en étant très reconnaissants à Dieu pour ce fruit déjà moissonné, notre plus profond désir est qu'il y ait encore plus de personnes à notre prochain rassemblement de ce genre, si le Seigneur ne revient pas avant[89].

Vu la grande taille de la province du Québec et le fait que l'œuvre de Dieu soit apparue dans des lieux très éloignés les uns des autres, il n'est pas étonnant d'apprendre qu'en 1951, des conférences se sont tenues dans trois endroits différents : une à Trois-Rivières (23-24 juin), une à Rollet (7-8 juillet), et une à Girardville (1-3 septembre). L'année suivante, cela s'est reproduit. Les défis liés à ces grandes distances ainsi que la popularité de ces conférences sont soulignés dans l'article suivant paru à cette époque dans notre magazine.

Les Canadiens français sont naturellement des gens très sociables. Leurs origines ethniques sont plus pures que ceux de la plupart des autres personnes de ce continent, leurs traditions plus libres, leurs plaisirs plus simples, et leurs familles sont grandes et très solidaires. Tout cela les amène à apprécier grandement le fait de se retrouver ensemble.

Toutefois, lorsqu'un Canadien français reçoit le salut, cela l'oblige à se priver en très grande partie de cette sociabilité qui fait partie de son identité. D'une part, il est rejeté par ses proches catholiques et, d'autre part, il se rend compte que beaucoup de ce qui se faisait couramment parmi eux lui paraît aujourd'hui tout à fait déplaisant en tant que chrétien. Il fait peut-être partie d'un petit groupe de personnes qui appartiennent à Jésus, mais cela représente souvent très peu de gens, et en dehors d'eux, il ne connaît sûrement personne avec qui il peut avoir quoi que ce soit en commun.

On comprend alors que c'est vraiment quelque chose pour un groupe d'environ de 200 personnes de pouvoir se rassembler en un seul lieu et entendre des nouvelles d'autres assemblées que la leur des différents coins de la province. Ils pourront ainsi jouir de la communion ensemble en présence de Dieu et profiter d'une variété de messages tirés de sa Parole ce qui sera un énorme encouragement pour eux. De plus, plusieurs d'entre eux pourraient réussir à faire venir leurs proches encore non sauvés dans ces rassemblements. La vue de tant d'âmes joyeuses et confiantes en Jésus-Christ et le ministère probant de plusieurs frères, pourra avoir une profonde influence sur ces gens pour les amener à Christ.

Malheureusement, nos assemblées sont éparpillées sur un territoire très vaste et assister à une conférence qui a lieu dans une autre partie de la province que celle où l'on habite peut très vite devenir un voyage de plus de 1500 km. Certaines routes sont en mauvais état et peu d'entre nous ont de bonnes voitures. Cela fait que la plupart de ceux qui sont dans des assemblées isolées ne pourraient pas se rendre à des endroits plus centraux choisis pour des rassemblements.

C'est en ayant tout cela à l'esprit que les frères ont décidé de mettre en place trois conférences cette année plutôt qu'une seule comme lors des deux dernières années. Nous ne pouvons pas rapporter les détails de chaque rassemblement, mais nous pouvons dire qu'ils ont chacun attiré autant de monde que ce à quoi on pouvait s'attendre, qu'ils ont été une grande bénédiction pour ceux qui ont pu s'y rendre et qu'il y avait des personnes qui y ont reçu le salut[90].

Comme nous le voyons, les conférences qui se tenaient à cette époque étaient ouvertes à tous ceux qui le souhaitaient. De tels rassemblements ont continué ; mais vers la fin des années 50, un nouveau genre de conférence est apparu, cette fois elles étaient particulièrement destinées aux ouvriers du Seigneur, les anciens et les conducteurs de nos assemblées. Elles se déroulaient sur une journée complète.

Nous avons en main les procès-verbaux de ces rassemblements, dont le premier a eu lieu au sein de l'Assemblée chrétienne de Drummondville, le 14 novembre 1957. Il est intéressant de noter ceux qui étaient présents à cette première Conférence de missionnaires et d'anciens : Arthur Hill, Arnold Reynolds, Norman Buchanan, Cyril Shontoff, Walter Angst, Raymond Lesaulnier, Roland Lacombe, Roy Buttery, M. Gilbert, Roger Dupont, Howard Forbes, Paul Boëda, Raymond Taylor, John Clark, Jean Heidman, Blanche Durocher et Mabel Quinlan. L'utilisation du terme de « missionnaires » montre qu'à cette époque la plupart de nos ouvriers étaient venus en tant que missionnaires de l'extérieur de la province pour faire l'œuvre de Dieu au Québec. Le *News of Quebec* nous rapporte ces rencontres.

De temps en temps, des missionnaires actifs dans d'autres parties de la francophonie comme la Belgique, le Congo, la France ou autre, profitaient de leurs congés pour visiter le Québec. Ils sont tous surpris de voir le pouvoir qu'a l'Église catholique romaine sur la population du Québec et aussi la faiblesse des efforts qui sont faits pour atteindre les inconvertis dans ce champ de mission pourtant accessible.

Ils trouvent aussi que l'œuvre est plutôt éparpillée et ils ont tous, sans exception, recommandé que les missionnaires se retrouvent souvent ensemble pour prier et discuter de leurs difficultés et de leurs méthodes de travail.

Depuis octobre dernier, les ouvriers au Québec ont mis en pratique ces conseils répétés. Nous avons tenu des conférences à Drummondville, Cap-de-la-Madeleine et Sherbrooke. La plupart des missionnaires et beaucoup d'autres responsables se sont retrouvés à ces occasions. Les matinées sont consacrées à la prière et les après-midis et soirées sont passés à étudier les Écritures pour trouver des réponses à nos défis et difficultés dans l'œuvre. Il a entre autres été discuté de l'appel et la recommandation des ouvriers à « temps plein » ; de la gouvernance des assemblées ; du soutien financier des missionnaires ; des méthodes pour atteindre les non-convertis.

Ces conférences ont permis de développer un sens de communauté beaucoup plus grand ainsi que de la compréhension mutuelle et elles seront sans aucun doute renouvelées régulièrement à l'avenir.

De ces conférences est né un Comité missionnaire consultatif. Il s'agit d'un comité d'ouvriers expérimentés qui se retrouveront de temps en temps pour conseiller des ouvriers plus jeunes ou ceux qui se sentent appelés à venir au Québec. Ce n'est qu'un comité de conseil, bien sûr, mais nous croyons que leurs expériences mises en commun sous la direction de Dieu peuvent vraiment en aider plusieurs.

Les membres de ce comité sont A. C. Hill, président ; Walter Angst, secrétaire ; Arnold Reynolds, Paul Boëda, et Roland Lacombe[91].

Trois ans plus tard nous apprenons que…

Ces conférences se poursuivent et sont généralement tenues de manière à être une réelle aide pour coordonner nos efforts. Malheureusement, tous les ouvriers ne participent pas à ces rassemblements. Ceux qui sont présents ont senti ces derniers temps qu'il fallait repenser un peu leur organisation. Ils ont formé un Conseil composé de tous les ouvriers participants et de représentants des différentes assemblées francophones. Ils se sont mis d'accord pour dire que pour toutes les décisions majeures, les membres seraient guidés par le jugement du conseil. Un « comité d'urgence » a aussi été mis en place, composé de trois frères anglophones et de trois frères francophones qui pourront être consultés pour tout problème qui demanderait une réponse plus rapide que le temps nécessaire à rassembler tout le Conseil. La coopération et la considération mutuelle de ces frères a été très encourageante[92].

Le 12 novembre dernier, environ trente ouvriers se sont rassemblés dans la chapelle de Cap-de-la-Madeleine. La matinée a été consacrée à la louange et à l'intercession ce qui a préparé le terrain pour un après-midi dédié à la résolution des problèmes et à planifier des projets pour l'avenir. Les difficultés semblent toujours moins effrayantes quand on les partage et la planification est bien plus intéressante et efficace quand les décisions sont prises ensemble...

Nous avons eu la joie de voir Howard Forbes à notre conférence. Ses activités sont encore limitées à cause de son récent accident de voiture, mais nous sommes reconnaissants de le voir debout après les nombreuses prières qui l'ont accompagné[93].

C'est à ce moment qu'un changement important a eu lieu en ce qui concerne l'orientation de ces conférences. En plus d'être un lieu d'information et un outil pour encourager ceux qui y assistaient, elles sont aussi devenues directives. Lors du rassemblement du 15 octobre 1959, Arnold Reynolds a présenté un document de cinq pages sur les moyens de devenir de meilleurs ouvriers ensemble : *Suggestions pour arriver à une meilleure coordination de nos efforts*. Lors du rassemblement suivant en février...

La question de l'organisation de l'œuvre fut alors discutée. Le secrétaire a demandé si les missionnaires étaient en faveur ou non de céder un peu de leur indépendance à un conseil général qui dirigerait l'œuvre. Tous ont exprimé leur empressement de se soumettre à un conseil général, mais quelques-uns n'étaient pas en faveur de la suggestion qu'on mette nos ressources financières en commun. On était néanmoins d'accord que si quelqu'un refusait d'accepter la recommandation du conseil qu'il ne devrait plus rien recevoir des fonds distribués par le docteur Hill. On accepta aussi en principe la suggestion que les ouvriers fassent un rapport mensuel sur leurs activités.

La composition du conseil général fut alors considérée. Il fut décidé d'inviter chaque assemblée d'y envoyer un délégué qui n'était pas missionnaire, et que l'assemblée du Cap-de-la-Madeleine enverrait deux délégués. Ces délégués avec tous les ouvriers recommandés formeraient le conseil général. Tous les anciens reconnus des assemblées seraient aussi les bienvenus à toute séance du conseil, mais les discussions et les décisions seraient limitées aux membres du conseil. Ce conseil choisirait alors un comité exécutif de 5 ou 7 membres qui prendrait les décisions importantes entre les réunions du conseil entier[94].

Lors de la réunion suivante, le 27 février 1960, le Conseil a été établi avec en son sein les ouvriers suivants : C. E. Boulianne, Roy Buttery, Norman Buchanan, Howard Forbes, Roland Lacombe, Bill Learoyd, Arnold Reynolds, Cyril Shontoff et Raymond Taylor. Les délégués des différentes assemblées étaient Gérard Lacombe (Arvida), Jean-Paul Duplessis et James Godfrey (Cap-de-la-Madeleine), E. Paquette (Drummondville), A. Gilbert (Maranatha), A. Tiffault (Assemblée chrétienne de Sherbrooke), Dr Arthur C. Hill (Grace Chapel de Sherbrooke). Aucun délégué n'a été nommé pour Granby ou La Tuque.

D'autres discussions ont suivi pour établir un comité d'urgence pour s'occuper des difficultés qui apparaîtraient entre deux réunions et qui devraient être traitées rapidement. Les membres suivants ont été élus à scrutin secret : Gérard Lacombe, Dr Arthur Hill, Arnold Reynolds, Roland Lacombe, Norman Buchanan et Jean-Paul Duplessis.

Les comptes rendus des réunions au cours des dix années suivantes montrent la grande variété des questions qui ont été discutées et réglées au sein de ces rencontres. Chaque session commençait par des rapports sur l'œuvre dans les différentes régions, suivi d'un temps de prière. Souvent, des questions théologiques ou pratiques étaient discutées. Citons, par exemple, la meilleure manière de faire face aux arguments des Témoins de Jéhovah concernant la déité de notre Seigneur ; l'utilisation de versions catholiques du Nouveau

Testament dans l'évangélisation ; la repentance, la foi, les œuvres et l'Évangile que nous prêchons, le jeûne et la prière ; l'autonomie de l'église locale ; le repas du Seigneur ; la louange et la réception à la table du Seigneur ; la recommandation à l'œuvre à temps plein ; les croyances et les différentes pratiques de nos assemblées ; l'école du dimanche et le travail auprès des jeunes ; la qualification, la formation et la reconnaissance des anciens ; la participation des femmes ; la discipline au sein des assemblées et la question de ceux qui créent des divisions ; la dîme et les offrandes pour l'œuvre de Dieu, les dons spirituels et la prêtrise de tous les croyants ; les questions relatives aux impôts sur le revenu pour nos ouvriers ; l'utilisation des cartes de crédit pour le chrétien ; l'harmonie entre les assemblées locales ; comment encourager les chrétiens de l'extérieur de la province à venir nous aider ; le besoin de voir les Canadiens français participer eux-mêmes aux financements de l'œuvre ; la distribution de fonds via le *News of Quebec*.

Il y avait aussi des discussions à propos de projets à entreprendre en collaboration comme le programme de camps francophones à Frontier Lodge ; la Croisade Chaque Foyer ; fournir du matériel pour l'école du dimanche ; la scolarisation des enfants francophones protestants, etc.

Pour finir, ces conférences servaient à s'attaquer aux problèmes qui menaçaient l'œuvre du Seigneur. Dont, entre autres, le départ du secrétaire du groupe de son affiliation aux assemblées de Frères; l'approbation à accorder à un ouvrier qui recommence à prêcher dans nos assemblées après un temps d'arrêt ; la destitution d'un frère qui a été reconnu coupable de prêcher de la fausse doctrine ; la question d'un frère responsable qui fume des cigarettes ; des conflits entre deux ouvriers d'une même assemblée locale.

Selon ce que nous lisons dans le troisième numéro de notre magazine de l'année 1964, il est évident que ces conférences ont continué à avoir lieu pendant cette période de « marée montante » de l'œuvre : « Arnold Reynolds reste très occupé à Sherbrooke et ses environs. Ses responsabilités de secrétaire de la Corporation provinciale ainsi que la Conférence des ouvriers francophones lui laissent peu de temps libre[95]. »

Les assemblées locales

Revenons-en au sujet de la croissance des assemblées locales. En partant des trois assemblées qui existaient en 1945 – Girardville (1934), Montréal (1940) et Rollet (1942) –, l'œuvre a été pratiquement multipliée par cinq pendant la décennie qui a suivi pour compter treize rassemblements de croyants. C'est au cours de ces années qu'ont été établies les assemblées de Sherbrooke (1946), Arvida/Jonquière (1947), Cap-de-la-Madeleine, aujourd'hui Trois-Rivières (1947), Ottawa/Cyrville, Ontario (1949), La Tuque et Shawinigan (1950), Québec, aujourd'hui Sainte-Foy et Thetford Mines (1951), Granby et Drummondville (1952).

Avec des lieux de rencontre permanents dans dix de ces endroits, il fut évident que l'œuvre était solidement ancrée. Environ 400 croyants faisaient partie de ces assemblées dispersées.

En 1955 commençait une quatrième décennie de l'œuvre des Frères dans un Québec en voie de changement, qui offrait de nouvelles possibilités pour l'évangélisation. Bien qu'un bon nombre de difficultés demeuraient les mêmes, des opportunités nouvelles et bien plus grandes qu'auparavant se sont présentées. D'un côté, il y avait le harcèlement continu de la part des autorités religieuses ainsi que le besoin pressant de trouver des solutions concernant l'éducation des enfants de familles évangéliques. De l'autre côté, de grandes portes s'ouvraient dans le domaine de la télévision et de la littérature évangélique ainsi qu'au sein des campus à travers la province. Nous développerons ces thèmes dans les pages qui suivent. Huit nouvelles assemblées sont nées au cours de ces années : Farnham (au milieu des années 50), Montréal Maranatha (1956), Chibougamau et Valleyfield (1960), Montréal, rue Boyce (1961), Montmagny (1963), Hull/Ottawa (1965) et Sorel-Tracy (1966). Ottawa/Cyrille, mentionnée plus haut, avait déjà cessé de fonctionner à cette époque.

Notre but, ici, n'est pas de détailler les débuts de chacune de ces assemblées locales, mais plutôt de faire part d'observations générales qui devraient intéresser nos lecteurs.

La littérature servait souvent de premier lien avec l'Évangile et menait parfois à l'établissement d'une assemblée locale. Par exemple, l'Assemblée chrétienne de Montmagny doit son origine en grande partie aux nombreuses demandes de Nouveaux Testaments, de cours bibliques par correspondance et de livrets. Le fait qu'il y avait eu plus de 500 demandes a poussé Fernand et Yolande Saint-Louis à s'y installer en 1962.

D'autres assemblées doivent leur naissance au fait que des croyants, à cause de leur emploi, ont déménagé dans des régions où il n'existait pas d'église évangélique. Cela s'est produit pour les assemblées de Farnham, dans les Cantons-de-l'Est, et de Chibougamau tout au nord de la province. Ainsi, des croyants de l'assemblée de Girardville, la toute première assemblée francophone du Québec, se sont établis dans ces deux endroits, amenant avec eux leurs convictions ecclésiologiques basées sur le Nouveau Testament.

La présence de protestants anglophones dans un endroit quelconque ne facilitait pas forcément l'implantation d'une œuvre francophone. Telle semble avoir été la conclusion de l'un des premiers ouvriers canadiens-français recommandés, Fernand Saint-Louis, comme on le voit dans ce commentaire qu'il a fait en 1964 : « Dans les endroits où se trouve un nombre important de protestants, ils ont un effet débilitant sur le travail de l'Évangile[96]. » Il ne s'est pas expliqué ; toutefois, on peut présumer que cela était dû aussi bien à des facteurs ethniques que théologiques.

Être anglais voulait dire être protestant et être français revenait à être catholique et, pour beaucoup de citoyens anglophones, cela voulait dire rester catholique. De plus, à cette époque, la ferveur évangélique manifestée antérieurement par les principales dénominations protestantes envers les Canadiens français s'était dissipée au profit d'une théologie libérale qui avait envahi aussi bien les centres administratifs que les institutions d'enseignement théologique. Cela dit, nous ne devons pas ignorer les effets positifs qu'ont pu avoir des assemblées anglophones comme celles de Rosemont à Montréal et de Grace Chapel à Sherbrooke sur le développement de l'œuvre francophone.

Les services sociaux

Très tôt, nos assemblées de Frères ont été impliquées dans diverses œuvres sociales, allant de la distribution de vêtements usagés à la fondation d'orphelinats et de maisons de retraite. Il a été reconnu que « les conditions sociales de notre temps ont considérablement fait augmenter le nombre de ceux qui ont besoin de notre aide[97] ».

Dans les pages du magazine de 1948, nous lisons ce qui suit :

> Certains de nos citoyens francophones sont vraiment pauvres ; souvent ils ont beaucoup d'enfants ; certains en ont jusqu'à quinze. Depuis des années nous cherchons à aider ces familles en leur donnant les vêtements usagés que nous recevons d'amis attentionnés, mais nous donnons en même temps des Nouveaux Testaments, des tracts et leur écrivons des lettres personnelles. Un certain nombre de cœurs ont été touchés ainsi par l'Évangile et nous croyons que quelques-uns ont trouvé le Sauveur. Un tel travail prend du temps, car les vêtements doivent être triés, choisis en fonction de la taille et du sexe de chaque membre du foyer, emballés et envoyés par la poste. En 1947, plus de 100 colis de vêtements ont été envoyés, avec des frais postaux d'environ 65 $[98].

Presque dix ans plus tard, le même ouvrier, Louis Germain, rapporte :

> Pendant plus de quinze ans, j'ai distribué des vêtements usagés à ceux qui en avaient besoin. Il y avait environ 110 familles sur ma liste dont certaines avaient jusqu'à seize enfants. Un Nouveau Testament et des tracts étaient toujours envoyés avec les vêtements et nous entretenions aussi une correspondance constante avec eux. Je ne doute aucunement que certains d'entre eux aient accepté Jésus comme leur Sauveur. J'ai toujours été le bienvenu chez eux et ils ont souvent ouvert leur maison pour des réunions[99].

Dr Hill, médecin à Sherbrooke et fondateur du *News of Quebec*, quant à lui fournissait un autre genre de service en plaçant de nombreux enfants dans des familles adoptives au cours de sa carrière médicale.

Dans les cas ci-haut mentionnés, les enfants étaient les premiers à bénéficier de ces services, une réalité qu'on constate aussi au niveau du travail fait auprès des orphelins.

Les orphelinats

La première allusion aux orphelinats est apparue dans le magazine en 1947 sous la forme d'une simple affirmation selon laquelle : « plusieurs chrétiens ont à cœur la création d'une maison chrétienne pour les enfants francophones[100] ». Cette préoccupation était visiblement présente également à l'esprit d'autres chrétiens évangéliques de la province puisque l'année suivante, il a été rapporté que *The Open Door Society* « envisageait de fonder un orphelinat, puisqu'ils soutiennent déjà deux enfants qui sont dans un tel foyer à Montréal[101] ». Le même numéro du magazine rapportait que la Mission Flambeau était en train de « construire un centre à Saint-Constant, près de Montréal, qui sera aussi utilisé comme orphelinat chrétien[102] ». Par la suite, cette mission a semble-t-il repris l'œuvre de *The Open Door Society* au Québec. Cet orphelinat, qui pouvait recevoir entre 25 et 30 enfants, a fonctionné pendant plusieurs années et a été mentionné pour la dernière fois dans le magazine en 1956.

La même année, *News of Quebec* a parlé des débuts d'un autre orphelinat situé près de Québec et qui a été appelé Le Foyer Sion pour enfants :

> Mlle Elizabeth Lewis, qui travaille depuis plusieurs années dans l'œuvre auprès des enfants dans la province de Québec, projette d'établir un foyer pour les orphelins et les enfants en situation difficile. Elle a trouvé et entrepris d'acheter une propriété tout à fait adaptée à Charlesbourg en banlieue de Québec. Le terrain est vaste et la maison est grande. Bien que vieille de plusieurs dizaines d'années, elle est bien construite et semble convenir parfaitement à un foyer pour enfants. Mlle Lewis demande des prières et de l'aide matérielle de la part des enfants de Dieu pour cette œuvre d'évangélisation à long terme au Québec[103].

Il n'est pas clair à quel point ce projet était réellement lié à à l'œuvre de nos assemblées, bien que Mlle Elizabeth Lewis apparaisse sur les listes d'ouvriers recommandés dans les pages du magazine et que de temps à autre, le projet ait reçu des fonds via le *News of Quebec*. Mais quoi qu'il en soit, Mlle Lewis avait été la première enseignante à s'engager dans la nouvelle école pour enfants protestants francophones qui a démarré à l'automne 1951 dans le sous-sol de la chapelle de Cap-de-la-Madeleine. Malheureusement, son état de santé ne lui avait pas permis de terminer cette année scolaire. L'année suivante elle avait déménagé à l'orphelinat de la Mission Flambeau où elle enseignait aux plus jeunes des enfants.

En 1967, le rapport suivant parlant de Sion a été publié dans notre magazine :

> Pendant onze ans, ce foyer pour enfants a pris en charge jusqu'à 25 jeunes, francophones et anglophones, vivant chez eux des situations difficiles. Son but est de fournir un environnement chrétien sain et heureux dans lequel les enfants peuvent accepter Jésus-Christ comme leur Sauveur et apprendre à marcher avec lui[104].

Cette même année le magazine a parlé pour la première fois d'une autre œuvre au service des enfants, le foyer Maplemount dans les Cantons-de-l'Est. On le désigne « notre foyer pour enfants ». Cette œuvre avait été lancée en 1962 par les membres de Grace Chapel à Sherbrooke.

> Le foyer Maplemount pour enfants est situé à Cookshire, à 26 km à l'est de Sherbrooke et on y prend soin de 22 à 30 enfants de tous les âges. Très peu de ces enfants viennent d'un milieu chrétien, ce qui nous donne une merveilleuse occasion d'évangéliser ces garçons et ces filles. Plusieurs d'entre eux ont d'ailleurs reçu le Seigneur Jésus comme leur Sauveur pendant le temps passé à Maplemount. Nombreux sont les parents des enfants qui ont aussi reçu de la part des chrétiens du foyer de l'aide et des conseils, les exposant ainsi à l'Évangile. Bien que la plupart des enfants soient placés à Maplemount par les services sociaux, la pérennité du foyer dépend tout de même largement de la générosité du peuple de Dieu. Pour l'instant, il y a six personnes qui travaillent de manière régulière au foyer, et il faut

deux personnes supplémentaires pour les mois d'été. Pour obtenir de plus amples renseignements, adressez-vous au directeur, M. Ewald Schmidt[105].

En janvier 1969, M. Roger Gurnett a remplacé M. Ewald Schmidt à la direction. Deux ans plus tard, le nouveau directeur a donné le rapport qui suit :

> En décembre 1962, Maplemount, foyer pour enfants, a ouvert ses portes aux jeunes qui n'avaient pas de maison où vivre. Depuis cette date, 108 d'entre eux sont venus vivre à Maplemount pour des périodes variables. Il y a en ce moment 28 garçons et filles qui ont entre cinq et dix-sept ans. Le conseil de direction et le personnel croient fermement que ces enfants méritent les meilleurs soins physiques qui soient, mais que le salut éternel de ces jeunes âmes doit rester notre premier objectif.
>
> Notre premier bâtiment était une grande maison à Cookshire au Québec qui a subi des travaux pour devenir encore bien plus grande. En septembre 1969, un deuxième foyer a été ouvert à Huntingville au Québec et deux autres foyers, en 1970, toujours à Huntingville. Dans chacune des quatre maisons, nous essayons de manière concertée de reproduire une vie familiale. Quelque 24 enfants vivent ici, étant entre quatre et sept par maison. En plus de ces foyers qui appartiennent à Maplemount, il y a deux maisons de particuliers dans lesquelles vivent quatre autres jeunes.
>
> En avril 1970, l'organisation a changé de nom pour devenir Maplemount Homes Inc., ayant reçu une charte gouvernementale en tant que personne morale. Jusque-là, elle était gérée sous les auspices de Grace Chapel, l'assemblée anglophone de Sherbrooke, mais ce nouveau statut a rendu plus simples les relations avec les diverses agences du gouvernement.
>
> La plupart des enfants sont sous la protection de l'État et quelques-uns ont été placés à Maplemount par des particuliers. Tous ceux qui sont pupilles de l'État et quelques-uns des autres enfants sont soutenus financièrement, mais cela ne couvre pas plus des deux tiers des coûts réels. Nous ne recevons aucune aide du gouvernement pour les bâtiments ; alors chaque jour, le

Seigneur pourvoit à nos besoins quotidiens, et notre croissance sur ces deux dernières années tient aussi à sa provision...

Un conseil de direction, composé de chrétiens des assemblées anglophones de Sherbrooke et de Huntingville, est responsable de fixer les objectifs et de veiller au maintien de Maplemount. La vision et le travail d'hommes et de femmes de la région ont, sous la main de Dieu, donné naissance à Maplemount. Les directeurs actuels perpétuent cette tradition[106].

Dès 1973, la « grande maison de Cookshire » était abandonnée en faveur d'une « prise en charge personnalisée en petites unités familiales ». Après quatre ans en tant que directeur des foyers Maplemount, le deuxième directeur, M. Roger Gurnett se préparait à passer à autre chose. Les foyers Maplemount ont continué à fonctionner pendant environ quatre ans pour enfin fermer leurs portes peu après 1977.

Un curieux détail sur le sujet des orphelinats est apparu dans les pages du *News of Quebec* en 1959[107] concernant « les activités du Révérend Harold George Martin, Ph.D., D.D., Th.D., etc., de Vaudreuil, P.Q. ». Parmi ses divers projets se trouvait un « orphelinat pour enfants ». Cependant, il est rapporté plus loin que « de récents visiteurs de l'orphelinat ont été très impressionnés par les splendides bâtiments et le terrain, mais n'y ont vu aucun orphelin ». Les éditeurs du magazine n'ont pas réussi à trouver des informations claires concernant les activités de cet homme.

Les maisons de retraite

L'organisme qui existe aujourd'hui sous le nom de *Massawippi Christian Retirement Homes* chapeaute les deux maisons de retraites que sont la *Grace Christian Home* à Huntingville et *Connaught Home* à North Hatley, la première d'entre elles ayant été créée à la fin des années 50. Ce projet a été annoncé dans le magazine en 1957.

> Dans tout le pays, on compte de plus en plus de chrétiens âgés qui, pour une raison ou une autre, ne peuvent pas ou ne devraient pas vivre seuls. Cette réalité est d'autant plus vraie au Québec pour de nombreux croyants qui sont reniés par leur famille, et

pour ceux dont tous les proches sont catholiques. Leur situation est fort peu agréable. Pour pouvoir répondre à ce besoin, parmi les croyants anglophones aussi bien que francophones, les chrétiens de *Grace Chapel* à Sherbrooke ont entrepris la construction d'une maison de retraite. Elle sera gérée par un comité nommé par l'assemblée et sera dirigée par Mlle Clair Bernard, infirmière diplômée, une sœur de l'assemblée. Sa capacité de départ sera de 20 résidents, mais elle est conçue pour pouvoir être agrandie. Les bâtiments devraient être prêts à accueillir des résidents au cours de l'été 1957. Ceux qui souhaitent avoir plus d'information peuvent écrire à Dr W. J. Klinck, à Lennoxville, Quebec[108].

L'année suivante nous apprenions que cette maison de retraite « a officiellement ouvert ses portes en janvier 1958 et a été dédiée aux soins spirituels et temporels des chrétiens âgés francophones et anglophones ». Il y avait quinze résidents « dans un magnifique bâtiment en forme de T comptant environ quinze chambres individuelles et deux chambres pour deux personnes, et offrant une vue sur de superbes paysages[109] ». Le projet s'est construit grâce aux dons provenant de chrétiens et à un prêt accordé par la Fondation Stewards. Arnold Reynolds a supervisé la construction de la maison et il en est devenu le premier administrateur. Une dizaine d'années plus tard, il a écrit ces mots :

> Le cœur de Dieu pour l'orphelin et pour la veuve nous est sans cesse rapporté dans la Parole de Dieu. Notre responsabilité à leur égard nous est clairement montrée dans le Pentateuque, l'épître de Jacques et la première épître à Timothée, alors que le fait de négliger ou d'exploiter ces personnes malheureuses est condamné dans au moins sept autres livres de la Bible.
>
> La réalité sociale de notre époque a fait grandement augmenter le nombre de ceux qui ont besoin de notre aide. Il y a beaucoup plus de personnes âgées qu'auparavant ; les progrès de la médecine ont aidé une plus grande proportion de gens à atteindre l'âge de 80 ou 90 ans comparativement à la génération précédente. Pourtant nos conditions de logement et nos nombreuses activités rendent de plus en plus difficile la tâche d'assurer à nos seniors de bons soins au sein de leur famille...

Dans la province de Québec, la plupart des institutions pour personnes âgées ou pour enfants sont gérées par les ordres religieux catholiques, ce qui laisse un réel besoin en ce qui concerne les non-catholiques. Les chrétiens de l'assemblée anglophone de Sherbrooke au Québec ont été particulièrement conscients de ce besoin et, en 1957, ils ont ouvert une maison destinée aux chrétiens âgés... Ils ont eu l'approbation et la coopération de plusieurs agences gouvernementales. De plus, la prise en charge d'une telle œuvre « sociale » leur a apporté le respect de la communauté. Aujourd'hui, la plupart des résidents... sont anglophones... Cependant, avec le nombre croissant d'églises évangéliques francophones, la situation pourrait bien changer à l'avenir.

Grace Christian Home est située à Huntingville, à une dizaine de kilomètres de Sherbrooke où ses 40 résidents seniors y reçoivent des soins infirmiers et autres. La maison est bien équipée et est accréditée par le gouvernement provincial. Bien que la plupart des résidents arrivent ici en connaissant déjà le Seigneur, plusieurs l'ont reçu pendant leur séjour, et d'autres ont témoigné du fait que le ministère de la Parole et la communion fraternelle dont ils y bénéficient les ont aidés à grandir dans la grâce et la connaissance du Seigneur Jésus-Christ. Quatorze personnes composent aujourd'hui le personnel ; des aides temporaires sont aussi engagées pendant les mois d'été et du personnel supplémentaire est parfois requis[110].

L'anticipation selon laquelle la maison de retraite pourrait recevoir un nombre grandissant de retraités francophones ne s'est pas immédiatement réalisée comme on peut le constater en lisant le paragraphe suivant, paru dans le magazine en 1975 :

Le *News of Quebec* se limite généralement à rapporter les œuvres qui ont pour but de faire connaître notre Seigneur Jésus-Christ auprès des Canadiens français. L'œuvre de la *Grace Christian Home*, une maison de retraite chrétienne fondée par *Grace Chapel* à Sherbrooke en 1957, y a aussi été parfois mentionnée. Bien que la plupart de ses résidents soient anglophones, ils ont accueilli un certain nombre de francophones aussi[111].

Un nouvel effort entrepris plus tard par des ouvriers issus de nos assemblées pour mettre en place une maison de retraite pour croyants francophone sera évoqué plus loin dans ce livre.

Entre-temps, en 1970, une deuxième résidence a été implantée à North Hatley dans les Cantons-de-l'Est. Les propriétaires de l'auberge Connaught « ont reconnu la valeur de l'œuvre accomplie à la *Grace Christian Home* et le besoin d'avoir plus d'endroits comme celui-ci pour prendre soin des personnes âgées dans la région. Ils ont donc fait don de leur auberge pour servir à cela[112] ».

Partie 2

MARÉES HAUTE ET FULGURANTE
1967-1983

LE NATIONALISME

Il n'y a probablement pas de période plus marquante en ce qui concerne la montée du nationalisme, et son approche séparatiste, que durant ce temps de marée haute entre 1967 et 1983 dans l'histoire de la province et de nos assemblées francophones au Québec. Nous n'entreprendrons pas ici une étude détaillée de ce phénomène ; cependant, il est pertinent dans notre cheminement historique d'examiner les attitudes et les réactions des leaders de nos assemblées à l'égard de ce mouvement.

Tout d'abord, il faut préciser que les pages du *News of Quebec* pendant ces années regorgent d'articles, écrits par ses éditeurs ou d'autres personnes, qui mettent clairement en lumière leur connaissance et leur évaluation de ce phénomène nationaliste ainsi que l'attitude qu'ils ont adoptée. La plupart d'entre eux sont fermement ancrés dans une compréhension claire de l'histoire du Québec. Arnold Reynolds, qui était particulièrement au fait de l'histoire de cette province a écrit en 1976 :

> Le Traité de Paris et de la Confédération garantissait au Canada français le respect de sa langue et de sa religion au même titre que pour le Canada anglais. Sur ce point, la lettre a été respectée, mais jamais l'esprit. Le Canada n'est pas devenu bilingue dans les zones sous juridiction fédérale et le Canada français n'a pas été assimilé au sein de la diversité canadienne comme l'avaient espéré certains des pères fondateurs de la Confédération. À travers toute son histoire, la lutte pour le maintien de sa langue, de son héritage, de sa culture

et de son identité a été constante. Ils sont aujourd'hui déterminés à s'affirmer et à protéger leurs droits[1].

Bien avant cela, en 1961, Fernand Saint-Louis, un Canadien français *pure laine*, avait écrit :

> Depuis qu'ont eu lieu les batailles de Wolfe et de Montcalm, les Canadiens français ne se sont jamais résolus à accepter la défaite française. Notre réel héritage se trouve vraiment de l'autre côté de l'Atlantique...
>
> Notre langue et notre culture ont beaucoup de points communs avec celles de la France. La survie des Canadiens français dépendra essentiellement, à l'avenir, des bonnes relations qu'ils maintiendront avec la « Terre Mère ».
>
> Mais en tant que race, avec des milliers d'autres compatriotes canadiens-français, je suis profondément reconnaissant envers les anglophones pour leur compréhension.
>
> Depuis les débuts de la Confédération, les francophones et les anglophones ont essayé de vivre côte à côte en toute harmonie, respectant les différences de chacun dans leur manière de vivre, leurs coutumes, etc.[2]

Fernand continue en citant André Laurendeau, éditeur du livre à succès de l'époque, *Les insolences du Frère Untel*, qui disait ceci : « En 1932-1936, le nationalisme avait pour toile de fond la crise économique. En 1942-1945, ce fut la guerre et la conscription. Dans les deux cas, le nationalisme a gagné en popularité grâce à ces crises. En 1961, il n'y a pas de telle crise, pourtant le nationalisme progresse à toute vitesse. » Sur la même page, Fernand donne ensuite son opinion personnelle, qu'elle soit juste ou fausse, concernant les raisons de la montée du mouvement séparatiste.

> La seule manière de comprendre l'explosion du nationalisme, me semble-t-il, est d'y voir une réaction du clergé québécois. D'abord, il y a eu cette vague de modernisation du système d'éducation, puis a suivi l'idée de l'anticléricalisme et d'un système scolaire neutre, ensuite est venue la montée en faveur de professeurs laïques dans les écoles catholiques... Combien de temps cela pouvait-il continuer...

sans que l'Église réagisse ? En moins d'un an, renaissant de ses cendres, le mouvement séparatiste réapparaît[3].

Il semblerait que les réactions parmi nos responsables envers ce qu'on appelait « la renaissance du nationalisme français dans la province » allaient d'un « soutien réservé » à une réaction de rejet relativement à ce qui était considéré comme « les efforts "de fanatiques" pour se faire remarquer ». Ce type d'opinion s'appliquant en particulier aux éléments extrêmes du mouvement. Mais là où tout le monde semblait d'accord, c'était quant à leur estimation de l'impact potentiel que cela pourrait avoir sur le travail d'évangélisation au Québec et à leur appel envers les lecteurs anglophones à ne pas considérer les Canadiens français comme indignes d'être évangélisés.

Au début de cette période, en 1967, Dr Arthur Hill écrivait :

> Nous pensons qu'il y a peu de partisans extrémistes de la doctrine séparatiste parmi les adultes de cette province ; la majorité de ceux qui soutiennent le mouvement sont de jeunes étudiants, qui, comme partout ailleurs, se rallieront à n'importe quelle cause qui leur promet quoi que ce soit d'excitant. Cela est d'autant plus attirant si la « cause » semble irriter les « Anglais », du haut de leur autosatisfaction !
>
> Quoi qu'il en soit, nous n'avons pas constaté un rejet plus fort de l'Évangile. Presque tous les rapports faits par les ouvriers nous indiquent que la population est plus ouverte que jamais à la Parole du Salut[4].

L'année suivante, le docteur plaida auprès de son lectorat :

> La montée du nationalisme français n'est pas très bien comprise dans de nombreuses régions de l'Amérique du Nord, et souvent, la lecture concernant ses effets ici au Québec est plutôt désagréable.
>
> Nous demandons au peuple de Dieu de se rappeler que la nation canadienne-française est en train de prendre vie aujourd'hui et qu'elle commence seulement à se rendre compte de ce qu'elle est et de ses potentialités pour la première fois de son histoire. Pendant des générations, les Canadiens français ont été sous la domination de l'Église catholique. Ce n'est que maintenant qu'ils s'affranchissent de cette autorité et qu'ils commencent à chercher autour d'eux des

manières de s'exprimer. Ne nous attendons pas à ce qu'ils expriment leur nationalité fraîchement découverte de la même manière que le ferait un peuple d'origine anglo-saxonne. Cela demandera une bonne dose d'adaptation, de patience et de correction quant aux anciens abus de la part des anglophones, surtout au Canada, avant que les choses ne se calment.

En attendant, nous demandons aux chrétiens de l'Amérique du Nord de prier tout particulièrement pour cette province. Les résurgences nationalistes ne diminuent en rien le besoin d'évangélisation ici[5].

Dix ans plus tard, à nouveau, l'éditeur Arnold Reynolds exprimait la même inquiétude :

Ces derniers temps, les persécutions violentes envers ceux qui proclament l'Évangile sont plutôt dépassées. Maintenant, le Québec passe aux informations pour de toutes autres raisons : les manifestations animées pour l'identité nationale des Canadiens français. Jusqu'à maintenant, cela n'a pas freiné la progression de l'Évangile, mais certains chrétiens du reste du pays ont pu être choqués.

Quelle devrait être la réaction des chrétiens spirituels qui considèrent cela comme une provocation ? Devraient-ils décider de se laver les mains du Québec et abandonner leur responsabilité d'y faire des disciples ? Est-ce que nous sommes appelés à ne prêcher l'Évangile qu'à ceux avec qui nous sommes d'accord sur le plan politique ?

La réponse à ces questions semble assez évidente. Pourtant, nous craignons que certains chrétiens aient succombé à la tentation de réagir de manière charnelle plus que spirituelle. De telles réactions ralentissent le travail d'évangélisation par le manque de soutien, et cela entrave la cause que nous représentons[6].

Dans le même numéro du magazine, l'ouvrier vétéran Howard Forbes, qui travaillait dans la province depuis plus de trente ans, écrit :

Une autre tendance dangereuse est l'attitude anglaise qui consiste à penser : laissez donc les Français prendre les directions qu'ils veulent et que le diable emporte les traînards. Ce serait terrible si aujourd'hui, à cause de cet état d'esprit, alors que le Saint-Esprit est en mouvement, les chrétiens anglophones perdaient tout intérêt pour le Québec et cessaient de prier...[7]

En parallèle, la province, ainsi que la nation entière avaient été profondément secouées par les évènements liés à la « crise d'octobre », à l'automne 1970.

> René Lévesque a dit un jour : « Chaque Québécois a dans le sang un désir de séparatisme. » Cela explique peut-être la montée rapide et la popularité du Parti québécois, devenu l'opposition officielle en 1970, arrivant deuxième au niveau du vote (24 % contre 45 % pour les Libéraux). Cela représente un effort incontestable, de manière démocratique, pour arriver à la séparation. Il ne s'agit pas du travail d'un groupe de personnes en colère ou d'extrémistes. La « crise d'octobre » en 1970 a mis en lumière ces points de vue[8].

En novembre 1976, le Parti québécois est arrivé au pouvoir avec René Lévesque comme premier ministre de la province. Moins de quatre ans plus tard, le mardi 20 mai 1980, un référendum provincial sur la proposition de demander la séparation du Québec d'avec le Canada a eu lieu et cette proposition a été rejetée par 59,56 % des votes contre 40,44 %. Le silence complet observé par *News of Quebec* concernant cet évènement majeur est réellement assourdissant. Ni ce qui a amené au référendum, ni ce qui en a découlé n'a été ne serait-ce que mentionné. Les éditeurs, par respect pour les croyants canadiens-français qui étaient divisés sur cette question, ont choisi de rester silencieux en dépit du fait qu'ils ont dû pousser un soupir de soulagement face aux résultats, comme le montre des déclarations faites plus tôt dans le magazine :

> Nous sommes tous d'accord pour dire que l'on doit faire ce qu'il faut pour que la Confédération reste en place[9].

> Si la province du Québec devenait un état indépendant, je suis profondément persuadé qu'en tant que chrétien nous n'aurions plus qu'à tomber à genou... et crier à Dieu ! Et pourquoi ne pas le faire maintenant ? Est-ce que nous voulons voir le Québec se transformer en une nouvelle Espagne, une nouvelle Colombie ? Est-ce que nous voulons voir nos maigres droits nous être retirés pour toujours ? Non, clairement pas ! Tous les véritables chrétiens nés de nouveau

du Canada français louent le Seigneur à l'unisson pour tout ce qui a été accompli jusqu'à présent dans notre province ; et demandent encore plus de liberté pour proclamer la Parole de Vérité et le Sauveur Jésus-Christ[10].

Nos assemblées francophones se sont toujours préoccupées des questions concernant la communion entre chrétiens et le service, pas des questions politiques. Il y a, parmi nos assemblées, des chrétiens de tendance plutôt fédéraliste et d'autres qui tendent plus vers le séparatisme. Mais de manière générale, leur engagement premier est de chercher le royaume et la justice de Dieu. En aucun cas, les préférences politiques de quelqu'un ne sont interprétées comme un indice concernant sa spiritualité. Par conséquent, l'ouragan politique qui traverse le pays a très peu touché nos assemblées francophones et leur travail pour l'Évangile[11].

L'éducation

Dans la province, la politique dans le domaine de l'éducation était maintenant en lien étroit avec l'évolution des politiques nationalistes. Nous avons déjà vu le développement et les difficultés rencontrées dans ce domaine au cours des premières années de l'œuvre de Dieu au Québec. Les années 60 et 70 ont vu arriver des changements de taille dans ce secteur.

Avec le changement de gouvernement survenu en 1960, un nouvel espoir est né en ce qui concerne la situation des écoles. Un système d'éducation non paroissial a été promis, ce qui a abouti à faire passer la loi 60 et à la création en 1964 d'un nouveau ministère de l'Éducation. Dorénavant, la gestion de l'éducation passe entre les mains du gouvernement, et pour la plus grande partie, elle n'est plus sous le contrôle de l'Église. Pour les presque 1200 enfants de convertis francophones, il s'agissait d'un énorme encouragement[12].

En 1963, une Commission royale d'enquête sur l'éducation, menée par Monseigneur Alphonse-Marie Parent, a été mise en place pour pouvoir examiner tout ce qui concerne l'instruction publique au Québec et faire des propositions pour améliorer le système en lui-même ainsi que les programmes d'enseignement. Les recommandations de la Commission Parent, qui voulait baser l'éducation sur la distinction de langue et non sur la religion, ont été intégrées dans la législation par la loi 63. Du point de vue des protestants francophones, cette loi leur permettrait de recevoir une éducation dans leur propre langue, sans subir de pression pour étudier la doctrine catholique. Elle est vue de manière très positive, comme pouvant mettre un terme à « l'anglicisation » ou à la « dénationalisation » qui se produisait si souvent lorsque les enfants francophones fréquentaient des écoles anglophones pour finir par rejoindre la communauté anglophone. La même attitude positive a été exprimée en 1977 quand la loi 101, la Charte de la langue française, a été votée à l'Assemblée nationale du Québec.

> Pendant des années nous avons affirmé que les enfants de chrétiens francophones devraient avoir le droit d'aller dans une école francophone plutôt que d'être obligés, en tant que protestants, de fréquenter les écoles anglophones. Plusieurs de nos ouvriers d'origine anglophone ont choisi d'envoyer leurs enfants à l'école francophone. De ce fait, la loi 101, qui exige que tous les enfants (sauf ceux dont les parents ont reçu leur éducation primaire dans les écoles anglophones du Québec) aillent dans des écoles francophones n'aura pratiquement aucun effet négatif sur notre œuvre[13].

La croissance très rapide des églises évangéliques au Canada français pendant les années 70 et le début des années 80 a apporté un autre changement dans le domaine de l'éducation. Dans certains des grands centres urbains de la province, un nombre important de responsables chrétiens ont formé des comités qui ont réussi à obtenir l'approbation du gouvernement pour développer localement des projets éducatifs pour la scolarisation de leurs enfants. Cela a abouti à la création de plusieurs écoles à caractère évangélique qui ont été soutenues par les fonds publics.

Certains responsables de nos assemblées ont pris une part active dans ces établissements, se servant de leurs compétences dans l'enseignement ou dans un autre domaine. Parmi eux, André Marchildon de l'église évangélique de Duvernay a servi comme directeur administratif pour l'école primaire chrétienne L'Héritage, dans les environs de Montréal. Suzanne Berney Munger, de l'église évangélique de Chicoutimi, a été directrice de La Source dans cette ville et Yves Laurendeau de l'assemblée chrétienne de Cookshire a tenu le rôle de directeur pour l'école Le Sentier à Sherbrooke. Ces écoles ont fonctionné jusqu'à ce que l'éducation publique soit déconfessionnalisée dans la province au début du nouveau millénaire.

Dans la même veine, cette période a également amené des changements dans l'éducation de plus haut niveau, c'est-à-dire dans la formation des pasteurs et autres travailleurs chrétiens. L'Institut biblique Béthel, l'école de choix pour nos assemblées, s'est retrouvé de plus en plus concurrencé par des écoles d'autres dénominations qui sont nées de l'énorme croissance des églises évangéliques. Jusque-là, les seuls autres programmes de formation qui existaient étaient ceux de l'Institut biblique de Montréal et ceux de l'Institut biblique Bérée, ce dernier étant soutenu par les pentecôtistes.

De 1941 à 1981, le collège biblique .était devenu LA méthode de formation théologique en français. Le premier collège fut l'Institut Bérée des pentecôtistes à Montréal en 1941, suivi de l'Institut Béthel à Lennoxville en 1948, et l'Institut biblique de Montréal deux ans plus tard, mais qui ne durera pas[14].

Les églises baptistes de l'Association ont fondé leur propre école, le Séminaire baptiste évangélique du Québec (SEMBEQ) qui a débuté en 1973 et a été suivi par de nombreuses autres institutions du même genre. En une dizaine d'années, on en comptait six[15] dans la province. Cela a poussé Béthel à restructurer ses programmes pour pouvoir proposer une formation diplômante. Son personnel enseignant a augmenté en nombre et sa bibliothèque a pris de l'expansion.

Sermons de la science

L'année 1967 a marqué un moment décisif dans l'histoire de la province et s'est révélée être très importante pour l'Église évangélique au Québec. L'Exposition universelle de 67, avec son thème « Terre des hommes », a permis aux citoyens du Québec de voir[16] le monde comme ils ne l'avaient jamais vu auparavant. La déclaration du général de Gaulle, le président français de l'époque, lors de sa visite de l'Exposition universelle : « Vive le Québec libre ! » a été suivi par des efforts continus de sa part pour soutenir le Québec dans ses initiatives sur la scène international[17]. Le Québec a été catapulté hors de sa position étriquée pour ne plus jamais retourner à un modèle de société isolée sur le plan international, dominée par les instances religieuses et enfoncée dans la pauvreté.

Dès 1961, la Révolution tranquille de 1960 attirait l'attention de notre magazine :

> Il y a une révolution en cours au Canada. Beaucoup de gens sont prêts et attendent de nouvelles manières de penser. Les mouvements qui prennent place dans la politique, l'éducation, la religion, le monde du travail et les institutions administratives sont autant de preuves de cette révolte à l'encontre de l'autorité traditionnelle et du dogmatisme[18].

En 1960, avec la publication et la diffusion du livre *Les insolences du Frère Untel* dont nous avons déjà parlé, on peut voir clairement le pouvoir de la page imprimée pour l'avancée de la cause, surtout en ce qui concerne tout ce qui est en lien avec l'église et les questions ecclésiastiques. Écrit anonymement par un frère mariste, ce livre dénonce ouvertement et avec beaucoup d'ironie les rigidités de l'Église catholique romaine au Québec. Il a été édité pas moins de 28 fois et il en a été vendu 130 000 copies, dont 17 0000 dans les dix jours qui ont suivi sa première édition[19]. Ce petit livre n'est pas passé inaperçu à *News of Quebec* :

> *Les insolences du Frère Untel* est le titre d'un best-seller incroyable, publié au Québec, qui a été vendu à plus de 111 000 exemplaires en français. L'auteur, qui n'est plus anonyme, est un « frère enseignant » de la région de Chicoutimi. Il propose une critique terrible du système d'éducation québécois complètement dépassé et il montre aussi l'aspect ridicule de plusieurs traditions encore en cours au sein du clergé du Québec. Cela aurait été complètement impossible de publier et de vendre un tel livre au Québec il y a de ça quelques années[20].

La *Révolution* a continué à recevoir une attention particulière dans les pages du magazine. L'éditeur associé, Arnold Reynolds, a écrit ce qui suit en 1964 :

> Les médias ont, avec du retard, fait de nombreuses références à la « Révolution tranquille » du Québec. Ils ont aussi rapporté des histoires de boîtes à lettres qu'on a fait exploser, d'armureries

dévalisées et de menaces envers la reine. Nombreux sont ceux qui en ont conclu que la révolution au Québec était tout sauf tranquille. Mais la vérité c'est que les histoires qui font les gros titres sont souvent sans grande conséquence et que sous la surface de toute cette agitation, il y a beaucoup de développements plus discrets, mais bien plus importants. Ces grondements impressionnants ne sont que le signe visible du réveil d'un géant...

Le géant endormi s'est réveillé. On ne peut plus revenir en arrière, ou essayer de refuser la réalité de la Révolution tranquille. Cela représente un véritable défi pour les chrétiens évangéliques d'Amérique du Nord et pour ceux des assemblées canadiennes en particulier. Est-ce que le Québec qui se réveille sera influencé par l'Évangile de notre Seigneur Jésus-Christ ?[21]

Trois ans plus tard, ce phénomène a fait l'objet d'un nouvel article important dans les pages du magazine, écrit cette fois-ci par l'ouvrier recommandé, Roy Buttery :

Quelle est l'étendue de la révolution au Québec et comment cela affecte-t-il la province, le reste du Canada et le travail du Seigneur ? Une chose est certaine, le Québec ne sera plus jamais le même ! Le géant endormi est sorti de son sommeil et il se lève de manière à être vu et entendu par tous. C'est avec une confiance croissante qu'il avance vers les défis que présente le vingtième siècle. Nous pouvons dire que nous vivons une période à la fois excitante, émouvante et explosive. Quel défi ! Personnellement et en lien avec le corps de Christ, pouvons-nous y faire face ? Pouvons-nous comprendre et vivre en harmonie avec le « Nouveau Québec[22] » ?

Comme le rapporte Lougheed, Peach et Smith : « En 1968, le visage du Québec a été littéralement métamorphosé dans une atmosphère de paix remarquable[23]. » L'Exposition universelle a largement contribué à cette révolution et, en ce qui concerne l'Église évangélique au Québec, le pavillon des Sermons de la science à la foire internationale de Montréal s'est révélé être un tournant significatif. La marée s'avançait rapidement vers son plus haut !

En 1964, des plans avaient déjà été annoncés pour cet évènement évangélique majeur. M. Leslie Russell a écrit dans le magazine : « Dieu voulant, une exposition chrétienne, Sermons de la science, sera présentée à la foire internationale de Montréal[24]. » L'année suivante, on trouve son nom parmi la liste des organisateurs de cet évènement.

Un groupe de laïques canadiens, tous ayant des postes au gouvernement et dans l'industrie, ont annoncés le 12 mai qu'ils allaient construire un pavillon Sermons de la science pour l'Exposition universelle de 67 à Montréal au Québec. Le clou de cette entreprise risquée de 500 000 dollars sera une salle de projection dotée de 299 places où des films et des présentations en direct seront montrés pour illustrer la relation de l'homme et de la science à la religion. Des films scientifiques de Moody, connus internationalement et qui ont déjà été récompensés, seront présentés. Un pavillon similaire à la foire de New York l'année dernière avait attiré un demi-million de visiteurs et avait été classé parmi les 20 expositions les plus appréciées.

Les frères présents parmi le comité de direction de Sermons de la science (1967) inc. sont Ashley A. Kimber, David F. Rice, Leslie R. Russell et Dr Brian R. Sutherland (de la région de Montréal), tandis que David R. Wilson (Toronto) en est le secrétaire exécutif[25].

Keith Price de Bethel Chapel à Pointe-Claire était le directeur général du pavillon. La liste de ceux de nos assemblées francophones qui ont participé à travers la province est très longue. Fernand Saint-Louis a été le conseiller francophone principal, Sam Coppieters et Arnold Reynolds se sont occupés de la plus grande partie des traductions de l'anglais vers le français. D'autres ont participé comme Peter Foggin, Joseph Tremblay, Cyril Shontoff et Raymond Taylor pour n'en citer que quelques-uns. À la fin de l'évènement, il a été rapporté qu'« au moins 60 % de nos ouvriers recommandés, les épouses de plusieurs d'entre eux, et un grand nombre de croyants de tous âges » y avaient participé activement[26].

Après que les portes de l'Exposition universelle se soient refermées pour la dernière fois le 29 octobre 1967, le bilan suivant a été fait : « Nous avons comptabilisé la 840 539e personne qui a passé notre porte. Environ 200 personnes ont dû être refusées après la fermeture des portes ! De cette énorme quantité de gens, plus de 250 000 sont restés dans la salle des questions, mieux connue sous le nom de salle de conférence... Et 4500 décisions de suivre Christ ont été enregistrées au cours des six mois qu'a duré l'exposition[27]. »

Et ce n'était que le début. Chaque été, jusqu'en 1974, le pavillon Sermons de la science était ouvert au public, permettant que l'Évangile continue d'être présenté à des milliers de visiteurs. Presque deux millions de personnes ont visité le pavillon pendant les huit années qu'a duré ce ministère[28].

Les assemblées locales

Il n'est même pas besoin de préciser que l'impact de Sermons de la science sur les églises évangéliques du Québec et sur les assemblées de Frères francophones en particulier a été très important.

Les quinze années qui ont suivi l'Exposition universelle ont vu un taux de croissance impressionnant. Le nombre d'ouvriers recommandés, maris et femmes, est passé de 37 à 73. L'œuvre est passée de 20 assemblées en 1966 à 51 en 1982. De nouvelles assemblées ont été créées à Timmins, Ontario (1968), Laval-Duvernay (1971), Rouyn-Noranda (1971), Longueuil (1972), Sainte-Anne-des-Monts (1972), Lachine (1973), Saint-Hyacinthe (1973), Saint-Guillaume (1974), Saint-Jean-sur-Richelieu (1974), Laval-des-Rapides (1975), Lennoxville (1975), Rivière-du-Loup (1975), New Richmond bilingue (1975), Cookshire (1977), Grand-Mère (1977), Price, aujourd'hui Sainte-Flavie (1977), LaSalle/ouest de Montréal (1977), Trois-Rivières-Ouest (1977), Chicoutimi (1978), Lebel-sur-Quévillon (1978), Saint-Roch-sur-Richelieu (1978), Saint-Léonard/Montréal/La Source (1978), Baie-Comeau (1978), Beloeil (1979), Fermont (1979), Hull (1979), La Pocatière (1979), Pointe-aux-Trembles, aujourd'hui Centre-Sud de Montréal (1979), Cloridorme (1979), Hauterive (1980), Rivière-Beaudette (1980), Lac-Mégantic (1980), Hearst, Ontario (1981), Bonne Nouvelle à Québec (1982) et Terrebonne (1982). Les assemblées de Lennoxville, Fermont et Lac-Mégantic n'ont survécu que pendant un an environ.

Plusieurs des assemblées citées plus haut étaient associées à La Grande Maison[29], qui a démarré en 1971 sous la responsabilité de Bill Wolitarsky et d'autres membres de l'Assemblée chrétienne Maranatha à Montréal. Le petit groupe de 10 à 15 personnes qui avait commencé à se réunir chez les Wolitarsky à Duvernay a très vite doublé. Parmi les nouveaux arrivants se trouvaient entre autres Leslie et Louise Muirhead. Quand il a fallu chercher un espace plus grand, Dieu a pourvu, à travers la générosité de M. Anthony Lite, un homme d'affaires chrétien, une grande maison à Duvernay, d'où son nom, La Grande Maison. Très vite entre 50 et 60 personnes se réunissaient le dimanche soir pour le repas du Seigneur au travers du partage d'un repas complet. Des baptêmes ont eu lieu dans la piscine intérieure de la maison.

Tout ce qui était fait à La Grande Maison découlait de la conviction de ses responsables, en particulier celles de Bill Wolitarsky, dont 1) la nécessité de connaître la Parole de Dieu à travers sa lecture, son étude et l'enseignement, 2) la place centrale du repas du Seigneur, célébré en contexte d'un repas complet partagé, et 3) l'intention de voir les assemblées grandir et se multiplier. Les idées et principes du Mouvement pour la croissance des églises, issus du *Fuller Theological Seminary* en Californie, ont beaucoup influencé les responsables.

Des études bibliques approfondies avaient lieu chaque semaine pour les hommes de 5 h à 7 h 30 du matin dans un restaurant du centre-ville. Des études spéciales étaient aussi offertes le samedi pour tous ceux qui le souhaitaient. Des cours sur l'apologétique, l'histoire de l'église, la préparation au mariage et des études sur les différents livres de la Bible étaient dispensés par des professeurs qualifiés. Cela a finalement donné naissance à PEDAC en partenariat avec le programme SEMBEQ des baptistes de l'Association. Cette œuvre a été lancée par Norman Cornett, André Marchildon, Leslie Muirhead, Tom Paul et Bill Wolitarsky.

De ce fait, de nouvelles assemblées se sont formées autour de Montréal, dont certaines étaient des rejetons directs de La Grande Maison. Ces dernières comprenaient l'œuvre à Verdun connue sous le nom Le Sentier et une autre à Saint-Léonard qui est devenue l'Assemblée de l'Est à Rosemont, laquelle a elle-même donné naissance à une assemblée-fille, la Communauté chrétienne La

Source. L'Assemblée LAMATER (Lachine/Mascouche/Terrebonne) était sous la responsabilité de Tom et Sylvia Paul, tandis que celle de LaSalle, Groupe biblique de l'ouest de Montréal, était dirigée par Bill et Marian Snyder. Une œuvre commencée à Saint-Vincent-de-Paul s'est déplacée plus tard à Laval-des-Rapides, sous la responsabilité d'André et Dorothée Marchildon. Des assemblées plus éloignées sont apparues à Mont-Saint-Hilaire, Rivière-Beaudette et même jusqu'au Nouveau-Brunswick.

Dans les années qui ont suivi, les églises évangéliques du Québec, dont les assemblées de Frères, ont connu une croissance exceptionnelle. Les dix années entre 1975 et 1985 ont été, à juste titre, décrites comme un temps où « les écluses des cieux » étaient ouvertes au-dessus de la province. Pour être exact, cette croissance spectaculaire a duré de 1971 à 1982, son apogée étant entre 1976 et 1982[30]. Certains parlent même d'un réveil, c'est-à-dire une ouverture particulière au message de l'Évangile durant une période de temps limitée. Rien de semblable n'avait été vu avant ce moment dans l'histoire de l'œuvre de Dieu au Québec.

> Le nombre d'églises évangéliques doubla dans les années 1970 et connut une croissance de 50 % dans les années 80. Le nombre des membres actifs quadrupla dans les années 70 et redoubla dans les années 80[31].

> De 1972 à 1986, le nombre de convertis est passé de 875 par année à 2240, avec une pointe à 3378 en 1982, puis il se maintient à un plateau autour de 1500 par la suite. La croissance particulièrement forte de 1976 à 1982 fait exploser le nombre total de franco-protestants. De 57 communautés en 1950, il passe à 346 en 1986[32].

Plusieurs ont tenté d'expliquer ce phénomène et il y a sans aucun doute une grande part de vérité dans ces différentes interprétations. Lors d'une conférence donnée par Éric Wingender à la fin des années 80 à l'Université Laval, à laquelle l'auteur était présent, l'explication suivante a été avancée :

> Le réveil qui a soufflé sur les églises vers la fin des années 70 et le début des années 80 a largement bénéficié de l'idéalisme

euphorique et du nationalisme de mouvements tel que le Parti québécois qui a suivi l'effondrement de la domination ecclésiastique du Québec. Non seulement l'Évangile faisait figure de nouveauté que ces gens tout juste libérés des chaînes de l'Église catholique se devaient d'essayer, mais la vision optimiste des évangéliques pour qui l'avenir était rempli de possibilités sans limites était la bienvenue dans le contexte de ce nouveau climat social. Cela étant dit, lorsque la nouveauté s'est estompée ou que la désillusion s'est installée, le réveil s'est affaibli et l'œuvre évangélique s'est plafonnée[33].

Quelle que soit l'explication, personne ne peut nier la réalité de ce phénomène. Les pages du *News of Quebec* étaient remplies de références à cet extraordinaire temps. L'article suivant, écrit par Roy Buttery, n'en est qu'un exemple :

> Le feu du réveil brûle au Québec. Il existe un consensus unanime parmi les responsables évangéliques sur le sujet, et même la presse francophone se rend compte qu'il se passe quelque chose de ce côté...
>
> Tout le monde, absolument tout le monde peut voir que les choses bougent dans la province. Un nombre important de Canadiens français aujourd'hui ne sont pas catholiques, mais sont tout de même intégrés au flot actuel de la société. Ce renouveau affecte l'Église catholique. Le mouvement charismatique a attiré 40 000 personnes au Stade olympique en juin 1977. Des cellules d'étude biblique, souvent dans les maisons, ont été créées à travers toute la province grâce à ce phénomène. Le vent du changement a soulevé un réel intérêt, en particulier de la part des jeunes Canadiens français, pour les sectes et les religions orientales qui ont du succès de nos jours...
>
> Nous étions conscients de l'intense feu qui brûlait dans le reste de la province avant notre séjour au Zaïre entre 1976 et 1977. À notre retour, il s'était déjà propagé ici, dans le nord du Québec, faisant donc partie de ce « feu de Dieu en mouvement » dans « la Belle Province ».
>
> Le fait qu'il s'agisse d'un RÉVEIL, un réveil tranquille, est confirmé par les faits. Nous pouvons sans problème affirmer que plus de gens ont été sauvés ces cinq dernières années que dans les cinquante années précédentes. Peut-être que 1970 serait un bon

moment pour fixer le début du crépitement des feux de réveil. Bill Phillips (baptiste de l'Association) explique : « En 1970, il n'y avait que 375 membres dans nos églises, mais aujourd'hui (1977) nous comptons 3000 fidèles répartis dans 54 églises. » Maurice Boillat (Union des Églises baptistes françaises) rapporte qu'il y a aujourd'hui 15 églises francophones dans l'Union. André Gagnon (pentecôtiste) parle de 40 églises dans leur dénomination. Arnold Reynolds (parmi les Frères) dit : « Il y a trente-cinq ans, le groupe avec lequel il est associé comptait 14 églises anglophones et deux francophones. Depuis, et surtout au cours de ces cinq dernières années, la situation a complètement changé. Le groupe comporte toujours 14 églises anglophones, mais compte maintenant 27 églises francophones. » (Une augmentation de 20 à 37 dans les cinq dernières années.) Les frères mennonites en ont maintenant 5. Et il y a aussi plusieurs églises francophones indépendantes à travers la province. Il y a peut-être 200 églises évangéliques en tout. Une extraordinaire avancée de l'Esprit de Dieu[34] !

Roy Buttery continue en décrivant le réveil spécifiquement dans les lieux qu'il avait pu visiter récemment, entre autres à Sherbrooke, qu'il décrit dans le paragraphe suivant comme étant « le cœur du réveil » :

Sherbrooke a connu la plus impressionnante croissance sur la plus courte période qui soit. C'est bien le cœur de ce « réveil tranquille » où le feu est devenu un brasier ardent. Au cours des cinq dernières années, il y a eu plus de cent baptêmes. Une croissance inimaginable ! L'assemblée a triplé pour atteindre 150 personnes. Le bâtiment ne suffit plus à contenir tout le groupe. Arnold Reynolds a vécu et travaillé ici fidèlement depuis de nombreuses années. Richard Strout et Bob Hostetler, qui font partie du personnel de l'École biblique Béthel, lui ont apporté leur aide ainsi que Cyril Shontoff. Claude Queval a récemment été recommandé à l'œuvre et a accompli un merveilleux travail au sein du café « l'Eau vive » et dans le suivi des nouveaux convertis. Tout récemment, un groupe est parti s'installer à Cookshire[35].

L'auteur se rappelle très bien ces temps exaltants où le café de Sherbrooke fonctionnait à plein régime et de nombreuses âmes étaient sauvées, baptisées et ralliées à la communauté. Des couples non mariés ont été joints par les liens du mariage, les comportements mondains étaient merveilleusement délaissés et certains des nouveaux convertis, avec leurs guitares omniprésentes ont composé des chants qui sont encore chantés dans certaines de nos assemblées aujourd'hui. La chapelle était pleine à craquer, ce qui a contribué au lancement en 1977 d'une nouvelle assemblée au village rural de Cookshire, dans laquelle lui et deux autres anciens de l'assemblée de Sherbrooke, Lawrence Fortin et André Roberge, se sont impliqués. Réjean Joly, qui était alors étudiant à l'Institut biblique Béthel, nous a rapidement rejoints dans cette œuvre où nous avons eu jusqu'à 100 personnes présentes avant que le nombre ne commence à diminuer.

Nouvelles initiatives

Deux des initiatives de nos assemblées issues du réveil tranquille sont le Projet Timothée (1980) et Conseils et services missionnaires (1983).

Le Projet Timothée voit le jour en réponse au nombre croissant d'assemblées locales dans la province pendant ce temps de marée haute et au besoin d'ouvriers. Un nombre important d'ouvriers potentiels se sont dirigés vers l'Institut biblique Béthel. Beaucoup d'entre eux avaient besoin de soutien financier ainsi que de conseils venant d'ouvriers expérimentés. Un récit historique de cette situation a été publié dans les pages de notre magazine en septembre 1983 :

> En novembre 1980, une lettre a circulé parmi les assemblées francophones de la province pour demander le conseil de tous les frères qui voulaient encourager de jeunes Canadiens français désireux de servir le Seigneur et son peuple. Cette initiative a été précipitée par le fait qu'à cette époque il y avait quatre jeunes couples parmi nos assemblées qui étaient sur le point de terminer leurs trois ans d'étude à l'Institut biblique Béthel. La lettre comportait des questions très claires : Que feraient ces couples à la fin de leurs études ? Qui les aiderait à trouver leur place ici au Québec ? Qui les encouragerait dans leurs premières épreuves et expériences ? Qui les soutiendrait financièrement pendant les premiers mois de leur ministère ? Sans réponse positive à ces questions, seraient-ils, comme beaucoup d'autres, tentés d'aller vers d'autres groupes évangéliques qui opèrent dans la région ? La lettre était signée de N. Buchanan, A. Reynolds et R. Strout.

Dans les mois qui ont suivi, une réunion s'est tenue à Bethel Chapel à Montréal pour tous les frères qui étaient intéressés par ces questions. Une vingtaine d'entre eux étaient présents et un comité provisoire a été créé, composé des signataires de la lettre et de Fernand Saint-Louis et Roy Buttery. Ce même comité, auquel s'ajoutaient parfois d'autres participants, a continué de fonctionner. Dans nos efforts pour encourager les jeunes ouvriers canadiens-français qui se lançaient dans l'œuvre, nous avons voulu agir en pleine harmonie avec nos convictions scripturaires concernant l'autonomie de l'assemblée locale et la responsabilité de l'ouvrier envers son Seigneur plutôt qu'envers un comité de conception humaine. Nous sommes là pour conseiller et encourager ceux qui le veulent. Comme l'apôtre Paul, nous voulons être une aide pour les jeunes Timothée que Dieu élève ici au Québec.

Le comité du Projet Timothée se réunit trois à quatre fois par an, et souvent nous avons la joie de rencontrer un ou plusieurs jeunes qui ont réellement à cœur de servir le Seigneur selon les principes bibliques. Ce contact ayant été fait, nous sommes heureux d'encourager ces Timothée de toutes les manières possibles, y compris sur le plan financier. De tels fonds sont rendus possibles par les dons faits au nom du Projet Timothée et principalement grâce à des sommes d'argent qui sont confiées au comité par le *News of Quebec*. À ce jour, les frères ont rencontré environ quinze aspirants ouvriers dont la moitié a reçu un soutien financier à travers ce projet. Quatre d'entre eux sont maintenant des ouvriers recommandés à l'œuvre, servant dans le cadre des assemblées francophones, tandis que plusieurs autres continuent leur formation et leur préparation.

Dans le but d'ancrer ces jeunes ouvriers dans les principes bibliques du rassemblement, le Projet Timothée a aussi créé une série d'études qui ont été présentées à l'Institut biblique Béthel au printemps 1981. Les frères Berney, Buchanan, Buttery, Saint-Louis, Strout et Virgint ont tous participé à ces enseignements[36].

En 1987, le Projet Timothée est passé sous le contrôle direct du *News of Quebec*, comme on peut le voir dans les paragraphes suivants :

Le Projet Timothée, un ministère destiné à encourager le développement des nouveaux ouvriers, est récemment passé sous la gérance de *News of Quebec*. Ce ministère a été lancé il y a quelques années par plusieurs frères expérimentés, et Dieu a permis qu'il prospère et l'a utilisé au profit de nombreux ouvriers dans leur début. Déjà trois d'entre eux sont devenus des ouvriers recommandés parmi nos assemblées francophones…

En bref, il s'agit d'un effort sérieux qui a pour but d'amener de nouveaux ouvriers parmi nous, en les aidant pendant leur formation, mais également en se tenant à leur côté au début du ministère auquel Dieu les a appelés. Nous n'essayons en rien de remplacer ou d'interférer avec les assemblées locales qui sont les premières responsables de ces ouvriers.

À travers un soutien financier, des conseils avisés et une littérature adaptée donnée à ces jeunes Timothée, le Projet Timothée cherche à assurer l'avenir de l'œuvre de Dieu au Canada français tout en vivant entièrement dans le présent[37].

La naissance de Conseils et services missionnaires arriva au plus fort de la croissance des communautés évangéliques au Québec. Une telle croissance avait bien entendu attiré l'attention des évangéliques de toute l'Amérique du Nord et au-delà. Les dirigeants des diverses dénominations et les cadres missionnaires avaient tourné les yeux vers le Québec, ces derniers cherchant à recruter des missionnaires pour d'autres pays.

Il s'agissait d'un phénomène tout à fait nouveau pour les assemblées de la province. Bien que le mouvement des Frères a toujours été en première ligne en ce qui concerne l'activité missionnaire internationale, au Québec, la mission ne faisait pas partie de nos préoccupations, et n'était pour personne inscrite sur nos listes de priorités jusqu'à cette période de marée haute et forte. La principale raison pour cela venait sans aucun doute du fait que le Québec était lui-même considéré comme l'une des terres de mission la plus dans le besoin à l'échelle mondiale. Jusque-là, toutes les discussions autour de la mission parmi les responsables de nos assemblées allaient dans le sens de chercher des ouvriers pour travailler avec les Canadiens français.

En 1964, Arnold Reynolds, qui présentait les besoins d'ouvriers au Québec lors d'une importante conférence missionnaire qui se tenait à

Montréal, avait mis en lumière ce flagrant manque d'intérêt de l'église québécoise envers le travail missionnaire à l'étranger.

> Une autre faille concerne le manque d'intérêt pour tout effort missionnaire de la part de nos assemblées canadiennes francophones. À une exception près, aucune d'entre elles n'a entrepris d'effort constant pour répandre l'Évangile à l'extérieur du Québec. Et tant que nos assemblées francophones n'assument pas la responsabilité devant le Seigneur de répandre son message à toutes les âmes, on ne peut pas les appeler, au sens le plus vrai du terme, un peuple pour son nom[38].

Le but des conférences missionnaires déjà entendues jusqu'à maintenant était de stimuler l'intérêt pour l'œuvre au Québec. Parmi elles, il y a eu la Christian Youth Convention à Belleville en Ontario, ainsi que le rassemblement triennal pour la mission à Urbana. Ce rassemblement a été couru au cours des années, à commencer par la toute première édition qui s'est tenue à Toronto en Ontario. En 1964, pour la première fois, le Québec a été reconnu comme un champ missionnaire à part entière par les organisateurs de cette conférence à Urbana. Le World Missions Congress, organisé par les Frères en 1969 sur le campus du Wheaton College, a aussi attiré des représentants du Québec. Puis, il y a eu la toute première conférence missionnaire tenue à Cap-de-la-Madeleine en mars 1970, mais là encore, il s'agissait essentiellement de parler des missions locales et des besoins du Québec.

Toutefois, les choses étaient maintenant sur le point de changer, comme l'indiquent les pages du magazine de mars 1984, dans l'article suivant écrit par l'ouvrier vétéran Jean-Paul Berney :

> Le progrès et la bonne volonté ont amené plusieurs sociétés missionnaires interdénominationnelles à devenir actives au Québec. Ils ont rapidement compris la possibilité de recruter du personnel ici. D'ailleurs, certains chrétiens des assemblées de cette province sont déjà partis sous les auspices de tels organismes missionnaires…
>
> Nous sommes reconnaissants pour tous ceux qui font connaître l'Évangile à un monde qui en a tant besoin, mais nous ressentons une réelle responsabilité de travailler selon le schéma mis en place par Dieu dans sa Parole.

Le magasin général à Girardville
Premier lieu de rencontre pour la première assemblée francophone
au Québec, 1934

The General Store at Girardville
Earliest meeting place for the first francophone assembly in Quebec, 1934

Mme et M. Donald Munroe, implanteurs d'assemblées en Ontario, desquelles
sont venus les premiers pionniers des assemblées au Canada français

Mrs. and Mr. Donald Munroe, founders of assemblies in Ontario
from which came the first pioneers of French assemblies in Quebec

Nellie et John Spreeman, les tout premiers pionniers

Nellie and John Spreeman, the first pioneer workers

Louis Germain, colporteur pionnier

Louis Germain, pioneer colporter

Sophie et Noé Gratton, ouvriers pionniers

Pioneer workers Sophia and Noah Gratton

Le village de Girardville dans les années 50

The village of Girardville in the 1950s

École protestante française à Girardville, débutée 1937

French Protestant school at Girardville, begun 1937

École protestante française à Girardville

French Protestant school at Girardville

L'école dissidente à Rollet, 1941

Dissentient school at Rollet, 1941

Première année de l'école dissidente à Rollet, 1941

First class to attend the dissentient school at Rollet, 1941

École protestante française à Rollet, débutée en 1941

French Protestant school at Rollet, begun 1941

L'école servit de lieu de réunion à l'Assemblée chrétienne de Rollet
(le dimanche 24 août 1941)

The school served as first meeting place for the Assemblée chrétienne de Rollet
(Sunday, August 24,1941)

Les Davey et les Spreeman, ouvriers pionniers, devant l'école dissidente à Rollet

Pioneer workers Davey and Spreeman with their wives in front of the dissentient school at Rollet

Nouveau bâtiment de l'école dissidente à Rollet construit par le gouvernement, 1943-1944

New building provided by the government for the dissentient school at Rollet, 1943-1944

École biblique Béthel établie à Sherbrooke en 1948, photo prise en 1955

Bethel Bible School established in 1948 at Sherbrooke, 1955

École biblique à Cap-de-la-Madeleine, 1947

Short-term Bible School at Cap-de-la-Madeleine, 1947

Les premiers finissants de l'école biblique Béthel, 1952

First graduating class of Bethel Bible School, 1952

Yvon Hurtubise, Richard Strout, Serge Lafrance, Gordon Freeland, Dr Arthur Hill, Ernest Dyck, Jack Cochrane, Fernand Petit-Clerc, Norman Buchanan, Arnold Reynolds, Fernand Saint-Louis

Conseil d'administration de l'Institut biblique Béthel, fin des années 1970

Bethel Bible Institute's Board of Directors in the late 1970s

Première conférence provinciale à Cap-de-la-Madeleine en 1949

Very first province-wide conference held at Cap-de-la-Madeleine in 1949

Roland Lacombe, le premier Québécois recommandé à l'œuvre en 1949

Roland Lacombe, the first Quebecker to be commended to the work in 1949

La Cabane suivie de la première chapelle à Cap-de-la-Madeleine, 1950

La Cabane followed by the first assembly building at Cap-de-la-Madeleine, 1950

Bagarre et saccage de l'assemblée à Shawinigan, 1950

Riot and trashing of assembly meeting place in Shawinigan, 1950

Première conférénce à Girardville, juin 1950

First conference at Girardville, 1950

MM. Boëda, Davey, Bard, Reynolds, Labonté, Gratton, Grainger, Darling, McCready et Spreeman

lors de la conférence à Girardville, juin 1950

at the Girardville conference, June 1950

Mmes Reynolds, Gratton, Bard, Boëda, Spreeman et McCready

Conférence à Girardville, juin 1950

at the Girardville conference, June 1950

École protestante au sous-sol de l'assemblée à Cap-de-la-Madeleine,
Mlle Lewis enseignante, 1952

French Protestant elementary school in basement of Cap-de-la-Madeleine
assembly, Miss Lewis teacher, 1952

Les frères Reynolds, Buchanan et Klinck délimitent la propriété pour le Foyer
Grace Christian, 1956

The brethren Reynolds, Buchanan and Klinck stake out the property for Grace
Christian Home, 1956

Publications Chrétiennes à Cap-de-la-Madeleine, fondées en 1958 par Norman Buchanan.

Publications Chrétiennes at Cap-de-la-Madeleine, founded in 1958 by Norman Buchanan.

Ralliement de la Jeunesse évangélique provinciale tenu à l'assemblée à Cap-de-la-Madeleine, 1958

Conférence sur la littérature évangélique tenue à l'école biblique Béthel, 1959

Jeunesse Évangélique Provincial Rally at
Cap-de-la-Madeleine, 1958

Evangelical Literature Overseas Conference at Bethel Bible School, 1959

Le camp Frontier Lodge au Lac Wallace, la première colonie de vacances chrétienne à voir le jour au Québec

Camp Frontier Lodge on Lake Wallace, first Christian camp established in Quebec

À l'entrée du « célèbre » portail du Camp Joli-B

The original gateway to Camp Joli-B

Gaston Jolin chez lui au studio d'enregistrement pour la radio, 1972

Gaston Jolin at the radio studio in his home, 1972

Fernand Saint-Louis au micro de La Foi Vivifiante

Fernand Saint-Louis at the microphone of La Foi Vivifiante

(1ère rangée / 1st row) Bill Wolitarsky, Richard Strout, Howard Forbes, Evelyn and Roy Buttery, Karen Wolitarsky
(2e rangée / 2nd row) Bob Thrall, Cyril Shontoff, Norman Buchanan, Serge Lafrance, Bill Learoyd, Jack Kimpel, Arnold Reynolds, Bob & Lorraine Hostetler,
(3e rangée / 3rd row) Carolyn Thrall, Marjorie Shontoff, Marion Buchanan, Lillian Lafrance, Gloria Edgecombe, Blanche Durocher, Janet Reynolds,
(4e rangée / 4th row) Nadine Learoyd, Marj Robbins, Sandra Lucas

Retrait des ouvriers tenu à Parkside Ranch au début des années 1970

Workers' Retreat at Parkside Ranch, early 1970s

Foyer Maplemount à Cookshire, 1963

Maplemount Home in Cookshire, 1963

L'équipe de *L'Heure de la Bonne Nouvelle*, 2001

The team of *L'Heure de la Bonne Nouvelle*, 2001

Arthur C. Hill, le premier éditeur de *News of Quebec* (1944-1968) et son épouse Margaret

The first editor of *News of Quebec* (1944-1968), Arthur C. Hill and his wife Margaret

Norman Buchanan, imprimeur et éditeur associé de *News of Quebec* (1950-1996) et son épouse Marion

Printer and associate editor of *News of Quebec* (1950-1996), Norman Buchanan and his wife Marion

Marjorie Haffenden, secrétaire jusqu'en 1983

Marjorie Haffenden, secretary until 1983

Marj Robbins, secrétaire depuis 1983

Marj Robbins, secretary since 1983

Janet et Arnold Reynolds, éditeur de *News of Quebec* (1968-1983)

Janet and Arnold Reynolds, editor of *News of Quebec* (1968-1983)

Virginie et Richard Strout, éditeur de *News of Quebec* depuis 1983

Virginia and Richard Strout, editor of *News of Quebec* since 1983

Pour clarifier notre vision et chercher conseil, nous avons invité notre frère estimé et missionnaire vétéran M. William A. Deans pour un séjour de deux semaines au Québec. Notre sœur Joanne Buttery a aidé à mettre en place un programme pour permettre à notre frère de visiter nos principaux centres. Nous avons ensuite tenu une conférence provinciale au cours de laquelle M. Deans a parlé des défis et des exigences du travail missionnaire…

Plusieurs ouvriers d'expérience : Roy Buttery, Donald Cox, Richard Strout et l'auteur se sont rencontrés à Sainte-Foy le 9 décembre 1983. Nous avons hâte d'accueillir parmi nous de nombreux Québécois. Nous planifions de rendre disponible en français le matériel publié par Christian Missions in Many Lands et Missionary Service Committee. Nous espérons publier bientôt un petit périodique missionnaire tout simple, trois à quatre fois par an. Nous désirons aussi avoir des bureaux où des services pourraient être offerts aux assemblées, aux missionnaires et aux croyants ; cela, bien sûr, en parfaite communion avec la C.M.M.L. et la M.S.C.

Il s'agit d'une entreprise ambitieuse étant donné nos moyens humains et financiers limités. Cependant, nous sentons la main de Dieu qui nous conduit. Il est temps que les croyants du Québec soient mieux informés au sujet des besoins des autres pays du monde. Nous croyons que le fait de donner aux chrétiens québécois une vision missionnaire élargira leur horizon d'une part, mais cela créera aussi plus d'intérêt pour les autres régions de leur propre province[39].

Cinq ans plus tard, nous apprenions que cette initiative avait très bien commencé à fonctionner, mais qu'en plus, elle apportait une contribution importante au travail de nos assemblées dans la province en stimulant l'intérêt et le soutien pour les missions à l'étranger. Mais cette histoire devra attendre la dernière partie de notre récit. Il est suffisant de préciser qu'à la fin des années 80, il a été rapporté qu'« un bulletin, MISSIONS, est publié de temps en temps et une conférence missionnaire annuelle se tient depuis plusieurs années[40] ».

Nous avons déjà mentionné les nouvelles assemblées qui se sont formées entre 1967 et 1983. Les autres aspects de l'œuvre ont continué à prospérer aussi durant ces années de marée haute dans la croissance de nos assemblées.

Les camps

Les camps d'été, qui comptaient déjà quatre établissements, dont deux francophones et deux anglophones, se sont aussi développés pendant cette période, agrandissant et améliorant leurs lieux d'accueil ainsi que leur programmation. Cela fut en partie dû à des réglementations gouvernementales plus spécifiques concernant l'industrie du camping dans la province. Le *News of Quebec* y fait régulièrement référence dans ses pages au début des années 70 :

> Ces dernières années, le gouvernement provincial s'est intéressé de beaucoup plus près au secteur du camping. Cela a généralement pris la forme d'inspections de tout ce qui concerne les camps : l'eau potable, la nourriture, l'évacuation des eaux usées, la sécurité des plans d'eau, les risques d'incendie, etc., et la mise en place de directives qui doivent être suivies. Celles-ci, bien entendu, sont conçues pour le bien de tous.
>
> Nous devons maintenant nous plier à un nombre important de « normes » gouvernementales et suivre la législation concernant la natation, les installations sanitaires, les risques d'incendie, etc. Des inspecteurs passent régulièrement et nous accordent un certificat d'approbation (qui doit être affiché), avec des notifications de tous changements à effectuer. C'est pour le mieux, mais cela augmente les frais généraux pour des projets qui fonctionnent par la foi comme c'est le cas pour nos camps chrétiens[41].

Début 1968, une nouvelle initiative a été lancée :

> Un week-end de retraite, organisé pour ceux qui souhaitent travailler parmi les jeunes du Québec, s'est tenu à Montréal, chez M. et Mme Gaston Racine, entre le 26 et le 28 janvier 1968. Une quarantaine de personnes étaient présentes, dont plus de la moitié étaient des Canadiens français.
>
> Le comité des camps francophones du Québec a décidé de promouvoir de tels week-ends de préparation spirituelle et d'information dans l'espoir que de plus en plus de jeunes francophones en arrivent à vouloir prendre des responsabilités en tant que conseillers dans les camps francophones. Jusqu'à aujourd'hui, il y a eu un manque flagrant de personnes prêtes à prendre de tels postes de responsabilité dans la province...

Les responsables des camps précédents, MM. Bowes, Coppieters, Hanks et Tremblay, ont apporté au groupe les bénéfices de leur expérience[42].

Bien que les pages du magazine ne donnent pas plus d'informations sur cette question en particulier, le besoin de personnes formées pour les camps a continué à se faire sentir et on le laissait savoir. En 1982, une première tentative de « camp de formation » pour le personnel des camps a eu lieu sur le campus de l'Institut biblique Béthel, qui depuis ses débuts en 1948, avait mené son propre programme de camps. Bien que le camp Béthel n'ait pas été officiellement un projet de nos assemblées, on en a beaucoup parlé, et pour de bonnes raisons, puisque de nombreux ouvriers recommandés des assemblées ont toujours tenu un rôle important dans le ministère de ce camp. Ayant commencé en 1975, l'auteur lui-même a servi pendant de nombreuses années en tant que directeur général des camps de Béthel.

Quatre nouveaux camps soutenus par des assemblées sont nés au Québec pendant les années 70. Le camp de l'Arche a commencé en 1969 et a perduré pendant plusieurs années.

> Le camp de l'Arche a été fondé par M. et Mme Ernest Rhéaume qui sont membres de l'assemblée de Québec. Il se situe au cœur d'une magnifique forêt de pins, à une heure de route au sud de Québec, dans une ferme qui était auparavant exploitée par M. et Mme Rhéaume. Aujourd'hui, ils en sont à leur deuxième année de fonctionnement et le camp a pu recevoir cinq différents groupes de campeurs[43].

Le camp biblique de Fair Haven, un camp anglophone dans la partie sud de la péninsule gaspésienne, a été lancé en 1970, soutenu par la New Carlisle Bible Chapel. En 1975, le camp Joie de Vivre commença à fonctionner du côté nord de la péninsule.

> Une œuvre pionnière ayant déjà commencé dans la ville de Sainte-Anne-des-Monts à environ 500 km au nord-est de Québec, Don et Beth Cox invitèrent des enfants de la région à passer un long week-end au camping à côté de Mont-Saint-Pierre, 50 km plus loin, le long de la côte. Le terrain de camping et ses tarifs étaient intéressants ce qui a permis à une douzaine d'enfants, avec l'autorisation de leurs parents, de profiter de ce temps pour entendre l'Évangile.

Leur nombre a augmenté chaque année jusqu'à atteindre environ 90 enfants et est resté aussi élevé pendant les sept années qui ont suivi. Il s'agit là des années à la rude, passées sous des tentes obtenues avec l'aide de Workers Together. Le cuisinier et le personnel travaillaient à l'extérieur (en compagnie des mouches noires et des moustiques) avec un poêle à bois sous un abri. Les réunions avaient lieu dans une vieille tente de l'armée. De nombreux enfants y ont entendu l'Évangile et des chants chrétiens pour la toute première fois.

L'administration du site était sensible à cet effort envers les enfants. Ils nous faisaient payer moitié prix pour avoir un coin bien à nous, avec des douches chaudes et une piscine chauffée, le tout à un kilomètre et demi de la mer avec la possibilité d'aller pêcher. Le coût pour les enfants était très bas, certaines familles dans le besoin ne payaient même pas grâce à des dons. Des croyants de tous âges venaient d'assemblées lointaines pour aider avec les études bibliques, la louange, les activités sportives, la cuisine, etc.[44]

Lorsque la famille Cox a quitté la Gaspésie en 1982, cette œuvre a été temporairement arrêtée, jusqu'à ce que, quatre ans plus tard, l'assemblée de Sainte-Anne-des-Monts relève le défi et décide de remettre sur pied ce ministère de camp sous la direction de Norbert et Brigitte Chabot.

Quant au quatrième nouveau camp qui a été créé en 1984, le rapport suivant a été fait aux lecteurs du magazine :

> Il y a de cela sept ans, Dieu a mis dans le cœur de Réal et de Diane Therrien, et d'autres, une vision comportant deux volets. Ils ont commencé à prier au sujet du besoin d'un endroit pour que les croyants francophones puissent se retrouver ensemble pour diverses activités dans une ambiance favorisant leur croissance dans la foi. Ils voyaient aussi le besoin grandissant d'un lieu de retraite spécifiquement destiné aux chrétiens francophones au Québec, où il n'existait pas encore de tel endroit.
>
> Encouragés par les frères des assemblées de la région de Montréal et d'ailleurs, ils ont formé un comité et, en 1981, une propriété a été achetée à Fulford dans les Cantons-de-l'Est. Ce site, qui auparavant avait appartenu à Flambeaux Christian Home for Children, a été acheté de Gospel Recordings of Canada, qui l'utilisait

depuis plusieurs années. Ce site de plus de 46 hectares, qui s'appelle maintenant Villa Shalom, comprend un grand bâtiment de trois étages ainsi qu'une maison privée et plusieurs garages. Le grand bâtiment est en train d'être transformé en lieu d'hébergement pour plus de cent personnes avec une cuisine, une salle à manger, des chambres et un lieu de rassemblement. Normalement, la première phase des travaux devrait être terminée d'ici septembre de cette année.

Villa Shalom est utilisée depuis quelque temps par différents groupes de croyants qui ont pu s'en servir comme lieu de conférence pendant les week-ends. De nombreux camps se sont aussi déroulés sur ce site. Un premier camp d'hiver pendant les vacances de Noël de 1982 a été suivi d'un autre camp durant les dernières vacances. L'été dernier, il y a eu quatre semaines de camp pour garçons et filles, et des plans sont en cours pour installer un terrain de camping pour les familles, avec des emplacements pour tentes et roulottes[45].

Les conférences

Au printemps 1970, la première conférence missionnaire canadienne-française a été tenue à Cap-de-la-Madeleine le week-end du 28 et 29 mars sur le thème : « La moisson est grande, mais les ouvriers sont peu nombreux. » Trois cents personnes y ont assisté. Après ce week-end tout à fait concluant, un livret spécial a été préparé contenant des articles pertinents sur divers aspects de l'œuvre écrits par Gaston Jolin, Fernand Saint-Louis, Roland Lacombe, Jean-Paul Berney, Roy Buttery, Sheldon Bard et Norman Buchanan. Ce qui suit est issu de l'introduction de ce livret :

> L'action de Dieu au Québec s'est manifestée avec éclat au cours des vingt dernières années ! Plusieurs se rappellent avec nostalgie les années de persécutions incessantes ainsi que les victoires pour la cause de l'Évangile qui ont caractérisé les débuts de l'œuvre évangélique dans cette « province des miracles ». Sans doute, le souvenir de ces souffrances et de ces victoires vécues pour l'avancement de l'Évangile semble vouloir s'estomper par la vague de liberté religieuse – et la nouvelle attitude envers nous en tant que « frères séparés » – que nous connaissons maintenant.

Il suffit pourtant de nous rappeler le zèle et l'amour fraternel entre les chrétiens de ces premiers jours, pour constater un certain refroidissement de cette ardeur qui doit nous distinguer en tant qu'ambassadeurs pour Christ.

Vis-à-vis cette constatation pour le moins embarrassante, nous devrions, il nous semble, si nous désirons être honnêtes envers Dieu et envers nous-mêmes, reprendre conscience du fait qu'*il a mis en nous la parole de la réconciliation*. En regard de cette responsabilité, le Seigneur a besoin de nous pour atteindre la foule languissante et abattue qui, sans pourtant le savoir, a faim et soif de la justice que procure la connaissance de celui qui fait tout à merveille !

C'est à la suite de cette prise de conscience de quelques-uns de notre milieu que – par la prière et les entretiens avec nos frères en service dans « le champ de Dieu » – nous avons ressenti le besoin d'un effort plus concret, espérant « tourner les yeux des Québécois vers les besoins du Québec ». C'est là le but que le Seigneur a mis sur notre cœur et que nous aimerions partager avec vous au moyen des résumés de ce livret, ainsi que par les exposés des conférenciers.

Notre souhait, si nous osons l'exprimer, est qu'à la suite du présent effort nous puissions, sous la conviction et la puissance de l'Esprit, répondre à l'appel de Dieu : « Seigneur, que veux-tu que je fasse? », étant prêt à se laisser diriger par le Seigneur dans la partie de son champ qu'il a réservée pour chacun de nous[46].

En 1971, c'est à Parkside Ranch dans les Cantons-de-l'Est que s'est tenue la toute première retraite où nos ouvriers recommandés y passaient une nuit, ce qui « se révéla être une bénédiction pour tous ceux qui y ont assisté ». Malgré cela, cette expérience ne fut renouvelée que plusieurs années plus tard.

Enfin, pendant ces années, la conférence de la fête du Travail dans la région du Lac-Saint-Jean s'est poursuivie chaque année. En 1973, la conférence a été déplacée au camp Brochet après s'être longtemps tenue à l'assemblée de Girardville. À cette époque, plus de 150 personnes assistaient à cet évènement et, avant la fin des années 70, ce chiffre allait plus que doubler. La disponibilité d'un tel site avec toutes ses commodités et le nombre croissant de participants ont rendu ce déplacement plus que nécessaire.

Pourtant, plusieurs n'oublieront jamais les heureuses années de Girardville. Elles ont été rapportées dans cet article émouvant écrit par l'ouvrier recommandé Bob Thrall, avant même le changement de lieu évoqué ci-dessus :

> Une femme au foyer chrétienne sourit à son mari qui vient de rentrer du travail. « La fête du Travail approche », lance-t-elle. Il hoche la tête et se dirige vivement vers la cuisine et compte les jours sur le calendrier. « Plus que dix jours ». Il regarde par la fenêtre, ses pensées le ramenant vingt ans plus tôt, aux jours de cette première conférence. Ce fut une journée exceptionnelle !
>
> Il se remémore que l'œuvre d'évangélisation francophone n'avait commencé que depuis dix-sept ans quand cette première conférence s'est tenue et qu'il n'y avait que quelques églises locales. Il se rappelle aussi que le chemin pour se rendre à cette ville du nord qu'est Girardville était accidenté et poussiéreux – des centaines de kilomètres de routes de terre. Mais ce dont il se souvient le mieux n'a rien à voir avec la distance, les difficultés ou l'environnement. Il avait trop besoin de la Parole de Dieu et de cette communion avec le peuple de Dieu pour se préoccuper des petits sacrifices à faire pour être présent à cette conférence. Christ était sa vie maintenant. Il avait souvent fait des sacrifices pour sa propre gloire dans sa vie religieuse passée, quand il ne connaissait pas personnellement le Seigneur Jésus-Christ. Ce dont il se souvient le mieux, c'est de la joie qu'il éprouvait à se retrouver avec 150 chrétiens de partout au Québec chantant les louanges de son Sauveur et appréciant la Parole de Dieu ensemble.
>
> Ces deux jours et demi passaient si vite. Les réunions étaient longues, elles duraient trois heures parfois. Mais il voulait apprendre et retirer le maximum de ces quelques jours. Des hommes choisis par Dieu expliquaient en détail les vérités de l'Écriture ; certains pour reprendre leurs frères, d'autres pour les mettre au défi ou pour les conseiller, mais tous rendaient témoignage de la gloire de Christ et de sa personne.
>
> « Tu es encore devant le calendrier ? », demande la femme à son mari fatigué. « La conférence n'arrivera pas plus vite si tu comptes les jours, » le gronde-t-elle gentiment.

« Tu te souviens de ces temps de partage durant la Cène ? » répond-il. « Tu te souviens de nos chants, nos prières… ? » Sa femme s'assied à la table de la cuisine, posant sa tête sur ses mains. Ses yeux se remplissent de larmes. « Oui, je m'en souviens. » Elle aussi se remémore. Il y avait une grande beauté dans la simplicité de ces rassemblements. Personne ne s'habillait pour attirer l'attention. Les enfants étaient calmes, bien que quelques jeunes mères aient du mal avec leur bébé. Les têtes étaient couvertes et des hommes priaient simplement. Voilà comment elle se rappelait la table du Seigneur – simple, mais très belle.

Le reste de la conférence était laissé aux prédicateurs. Le dimanche après-midi, se rappelait-elle, trois ou quatre serviteurs du Seigneur ouvraient la Parole de Dieu. Le frère qui avait commencé l'œuvre à Girardville donnait généralement l'un des principaux messages de la journée ; d'autres avaient déjà parlé le soir d'avant, pendant la réunion de prières qui marquait le début de la conférence. Personne n'était surpris lorsqu'il parlait de la conduite du peuple de Dieu dans un monde qui ne connaît pas Christ. Il avait lui-même souffert pour servir Dieu et désirait sincèrement voir le peuple de Dieu maintenir le haut niveau de piété que demande la Parole. Plusieurs des thèmes qu'il a abordés au cours des années concernaient la vie de pèlerin qui est celle de l'enfant de Dieu. Chose que l'on oublie si aisément, se dit-elle.

Les nombreux autres évangélistes qui assistaient à la conférence ressentaient l'immense responsabilité de maintenir un haut niveau de maturité spirituelle dans leur ministère tout au long de l'année. L'Ancien et le Nouveau Testament furent joints en une révélation absolue par des hommes qui non seulement voyaient la fragilité de l'homme, mais aussi la majesté de Dieu. Le niveau de ce ministère était d'une telle portée que de nombreuses personnes prenaient des notes pour pouvoir les lire encore et encore par la suite.

Le dimanche soir était réservé à des temps de témoignage et des messages bibliques. Des amis, des proches et des spectateurs curieux trouvaient Christ lors de ces services. « Tu te souviens de ces jeunes chrétiens de (elle nomma une des nombreuses régions du Québec) qui ont donné leur témoignage ? », demanda-t-elle à son mari. « Combien nos cœurs en ont-ils été bouleversés ? » Son mari passe la main sur son menton. « Ces témoignages et les baptêmes dans le lac étaient le point culminant de la conférence pour moi. » Les voitures se rendaient près du petit lac pour les baptêmes soit le dimanche après-midi, soit le jour suivant. Ceux qui voulaient recevoir le baptême se tenaient au bord de l'eau avec un serviteur de Dieu. Ils suivaient le commandement de Dieu pour marcher en nouveauté de vie. Plusieurs, dans les années suivantes, ont remplacé ceux qui avaient rejoint notre Seigneur.

« Nous nous sommes fait baptiser à cette conférence », se souvient la femme assise dans la cuisine. « Comment oublier l'amour et la présence du peuple de Dieu. Combien nous avons été merveilleusement bien traités à Girardville. L'odeur des tartes aux bleuets sortant du four et du rôti fait tout autant partie de la conférence que la voix puissante des prédicateurs. Les maisons sont ouvertes à tous. » Le mari sourit en voyant la rapidité avec laquelle les pensées de sa femme passent du baptême à l'hospitalité des enfants de Dieu. La conférence représentait une expérience unique, d'amour et de joie, sur un plan personnel tout autant que collectif. Les mains sont jointes. Les larmes s'écoulent. Les rires se propagent à travers les salons des maisons privées. Les bras entourent les frères connus depuis peu de temps. Des regards se rencontrent, parfois pour toujours.

« Que serions-nous sans la conférence de Girardville ? » se demande le chrétien grisonnant dont les doigts s'attardent sur le calendrier.

« Moins que ce que nous sommes », répond sa femme. « Beaucoup moins[47] ! »

La radio et la télévision

Nous nous tournons à présent vers la question de la radio et de la télévision, au début de cette période de rapide expansion, l'étendue de ce ministère a été exprimée comme tel :

> Les deux principaux programmes parmi les assemblées sont *L'Heure de la Bonne Nouvelle*, qui est la branche francophone de Glad Tidings Network et *La Foi vivifiante*. Ces deux programmes sont entendus de la Gaspésie à l'est jusqu'à Hull à l'ouest et d'Alma au

nord jusqu'à Drummondville au sud. *L'Heure de la Bonne Nouvelle* est aussi diffusée aux nombreux francophones qui se trouvent au Nouveau-Brunswick ainsi qu'en Nouvelle-Écosse[48].

À cette époque *L'Heure de la Bonne Nouvelle* comprenait deux composants. Une émission de télé et une de radio. Gaston Jolin, la voix de L'HBN notait alors[49] que « pour une raison ou une autre, nous semblons réticents à profiter de ce moyen moderne de répandre l'Évangile. » Il enchaîna :

> Est-ce parce que nous donnons plus de valeur aux moyens que nous utilisions par le passé ? Est-ce parce que nous voulons nous limiter à ces seules méthodes qui étaient utilisées par l'église primitive et que nous pouvons voir dans la Bible ? Nous n'hésitons pas tellement à utiliser les produits de la technologie moderne quand il est question de notre confort et de nos temps de loisir. Alors pourquoi ne devrions-nous pas mettre nos méthodes d'évangélisation à la page et nous servir des dernières découvertes scientifiques pour l'œuvre du Seigneur ?
>
> Peut-être que nous sommes réticents à utiliser les technologies modernes telles que la radio et la télévision pour l'évangélisation de masse parce que nous avons peur d'être vus comme des vedettes de cinéma ou d'être considérés comme trop mondains. Il nous faut simplement être sûrs que nos motivations dans l'utilisation des choses du monde soient de glorifier Dieu. Ensuite, nous pouvons utiliser tous les moyens de communication à notre disposition.

Dans le même article, il a ensuite pointé que l'une des objections fortes à l'encontre de l'utilisation des médias modernes était leur coût élevé. La tentation de « négocier la possibilité d'obtenir du temps d'antenne gratuit comme étant notre droit en tant que citoyens » devait être écartée selon lui, car « l'Évangile ne pourrait point être présenté dans un tel contexte sans être vidé de son message. » Sa conclusion était sans appel :

> Nous devons donc conclure que le seul moyen pour nous de pouvoir utiliser ces méthodes modernes de télécommunication est d'acheter du temps d'antenne pour que nous soyons libres de prêcher sur les mystères de Jésus-Christ.

> Puisque cela constituera une dépense importante, nous pourrions nous demander si l'église aujourd'hui peut financer l'utilisation de la télécommunication pour évangéliser ceux qui ne peuvent pas être atteints par l'Évangile autrement. Je crois pour ma part qu'elle le peut.

Il conclut en faisant observer que…

> …ces médias peuvent servir de précurseur, pour semer la Parole et toucher les cœurs de ceux qui ont soif de Dieu. La télécommunication n'est pas forcément une fin en soi. Mais lorsque ceux qui ont entendu l'Évangile par ce moyen sont ensuite contactés personnellement, ils sont généralement prêts à recevoir Christ. Mais pour beaucoup, cela sera la seule manière pour eux d'entendre l'Évangile.

En 1966, Joseph Tremblay a rejoint l'équipe de L'HBN. Trois ans plus tard, il a épousé Jessie McGowan qui participait à l'œuvre depuis 1964, ayant été recommandée par son assemblée à Windsor en Ontario. Les Tremblay, qui habitaient à l'époque à Noranda, s'occupaient de transcrire, d'imprimer, et d'envoyer par la poste les messages télévisés, ainsi que le suivi des cours par correspondance et de la correspondance générale avec les auditeurs.

En 1974, le temps d'antenne pour l'émission de télévision a doublé, passant de 15 à 30 minutes.

> Ce doublement du temps d'antenne nous permettra dorénavant de présenter d'une manière plus complète, plus intéressante et plus variée le salut de Dieu. Nous espérons ainsi pouvoir rendre la présentation plus attirante et ainsi augmenter notre audience[50].

En 1976, L'HBN « décida de cesser ses émissions de radio » et « mettre tous ses efforts dans l'œuvre télévisée, laissant le champ de la radio à d'autres[51] ». Déjà, au cours de l'année précédente, Joseph Tremblay avait fait la plupart des interventions radiophoniques, laissant Gaston Jolin se concentrer sur le programme télévisé. C'est donc à ce moment que l'assemblée de Drummondville ainsi que d'autres, dont celle de Timmins en Ontario où servait l'ouvrier recommandé Robert Hanks, prirent la décision d'assurer la continuité de l'émission de radio pour le nord de l'Ontario. Comme nous pouvons le voir dans les rapports qui suivent datant de 1978 et de 1986, cela se poursuivit pour un bon moment, avec des rediffusions sous un autre nom.

Il y a un peu plus d'un an, l'assemblée a entrepris de poursuivre la diffusion de l'Évangile par la radio pour toute la partie nord-est de l'Ontario. Ce ministère a été lancé il y a des années par Gaston Jolin et les Glad Tidings Crusaders, prenant le nom de L'HBN. « Paroles du Seigneur » est entendu tous les dimanches matins à 9 h et nous avons été encouragés d'entendre à tout moment ceux qui écoutent régulièrement l'émission et qui apprécient ce ministère d'évangélisation[52].

Robert Hanks rapporte que l'émission hebdomadaire d'évangélisation, Paroles du Seigneur se poursuit depuis onze ans, ce qui, en lien avec la présentation annuelle de *L'Heure de la Bonne Nouvelle* (Gaston Jolin), a permis d'atteindre de nombreux foyers à travers cette grande région[53].

Entre temps, les Tremblay ont dû déménager à Rivière-du-Loup d'où ils ont lancé une nouvelle émission radiophonique appelée *Paroles d'en haut,* émettant sur quelques stations de la région qui diffusaient auparavant les programmes de L'HBN.

Quand cette période de marée haute est arrivée à sa fin, ces ministères tournés vers les médias ont continué à prospérer. En ce qui concerne *L'Heure de la Bonne Nouvelle*, nous pouvons lire que « le ministère télévisé qui a débuté à Noranda en 1983 a été pour nous un réel encouragement. Le Seigneur nous a montré clairement que nous devions continuer dans ce sens[54] ». Quant à *Paroles d'en haut*, nous apprenons que :

> Récemment, le Seigneur a permis qu'un studio complet d'équipement radio moderne puisse être installé chez les Tremblay. Notre frère a ainsi été encouragé dans son ministère radiophonique qui a toujours représenté une part essentielle de son travail. Une journée par semaine est consacrée à préparer l'émission hebdomadaire, *Paroles d'en haut*, qui est diffusée sur quatre stations ainsi que leurs satellites, ce qui fait huit stations en tout, à Rivière-du-Loup, La Pocatière, Edmundston au Nouveau-Brunswick, et Sainte-Anne-des-Monts. L'offre qui est proposée d'une cassette gratuite contenant le message diffusé produit un grand nombre de demandes qui impliquent beaucoup de temps pour préparer et envoyer ces cassettes. Notre frère et notre

sœur investissent de nombreuses heures dans la correspondance que génère un tel ministère.[55]

Concernant les autres grands ministères médiatiques soutenus par nos assemblées, *La foi vivifiante*, elle aussi a continué de prospérer. Déjà en 1965, nous apprenons que « depuis Hull jusqu'à la péninsule de la Gaspésie, de Chibougamau jusqu'aux Cantons-de-l'Est, quelque dix-sept stations de radio diffusent le programme centré sur l'Évangile, *La foi vivifiante*[56] ». Encouragé par le succès du ministère télévisé de Gaston Jolin dans le nord, il a été discuté de la possibilité d'utiliser ce média en tant qu'outil d'évangélisation dans les zones urbaines telles que Québec et Montréal. Il a été décidé d'explorer cette possibilité.

Fernand Saint-Louis, la voix de *La foi vivifiante*, a temporairement déménagé de Montmagny à Montréal, en 1967, pour mieux se focaliser sur le ministère de Sermons de la science à l'Exposition universelle de 67. Cependant, les émissions ont continué à être diffusées au même rythme sur pas moins de douze stations au Québec et une en Haïti, qui apparaît dans la liste des stations pour la toute première fois. L'année suivante, le nombre de stations était remonté à quinze. Ces fluctuations étaient généralement dues à des contraintes financières, souvent rappelées aux lecteurs de *News of Quebec* comme dans le passage suivant qui est paru en 1967 : « *La foi vivifiante* a dû écourter certaines de ses émissions cet été et refuser à grand regret les offres de certaines stations de radio à cause de revenus financiers trop bas[57]. »

L'extension de la diffusion au-delà des frontières du Québec s'est continuée comme nous pouvons le voir dans les paragraphes qui suivent, écrits respectivement en 1969 et en 1970 :

> Nous sommes heureux d'apprendre que, en collaboration avec *La foi vivifiante*, la Family Bible Hour soutient maintenant la diffusion de cette émission à Cornwall en Ontario. Dans cette seule ville, il y avait en 1961 environ 23 500 personnes de langue maternelle française et de nombreuses autres sont atteignables par ces transmetteurs.
>
> Après un récent déplacement de Fernand Saint-Louis dans l'ouest du Canada, une station au nord de la Saskatchewan et une autre au nord de l'Alberta sont prêtes à signer des contrats de

diffusion dans leur région. Il y a plusieurs milliers de francophones qui pourront capter ces deux stations[58].

Ces sept années de diffusion de l'évangile en français sur plusieurs des plus grandes stations de radio signifient l'impact de 364 messages évangéliques aux Québécois, aux francophones de Cornwall, en Ontario, et depuis peu à d'autres francophones de Saskatoon et d'Edmonton[59].

À partir de 1972, Fernand Saint-Louis a définitivement déménagé de Montmagny à la région de Montréal pour se concentrer plus spécifiquement sur le ministère de *La foi vivifiante* tout en continuant à participer au développement du témoignage de l'assemblée locale dans cette région.

> C'est par la grâce de Dieu que nous avons pu démarrer, il y a dix ans, une nouvelle œuvre dans la ville de Montmagny. Tous les croyants y sont d'anciens catholiques. Maintenant que l'assemblée est formée, nous nous déplaçons vers une autre région, plus près de Montréal... Dieu voulant, nous aimerions être responsables des messages et de la production de la radiodiffusion francophone de LFV, comme par le passé ; collaborer avec les Frères qui sont actuellement en train de commencer des rencontres sur la rive sud de Montréal ; visiter les contacts radio de LFV avec les ouvriers de centres tels que Montréal, Sherbrooke, Trois-Rivières, Drummondville, etc.[60]

À ce moment, un bref retour en arrière sur l'histoire passée de la diffusion radio dans la province a produit le rapport suivant :

> Pendant de nombreuses années, il était impossible de pouvoir diffuser des émissions évangéliques francophones dans des stations de radio au Québec. À une époque, certains chrétiens songeaient sérieusement à implanter une station de diffusion puissante juste sur la frontière américaine pour pouvoir apporter ainsi l'évangile dans le sud du Québec. Alors que ces discussions en étaient encore à leur début, le Seigneur a permis que s'ouvrent les portes des stations de radio au Québec même. À présent, nos assemblées soutiennent deux programmes radio, « L'Heure de la Bonne Nouvelle », avec Gaston Jolin et Joseph Tremblay comme intervenants, et « La foi vivifiante », avec Fernand Saint-Louis. Elles sont chacune diffusées

chaque semaine sur une douzaine de stations. Il existe aussi d'autres programmes évangéliques très bien faits, qui sont produits par d'autres groupes évangéliques et entendus sur de nombreuses stations québécoises[61].

Mentionnons ici que l'absence de toute référence à l'œuvre radiophonique *Paroles d'en haut*, de Joseph Tremblay à Rivière-du-Loup, s'explique par le fait qu'il s'agissait d'une entreprise privée. Cette œuvre bénéficiait de toute la sympathie de nos assemblées à travers le Québec, bien que non officiellement soutenue par elles.

La foi vivifiante a célébré son dixième anniversaire le 23 octobre 1973. C'était un temps de changements et de troubles, où il fallait faire preuve de détermination pour persévérer dans l'accomplissement du Grand Mandat.

Comment pouvons-nous utiliser au mieux certains des développements extraordinaires en matière de communications ? Des cassettes à bandes magnétiques ont été utilisées par LFV pour répandre la connaissance de Christ. Utiliserons-nous la communication par satellite dans la prochaine décennie ? Pensez à la différence qu'a pu faire l'avancée technologique ! La miniaturisation a rendu beaucoup plus de choses possibles. Les conversations des astronautes sur la Lune auraient pu provenir de chez nos voisins tellement elles étaient claires ! Pensez aux progrès en termes de « portabilité » depuis 1968 ! Combien de transistors ont communiqué, de manière très privée, l'amour de Christ aux Nicodèmes d'aujourd'hui ?

De nombreux jeunes gens ont développé une réelle position « anti-establishment » ; au Québec cela était particulièrement vrai entre les étudiants et l'église établie. Nous avons assisté à une révolution tranquille suivie par des débordements pas si tranquilles, réprimés par la force. Qu'est-ce qui dort sous la surface aujourd'hui ? Comment un gouvernement à majorité fédéraliste utilisera-t-il son mandat face à cette opposition nationaliste ? Notre champ d'action n'a pas changé ! À LFV, nous sommes persuadés que le Seigneur nous envoie, et en particulier Fernand, pour parler de lui de son grand salut[62].

À peu près à cette époque, une nouvelle opportunité se présenta pour l'équipe de LFV, leur permettant de réaliser cette vision qui était la leur de communiquer l'Évangile par le biais de la télévision.

> Cet automne, un nouveau moyen de diffusion de masse s'est présenté à nous. Fernand Saint-Louis, qui habite Beloeil (à environ 30 km à l'est de Montréal), a reçu la visite d'un agent d'une compagnie locale de télévision par câble qui venait lui offrir un abonnement. Fernand lui a montré des présentations audiovisuelles d'enseignements bibliques qu'il avait préparées pour les jeunes campeurs de Béthel, et lui proposa de les diffuser sur leur chaîne. Ainsi, il a été invité aux locaux de la compagnie pour donner une de ces présentations et on lui a demandé quelque temps plus tard de participer à un programme en direct. De nombreuses personnes ont téléphoné pour faire part de leur appréciation. Il a ensuite été invité à faire d'autres présentations et a également été interviewé dans d'autres émissions, et tout cela sans frais. Le service compte plus de 5000 abonnés répartis dans six petites municipalités[63].
>
> Chaque mercredi soir à 18 h, il a une demi-heure gratuite pour raconter une histoire de la Bible aux jeunes. Bien que la couverture de ce média ne soit pas aussi vaste que le serait un service sans fil, puisqu'il se limite à des téléspectateurs de la banlieue de Montréal, c'est probablement plus efficace si on regarde le pourcentage de personnes qui sont devant leur poste à cette heure-là[64].

L'émission s'appelait, *Toute la Bible en parle*. Quatre ans plus tard, en 1976, on pouvait lire :

> Fernand Saint-Louis utilise plusieurs réseaux de télévision câblés pour répandre l'Évangile dans les régions du sud de la province, de Montréal à Sainte-Anne-de-la-Pocatiaire, à plus de 110 km à l'est de Québec.
>
> Il y a des années, alors que la diffusion par radio venait juste de commencer, des gens bien intentionnés croyaient que ce moyen ne devait pas être utilisé pour proclamer la Bonne Nouvelle. Satan étant le Prince de la puissance de l'air ; de ce fait, le Saint-Esprit ne pouvait en aucun cas utiliser ce moyen de communication pour conduire les gens à la foi en Jésus. C'était une théorie intéressante, mais avec l'expérience, elle s'est révélée entièrement fausse.

Il semble plutôt que Satan a réalisé que si l'Évangile était proclamé en français sur les ondes du Québec, de nombreuses personnes seraient amenées à Christ et c'est pour cela qu'il l'a rendu impossible pendant si longtemps. Une fois que la porte de la radio (et de la télévision) s'est ouverte, l'Évangile proclamé par ce moyen s'est en effet révélé être « la puissance de Dieu pour le salut » envers les foules[65].

La télévision, au moment où elle est arrivée, était simplement un moyen d'instruire les gens de manière très large sur toutes sortes de sujets.

> Son influence était grande, s'agissant d'un outil important pour encourager et répandre, comme un feu de prairie, les réformes, les nouvelles vérités et attitudes qui ressortaient de cette renaissance du Québec. Avant cela, on pouvait dire que le Québec était une société fermée et très contrôlée. Mais plus maintenant ! Ce n'est qu'à ce moment-là que les évangéliques ont fini par avoir accès aux médias et qu'ils les ont utilisés de manière très efficace[66].

Les articles sur le travail fait à travers la radio et la télévision dans le magazine étaient généralement accompagnés d'extraits de lettres reçues d'auditeurs de tout le Québec, ainsi que des lettres très intéressantes venues d'Haïti. L'un d'eux écrit : « Je suis un auditeur fidèle depuis des années. Vos messages m'apportent toujours nourriture spirituelle et réconfort. Je vous assure, cher pasteur, que de nombreux Haïtiens se sont convertis et ont été sauvés à travers vos différents messages de grâce. Vous faites du bon travail en Haïti[67] ».

En décembre 1976, Peter Foggin, qui depuis le départ avait été un membre indispensable de l'équipe de LFV, a partagé avec les lecteurs du magazine son appel de Dieu pour lui et sa famille d'aller plus loin en s'installant en Haïti en tant que directeur de projet pour World Vision Canada :

> Notre prière est que, d'une manière ou d'une autre, ce nouveau lien entre le Québec et Haïti serve à élargir la vision missionnaire de nos assemblées locales dans la province. Il y a aussi le lien de l'émission de radio, *La foi vivifiante*. Depuis des années ce programme est écouté à travers tout Haïti (via les deux grandes

stations de radio missionnaires du pays, Radio Lumière et 4VEH). La voix de Fernand Saint-Louis est connue dans tout le pays. Tout ceci, en plus du fait qu'il y a de nombreux Haïtiens qui sont venus s'installer à Montréal, indique que le temps est venu de renforcer les liens de communion et les défis missionnaires entre Haïti et la province du Québec.[68]

À cette époque l'espoir a été exprimé que le départ de Peter Foggin à Haïti allait « apporter une ouverture encore plus grande à *La foi vivifiante* dans ce pays ». Et que « de cette manière, la vision des croyants canadiens-français serait tournée vers l'ensemble du champ missionnaire, plutôt que juste vers une petite partie[69] ».

Un article publié dans le *News of Quebec* montre la très large influence des émissions religieuses au Québec au plus fort de cette période de marée haute de notre histoire. On y fait référence à un numéro du magazine canadien *l'Actualité,* sorti en octobre 1981, qui est l'équivalent de Maclean's ou de Newsweek.

L'article s'intitulait : « Quand Jésus marche sur les ondes » et avait été écrit par André Lemelin. « La Parole adopte de nouveaux chemins et les églises "cathodiques" font des milliers d'adeptes » et « Le Québec sera-t-il bientôt protestant ? » étaient les sous-titres de l'article. Il parlait de toutes les émissions de télévision religieuses regardées par les Québécois, critiquant un peu certains programmes américains, mais parlant de manière tout à fait favorable des programmes évangéliques venant du Québec, dont les deux que nous avons cités plus haut[70].

News of Quebec

La constance des références provenant des pages du *News of Quebec* au cours de cette histoire de notre mouvement montre que le magazine fonctionnait très bien. Son éditeur fondateur, Dr Arthur Hill, a été remplacé au début de l'année 1968 par Arnold Reynolds qui est resté éditeur en chef jusqu'à l'été 1983. Au cours de ses dernières années comme éditeur, M. Reynolds était souvent absent du Québec pendant les mois d'hiver.

Pour des raisons de santé, Arnold Reynolds doit éviter notre climat particulièrement froid pendant les mois d'hiver. Cette année, il se déplace dans plusieurs îles des Caraïbes, prêchant et enseignant en anglais et en français. Ce ministère est grandement apprécié par des assemblées qui ont rarement la visite d'autres serviteurs du Seigneur[71].

À partir de 1976, trois des quatre numéros annuels paraissaient sous une forme raccourcie, composée de quatre pages. Le format de poche, qui avait été utilisé pour la première fois en 1955, finira par réapparaître et devenir le format standard sous la direction de Richard Strout. Entre temps, les lecteurs ont semblé apprécier l'autre format.

Il semblerait que la plupart de nos amis préfèrent la version courte, qui leur donne l'essentiel des nouvelles sans être trop longue à lire. Nous avons aussi dû prendre en compte le fait que des rapports plus complets coûtent trois à quatre fois plus cher à produire et à envoyer. Nous avons donc décidé qu'à partir de maintenant nous allons éditer un numéro complet par an ainsi que trois numéros sous forme de « lettre de nouvelles[72] ».

Le magazine subissait aussi à l'époque des changements au niveau administratif.

Au cours de l'année 1980, les décisions concernant la distribution des fonds reçus par le NEWS OF QUEBEC étaient prises par le comité des finances composé de James Howitt et Leslie Russell, de Montréal, Roy Buttery, de Chicoutimi, Arnold Reynolds et Arthur C. Hill, de Sherbrooke. Un comité de publication, composé d'Arnold Reynolds, Norman Buchanan et Arthur C. Hill, s'occupait de sortir nos publications. Au début de l'année 1981, ces deux groupes ont fusionné pour ne former plus qu'un comité responsable de tout ce qui concerne le NEWS OF QUEBEC : l'édition, la publication et la répartition des fonds reçus. Norman Buchanan est le président de ce comité, Roy Buttery son secrétaire, Arnold Reynolds l'éditeur et Arthur C. Hill le trésorier[73].

Vers la fin des années 80, on imprimait régulièrement 8000 exemplaires du magazine qui étaient envoyés aux assemblées et aux individus intéressés. Le magazine continuait de tenir avec succès son double rôle d'informer la communauté anglophone d'Amérique du

Nord et de répartir l'argent reçu entre les ouvriers et les assemblées francophones. Les dons destinés aux ouvriers sont passés de 42 728 $ en 1967 à 89 160 $ en 1983. Le nombre d'ouvriers soutenus par ces fonds a augmenté aussi, passant de 35 à 68 en comptant les épouses. À cette époque, le fondateur du magazine, Dr Hill, a suggéré que l'on donne un troisième rôle au magazine.

> Il faut noter une autre fonction du NEWS OF QUEBEC, c'est qu'il permet aux ouvriers du Seigneur de la province de passer moins de temps à voyager à la recherche de soutien financier et de prière. Cela signifie qu'ils peuvent consacrer tout leur temps à travailler sur le terrain[74].

La littérature

Parmi les autres publications qui sortaient des presses de Publications Chrétiennes au début des années 70 se trouvaient *Message de Vérité*, qui en était déjà à sa deuxième décennie d'existence, ainsi que d'autres ouvrages édités par Jean-Paul Berney, qui distribuait aussi de la littérature chrétienne à travers son Service d'orientation biblique.

> Nous entendons parfois dire que les gens ne lisent plus autant qu'avant. Cependant, quand nous regardons les librairies et les kiosques à journaux, il est évident que la page imprimée tient encore un rôle de premier plan en tant que moyen de communication. L'imprimerie qui imprime le *News of Quebec* imprime aussi, six fois dans l'année, une publication appelée *Message de Vérité*. Depuis 1964, je suis responsable de la rédaction de cette publication. Bien que nous utilisions parfois des articles tirés de magazines publiés en Europe et que nous ayons occasionnellement la contribution d'écrivains québécois, c'est moi qui écris la plus grande partie de cette publication. Il me faut trouver des illustrations adaptées et la mise en page fait aussi partie de mon travail...
>
> La grande ouverture à l'Évangile que l'on connaît présentement au Québec est aussi une opportunité pour de nombreuses sectes. Les soi-disant Témoins de Jéhovah sont connus ici depuis des années. Plus récemment, les mormons, les disciples du bahaïsme ou ceux de H. W. Armstrong et d'autres ont été particulièrement actifs. Les catholiques déçus sont une cible facile pour ces mouvements

sectaires. Nous avons vu des gens qui étaient sur la bonne voie et même certains qui se proclamaient chrétiens se faire prendre dans de telles erreurs. Cela doit être un avertissement et un défi pour nous chrétiens, nous incitant à rester ancrés dans la Vérité et pour nos prédicateurs à présenter la Parole de Dieu afin qu'elle saisisse l'esprit de ceux qui l'écoutent et qu'elle touche leur cœur. La littérature apologétique est donc une nécessité pour enseigner la Vérité et réfuter les erreurs...

La plupart de nos assemblées francophones au Québec sont à des kilomètres les unes des autres et les groupes locaux se retrouvent souvent avec peu de dons spirituels. Le chrétien qui souhaite acquérir de meilleures connaissances sur la Bible est heureux de recevoir des conseils concernant les livres disponibles. Les moyens financiers et les temps libres sont souvent limités ; de ce fait, les lecteurs potentiels sont contents de pouvoir être conseillés quant aux livres qui pourraient les aider. Parfois les gens sont face à un problème particulier, personnel ou doctrinal, alors notre rôle n'est pas seulement de vendre des livres, mais aussi de suggérer les lectures les plus intéressantes pour chaque cas particulier. Un commentaire biblique trop compliqué peut décourager un jeune chrétien alors que le bon livre lui ouvrira les yeux sur les Écritures. Bien sûr, notre but est de faire connaître et aimer le Seigneur Jésus-Christ et la Parole de Dieu comme première solution à tous les problèmes.

Depuis vingt ans, j'importe des bibles et des livres chrétiens francophones de l'Europe. Il ne s'agit pas d'une entreprise à but lucratif, mais d'un ministère chrétien, pour les chrétiens. Notre devise est « le meilleur livre au meilleur prix ». La plus grande partie de notre travail se fait par la poste et parfois nous recevons des lettres encourageantes[75].

Il ne s'agit que d'une petite partie des nombreuses publications qui sortaient des presses de Publications Chrétiennes à Cap-de-la-Madeleine. En 1969, en plus de Norman Buchanan, l'équipe se composait de neuf personnes, dont deux ouvriers à temps plein récemment recommandés.

Marjorie Robbins est arrivée en octobre 1965, Ronald Edgecombe est venu deux ans plus tard. Ils avaient tous deux été recommandés par leur assemblée respective, l'une par la Charlottetown Bible Chapel sur l'Ile-du-Prince-Édouard et l'autre par trois assemblées de la Colombie-Britannique. Ils étaient venus des deux extrémités du pays. Manifestement, les besoins pour l'œuvre se faisaient connaître à travers tout le Canada par l'intermédiaire de *News of Quebec*, ainsi que par d'autres moyens, et le Seigneur envoyait des ouvriers. Voici le témoignage de Marj Robbins sur la manière dont le Seigneur l'a conduite au Québec et à Publications Chrétiennes où elle a servi pendant cinq ans.

> En janvier 1965, sans raison apparente ni aucune influence extérieure, si ce n'est l'intérêt de mon assemblée locale, j'ai commencé à avoir un fardeau pour le Québec. À la fin du mois d'août, un ami qui avait passé l'été au Québec m'a ramené une lettre de M. Buchanan de Publications Chrétiennes, à Cap-de-la-Madeleine, qui disait quelque chose comme ceci : « Steve m'a dit que vous aviez une certaine expérience en composition… ; ma secrétaire va bientôt partir… Si vous êtes intéressée, je vous prie de m'écrire pour m'en faire part. »
>
> Intéressée ? Je l'étais vraiment ! Mais j'ai immédiatement pensé (à cause de certains obstacles) : « Je ne pourrai jamais y aller. » Après beaucoup de prières et le sentiment constant que Dieu me dirigeait vers Cap-de-la-Madeleine, Dieu a levé tous les obstacles et j'ai pu partir à la fin du mois d'octobre[76].
>
> Le travail de Marj à Publications Chrétiennes a été grandement apprécié, mais après avoir travaillé ici pendant cinq ans, elle s'est sentie appelée à partir pour aller à l'Institut biblique Béthel, où, là encore, sa contribution a été très appréciée[77].

La littérature évangélique au sein de laquelle, comme nous l'avons vu, Publications Chrétiennes tenait un rôle clé, a continué à être, au cours de cette période, une part importante de l'activité d'évangélisation de nos assemblées. Le porte-à-porte et les cours bibliques par correspondance n'étaient que deux des voies par lesquelles cela se faisait.

Parmi ceux qui se sont expressément consacrés à la distribution de littérature chrétienne de porte en porte se trouve Blanche Durocher dont voici le témoignage, publié en 1978, suivi des commentaires de l'éditeur et de l'annonce de son décès à l'âge de soixante-douze ans.

Quelques années avant ma conversion, je faisais partie de « La jeunesse ouvrière catholique ». Mon travail était d'aller de porte en porte pour distribuer de la littérature et encourager les jeunes gens à rester fidèles à leur religion. Après avoir été sauvée, Dieu m'a appelée à consacrer mon temps à son service comme je l'avais fait auparavant au service de la religion, et deux ans plus tard, j'ai répondu à son appel pour la mission.

Plusieurs chrétiens m'ont aidé à trouver ce chemin que le Seigneur avait tracé pour moi et j'ai entendu sa voix à travers le verset 23 du chapitre 14 de l'Évangile selon Luc : « Va dans les chemins et le long des haies, et ceux que tu trouveras, contrains-les d'entrer, afin que ma maison soit remplie. »

Depuis douze ans maintenant, je fais donc ce travail de porte-à-porte et de visite, et cela est une réelle bénédiction pour moi.

Elle a commencé son œuvre, continue l'éditeur, dans la région de Trois-Rivières et de Cap-de-la-Madeleine. Lorsque la chapelle de la rue Belvédère à Québec a ouvert en 1955, Mlle Durocher a été encouragée à exercer son appel dans la capitale provinciale. Après plusieurs années de service à cet endroit, elle a été invitée à venir à Sherbrooke où elle a continué son ministère de porte-à-porte et de visites.

À l'automne 1976, elle a précisé à l'éditeur qu'il ne devrait plus mentionner son nom dans la liste des ouvriers publiée dans le *News of Quebec* puisque, surtout l'hiver, elle n'arrivait plus aller de porte en porte et à grimper les longs escaliers extérieurs qui étaient typiques des vieux quartiers de la plupart des villes du Québec. Cependant, lorsque la météo et ses forces le lui permettaient, elle continuait à faire ce qu'elle pouvait[78].

Les cours bibliques par correspondance étaient toujours un apport important à tous les efforts d'évangélisation. Ceux qui étaient écrits et produits par des assemblées de Frères sont mentionnés pour la première fois dans le magazine en 1952.

La Emmaus Bible School, à Toronto et à Chicago, produit depuis des années d'excellents cours bibliques par correspondance.

> Les cours « Ce que la Bible enseigne », préparés principalement pour les non-croyants et les personnes très jeunes dans la foi, et « Vérités premières », conçus pour les jeunes croyants, sont déjà disponibles en français et ont été de réelles bénédictions pour certains de nos jeunes francophones. Nous aimerions les voir circuler beaucoup plus largement et cela donnera une bonne raison d'en traduire de nouveaux[79].

L'École biblique Béthel à Lennoxville a été pendant des années le centre d'où se faisaient la distribution et la correction de ces cours. Cela a été vrai dès le début de la Croisade Chaque Foyer au début des années 60 ainsi que pour le travail de suivi des Sermons de la science à la fin de cette décennie. À cette époque, un grand nombre de cours avaient été traduits en français grâce aux efforts combinés de Trifon Kaliojoglou en France et d'autres ouvriers d'assemblées françaises en relation avec des membres du personnel de Béthel de Sherbrooke tels que Walter Angst et Charlotte Dancy. En 1972, pour les rendre encore plus efficaces, ces enseignements ont été enregistrés sur cassette par Richard Strout, qui s'était joint récemment à l'équipe de Béthel. Il fait le rapport suivant.

> Nous allons aussi développer un nouvel outil d'enseignement pour le Canada français à travers des enregistrements sur cassette. Depuis des années maintenant, nous, les anglophones, avons été bénis et profondément enrichis par de tels enregistrements. Pourquoi les chrétiens francophones ne pourraient-ils pas avoir accès à une telle ressource dans leur propre langue ?
>
> Il y a plusieurs mois, Workers' Together de Wheaton, Illinois, nous a donné les fonds nécessaires pour acheter l'équipement servant à faire les enregistrements sur cassette. Les cours donnés à Béthel sont enregistrés ainsi que les messages donnés dans l'assemblée francophone locale. Les formations données durant les conférences concernant l'école du dimanche, les camps chrétiens ou autres, qui ont lieu tout au long de l'année, sont aussi enregistrées. Nous envisageons aussi la préparation de cours magistraux spécifiques en français pour accompagner les cours par correspondance Emmaüs qui sont très demandés dans la province. À mesure que ces cassettes sont éditées et dupliquées, nous les mettons dans une bibliothèque

de prêt gratuit, elles sont envoyées à qui en fait la demande. Les chrétiens isolés qui ont besoin de nourriture spirituelle, les jeunes gens qui désirent étudier la Parole de Dieu chez eux, les assemblées et les églises de la province qui cherchent de l'aide pour mener leur école du dimanche, et de nombreux autres utilisateurs sont envisagés. Nous nous attendons au Seigneur pour qu'il continue à nous bénir et à pourvoir aux besoins de ce ministère[80].

Béthel a continué à s'investir dans ce ministère de cours par correspondance ; cependant, le principal centre opérationnel a été déplacé à Direction chrétienne à Montréal comme le montrent les extraits suivants tirés du magazine en 1976 et 1978, le second ayant été écrit par Donald Cox. Le centre retournera plus tard à Béthel.

> Glad Tidings Crusaders et Christian Direction Incorporated ont récemment abouti à un accord selon lequel les cours bibliques par correspondance seront offerts à tous ceux qui sont intéressés. Le suivi de ces cours sera assuré par Christian Direction Incorporated, qui sera aussi responsable des suivis à venir[81].

> Nous sommes responsables des cours de Christian Direction, dont ceux d'Emmaüs pour la Gaspésie[82].

Une nouvelle série de cours par correspondance avait alors fait son apparition sur la scène québécoise. Jack et Grace Curl Kimpel, qui étaient arrivés dans la province en 1969, ont lancé les cours du Mailbox Club (Parole par poste) vers 1974. C'est à cette époque que M. Kimbel a écrit :

> Nous avons découvert un nouveau moyen d'entrer dans les foyers avec un ministère d'enseignement personnalisé en utilisant des cours bibliques par correspondance. Depuis le début de l'année, j'ai donné ou vendu neuf différents cours bibliques par correspondance en français, pour adulte et pour enfant. Grace Curl, ma femme, s'occupe d'une autre série de cours en anglais. À travers la distribution de ces cours et leur correction, nous avons pu soutenir des croyants dans les assemblées de Sainte-Foy, Montmagny et Girardville et toucher des foyers isolés parmi les Français de la Gaspésie et les Anglais des Cantons-de-l'Est[83].

Publications Chrétiennes

Parlons à nouveau de Publications Chrétiennes. Au début de cette période pendant laquelle l'œuvre du Seigneur avançait à grands pas, Publications Chrétiennes était déjà bien établi et avait des objectifs bien définis.

> Publications Chrétiennes est la branche « littérature » des Frères de la province de Québec. Cela a commencé en 1957 dans un petit coin du sous-sol de la chapelle de Cap-de-la-Madeleine avec pour seul moteur la conviction que la littérature chrétienne devrait jouer un rôle plus important dans la diffusion de l'Évangile, et cela n'a fait que croître depuis. Nous avons aujourd'hui une équipe à temps plein composée de douze personnes et un local d'imprimerie de 470 m² qui nous appartient et qui est équipé de tout ce qui nous est nécessaire, de la mise en page des textes jusqu'à leur finition et leur envoi.
>
> Nous avons plusieurs objectifs. 1. Encourager l'utilisation d'une bonne littérature chrétienne qui soit digne du message qu'elle porte. 2. Publier certains périodiques, livres et livrets pour l'œuvre de Dieu au Québec. 3. Lancer et/ou coordonner différents projets littéraires et de distributions de masses. Vous vous rappelez sûrement avoir lu dans ce magazine des informations concernant la Croisade Chaque Foyer et d'autres projets. 4. Proposer un service d'impression aux évangéliques du Québec et d'ailleurs[84].

En 1976, Publications Chrétiennes éprouvait encore une fois de sérieuses difficultés de croissance et se demandait ce que le Seigneur leur réservait. Ils n'ont pas eu à attendre très longtemps.

> Nous croyons que le Seigneur nous demande de continuer à grandir selon les besoins en matière de littérature chrétienne… Et il est évident que cela vient de lui.
>
> Depuis plusieurs années, nous attendions l'occasion d'acheter le terrain qui jouxte le nôtre du côté nord pour pouvoir agrandir nos locaux. En décembre dernier, nous avons été surpris, mais heureux de constater que ce terrain ainsi qu'un autre à l'est de notre bâtiment ont été mis en vente à un prix raisonnable. C'était le signe que nous attendions pour avancer.

Les choses ont commencé à se mettre en place. Nous avons réfléchi à nos besoins particuliers : de l'espace pour nos machines de reliure et de finition ; de l'espace pour notre service d'envois postaux et d'opérations manuelles ; un espace pour stocker les publications, pour le papier, pour les travaux en cours ; un espace de bureau ; de l'espace, de l'espace, de l'espace... La réponse était forcément un grand bâtiment et, choisissant l'option la plus économique, nous nous entendons pour une construction de 22 m x 25 m. Puis nous avons dû dessiner les plans et obtenir les autorisations, le permis de construire et des ouvriers pour le chantier. Il était clair pour nous que le Seigneur nous accompagnait à chaque étape...

Bien sûr, l'avenir est dans les mains du Seigneur. Mais si l'on se fie à la manière dont les choses avancent aujourd'hui, nous pouvons anticiper que notre croissance va se poursuivre.

Ce qui a commencé il y a quelques années avec la publication occasionnelle d'un livret pour les chrétiens s'est maintenant élargi et porte le nom d'« Éditions Impact ». Nous avons plusieurs livres de poche qui sont distribués à grande échelle à travers des réseaux commerciaux. Nous avons de nombreux tracts en couleur, d'aspect très moderne, dont certains sont tellement demandés que nous avons du mal à les garder en stock. Notre calendrier biblique en couleur orne des milliers de foyers dans tout le Canada français. Par ailleurs, nous sommes encouragés par les demandes croissantes de nos ouvrages venant d'autres pays francophones. Alors il ne fait aucun doute que notre ministère de publication est sur une voie ascendante[85].

À l'automne de cette même année, il y avait vingt-cinq employés. Voici ce qu'Arnold Reynolds a écrit :

J'ai eu récemment l'occasion de visiter Publications Chrétiennes Inc. Et j'ai vu pour la première fois la nouvelle extension de leur bâtiment qui a été construite l'été dernier. La construction est terminée, les équipements y ont été transférés tandis que la partie ancienne de la structure a été modifiée pour que le tout forme un ensemble cohérent. Chaque espace de l'édifice est utilisé et on ne peut que se demander comment ils ont réussi à fonctionner sans ce nouvel espace. L'atelier est très animé, on y produit de tout, allant de prospectus jusqu'à des éditions complètes de la bible. Presque toute la littérature chrétienne qui est utilisée au Québec dans tous les milieux vient d'ici, en plus d'une bonne quantité de publications anglophones utilisées à l'extérieur de la province[86].

L'année 1977 a été témoin d'un grand changement à Publications Chrétiennes, lorsque Norman Buchanan s'est attaqué à un nouveau défi. C'est aussi cette année-là que le mouvement ascendant s'est encore amplifié, passant de la marée haute à une marée fulgurante, en ce qui concerne le travail d'évangélisation au Québec. Voici ce que M. Buchanan a écrit :

> En avril dernier, après avoir réfléchi pendant une année et cherché la face de Dieu, j'ai accepté l'invitation du conseil de direction de l'Institut biblique Béthel à Sherbrooke à prendre le poste de président de l'école.
>
> Certains se demandent à quel point mon départ affectera l'imprimerie. La réponse semble bien être : très peu. Ce ministère ne dépend plus maintenant d'une personne, ni même d'un petit groupe. Le Seigneur a constitué une équipe d'hommes et de femmes bien formés et expérimentés dans les diverses phases de ce travail et qui sont parfaitement capables de répondre aux besoins croissants de ce ministère. Pour des raisons pratiques, ils ont déjà commencé à assumer les rôles de direction et de production et, ne passant que deux jours par semaines dans mes nouvelles fonctions, le changement se fait de façon progressive. Le comité de l'imprimerie m'a demandé de rester directeur ici jusqu'au printemps prochain pour être régulièrement disponible pour des consultations ou des formations. Ils m'ont aussi demandé de rester président du comité de l'imprimerie indéfiniment.
>
> Je vous demande de prier pour Doug Virgint et Bill Francis qui deviendront les futurs responsables de Publications Chrétiennes. Et priez pour que ce soit la sagesse de Dieu qui les conduise dans le développement de la littérature chrétienne au sein d'un Québec qui change rapidement[87].

Deux ans plus tard, un nouveau changement important s'est produit.

> La croissance de notre ministère ces dernières années nous a poussés à réfléchir à rendre cette œuvre indépendante plutôt que de rester une branche de l'Église des Frères chrétiens.

Publications Chrétiennes Inc est reconnaissant envers le Seigneur qui nous a donné un nouveau directeur général en la personne de Roderick J. Belcher, de Bethany Chapel à Verdun. Jusqu'à sa récente retraite, il était directeur des services financiers d'Air Canada. Norman Buchanan continuera de rester président du comité.

La nouvelle corporation va désormais se spécialiser dans la publication de tracts, livres et périodiques chrétiens francophones. Plutôt que de moderniser son imprimerie, ce qui coûterait très cher, l'aspect mécanique de l'impression sera confié à des imprimeries commerciales, tout en continuant son travail de mise en page, de graphisme et d'envois postaux[88].

Un tel changement ne pouvait pas se faire sans représenter un véritable défi pour ce ministère. En 1982 il a été rapporté que :

Publications Chrétiennes, à Cap-de-la-Madeleine, a subi des difficultés financières au cours de sa transition pour passer d'un ministère d'imprimerie à un ministère de publication et de distribution. Leur dette envers la banque a plafonné à 28 000 dollars, dont la banque demandait le recouvrement immédiat. Nous avons contacté de nombreux amis chrétiens, et nous pouvons glorifier Dieu puisque ce besoin a été comblé. Les machines d'imprimerie et les stocks de papier ont été vendus, mais le bâtiment, dont nous n'avons plus besoin, nous reste sur les bras. Une fois celui-ci vendu, cela couvrira le reste des dettes. En ces temps de dépression économique, il n'a pas encore été possible de vendre le bâtiment. Nous demandons à ceux qui le veulent de bien vouloir prier pour qu'il puisse être vendu à un prix raisonnable[89].

Aide olympique

Les raisons des difficultés financières de Publications Chrétiennes remontaient à 1976, année où le Québec a accueilli les Jeux olympiques d'été. Cela est expliqué dans une note éditoriale qui a été publiée dans le magazine l'année suivante.

Puisque tous leurs clients sont des églises ou des organisations chrétiennes, la marge de profit a toujours été gardée la plus basse possible. Mais jusqu'à maintenant, il y avait tout de même chaque année un petit profit.

L'année dernière, nous avons eu les Jeux olympiques et les commandes de littérature chrétienne ont été nombreuses et comportaient de grandes quantités. Pour gérer cette augmentation de la production, de nouvelles personnes inexpérimentées ont dû être embauchées et des locaux ont été loués dans un autre bâtiment ce qui a demandé une logistique supplémentaire importante.

Ces deux conditions ont considérablement fait augmenter le coût de la production. À cela, il faut ajouter une grève dans l'une des usines de papier qui aurait dû fournir le papier pour une grosse commande et les complications s'en sont suivies puisque le matériel a dû être trouvé ailleurs, ce qui a largement augmenté les coûts de production.

Ces situations ont causé des pertes bien plus grandes que ce qu'on avait pensé avant que soient réalisés les bilans comptables de la fin d'année[90].

Publications Chrétiennes n'était qu'un des nombreux ministères évangéliques qui se sont associés sous le nom d'Aide olympique pour apporter l'Évangile aux sportifs aussi bien qu'aux spectateurs de ces Jeux olympiques de Montréal.

Environ cinquante organisations et dénominations ont défini leur but à travers Aide olympique en ces termes : – Exprimer au monde l'amour et l'unité de ceux qui reconnaissent la seigneurie de Jésus-Christ ; – Rendre disponibles les nombreuses ressources des églises chrétiennes sans avoir à en créer de nouvelles pour répondre à tous ces groupes à la recherche de conseils ou de soutien.

Parmi ces groupes on comptait des organisations telles que : Athlètes en action, l'Association pour l'évangélisation de Billy Graham, Campus pour le Christ, La Société canadienne de la Bible, Canadian Home Bible League, Direction chrétienne, Publications Chrétiennes, Inter-Varsity Christian Fellowship, Groupes bibliques universitaires, Literature Crusades, Moody Bible Institute, Ontario Bible College, Opération espérance (une association d'églises canadiennes-françaises évangéliques qui inclut certaines assemblées locales de Frères), Scripture Gift Mission, Vision Mondiale, Jeunesse pour Christ et Jeunesse en Mission[91].

Comme le rapporte le magazine, de nombreux ouvriers issus de nos assemblées ont participé à cette campagne d'évangélisation massive, la seule de ce genre au cours de cette période de marée haute de notre histoire. Certains de ces ouvriers sont venus de l'extérieur de la province. Literature Crusades, venu de Prospect Heights en Illinois, avait déjà une équipe au Québec deux ans avant les évènements planifiant leur implication dans la campagne d'évangélisation.

L'équipe prévoit de rester dans la province jusqu'à l'été 1976, où ils se déplaceront à Montréal pour participer à une croisade spécialement organisée entre le 16 juillet et le 1er août 1976 pendant les Jeux olympiques.

À ce moment-là, nous espérons qu'une deuxième équipe sera aussi présente au Québec, non seulement pour participer à la Croisade olympique, mais aussi pour rester l'année suivante et assurer le suivi après la grande campagne d'évangélisation.

Nous envisageons que cette seconde équipe commence sa formation à Prospect Heights le 8 septembre 1975 et qu'elle arrive au Québec en mars 1976[92].

D'autres participants étaient issus des assemblées de la province.

L'ouverture à l'Évangile, et bien souvent à recevoir le Seigneur Jésus, était évidente pour beaucoup de nos assemblées francophones l'été dernier. Cela a aussi été clairement perçu par ceux qui ont pris part aux efforts d'évangélisation spécialement mis en place pendant les Jeux olympiques. Les ouvriers de nos assemblées s'intéressaient particulièrement à quatre domaines majeurs pendant cette période. Une équipe de Literature Crusades a passé l'été à distribuer dans Montréal et ses alentours de la littérature chrétienne. Robert et Carolyn Thrall ainsi que Della Davey ont participé à un « Pentathlon pour Enfants » organisé par la Ebenezer Gospel Chapel de Montréal pendant les Jeux olympiques. Fernand Saint-Louis, Leslie Muirhead et moi (Arnold Reynolds), avec de nombreux autres chrétiens canadiens-français, avons aidé avec le projet Sermons de la science, commandité par le Moody Bible Institute dans un théâtre du centre-ville de Montréal pendant les Jeux. Dr Peter Foggin, Serge Lafrance et d'autres ont participé à diverses autres formes d'œuvres d'évangélisation sous l'égide d'« Aide olympique ». Cela fut un été rempli de merveilleuses opportunités de semer de bonnes graines et de récolter aussi des fruits du travail précédent ; la prochaine récolte est encore à venir[93].

Et tout cela s'est bien réalisé, comme nous l'avons vu précédemment, surtout dans les paragraphes qui parlent de la période de marée haute dans le travail d'évangélisation au Québec. En effet, en 1979, les pages du magazine rapportaient « une croissance tout à fait substantielle de la véritable Église au Québec » au cours des années 70.

Il y a aujourd'hui environ 200 rassemblements évangéliques francophones au Québec. Plusieurs d'entre elles sont petites, certains ne comptent que trois ou quatre familles, mais d'autres sont beaucoup plus grandes allant jusqu'à 200 ou 300 membres, voire plus. Cela ne paraitrait pas déraisonnable de penser qu'il y a en moyenne 50 membres par congrégation. Cela voudrait dire qu'il pourrait y avoir environ 10 000 chrétiens nés de nouveau au sein des églises évangéliques francophones du Québec.

À ce chiffre s'ajoute un nombre grandissant de catholiques qui sont sans aucun doute eux aussi nés de nouveau. Il ne semble pas y avoir de moyens sûrs d'estimer leur nombre. Ceux qui gèrent les émissions de radio et de télé évangéliques, et les cours bibliques par correspondance entendent souvent des retours de la part de personnes qui sont encore dans l'Église catholique, mais qui témoignent très clairement de leur foi en Jésus seul comme Sauveur et du changement que cela a apporté dans leur vie depuis qu'ils lui font confiance. Plusieurs d'entre eux sont des religieuses ou des membres masculins d'ordres religieux. Ils réalisent qu'ils ont de nombreuses opportunités de servir Dieu et les hommes à travers leur vocation, mais leur foi est en Christ et son sacrifice et pas dans leurs propres bonnes œuvres. D'autres sont des laïques qui vivent dans des endroits où il n'y a aucune église évangélique. D'autres encore ont rencontré Christ en lisant une bible ou un Nouveau Testament distribués par des organisations catholiques romaines. Il est établi qu'aujourd'hui il y a plus d'exemplaires de la Parole de Dieu qui sont distribués au Québec par les catholiques que par des organisations protestantes.

Nous n'avons aucun moyen de savoir, ou même de deviner combien de ces catholiques nés de nouveau existent, mais il pourrait y en avoir jusqu'à quelques milliers[94].

Partie 3

MARÉE DESCENDANTE ET ACCALMIE
1983 – 2010

QUELQUES ÉLÉMENTS DÉCLENCHEURS

Issu du livre *L'Identité des protestants francophones au Québec : 1834-1997*, publié en 1998 sous la direction de Denis Remon, Ph.D., un phénomène clé de cette période de l'histoire[1] résonne dans les mots de feu Éric Wingender, un autre intellectuel évangélique. Dans l'une de ses conférences à laquelle l'auteur a eu le grand privilège d'assister, M. Wingender expliquait que « certaines statistiques nous donnent à penser que, dans l'ensemble, l'Église évangélique francophone du Québec a un effectif plus ou moins stationnaire depuis plus d'une dizaine d'années ». Cela se vérifiait dans nos assemblées ; d'où le titre donné à cette troisième et dernière période dans notre effort de retracer l'histoire des Frères chrétiens au Canada français.

La preuve que ce déclin n'est pas passé inaperçu aux yeux des responsables de nos assemblées, l'éditorial suivant a été publié dans le premier numéro du *News of Quebec* de 1992.

> Depuis environ six ans, nous remarquons que la marée montante s'est arrêtée pour se stabiliser et, dans certains cas, se changer en marée descendante. Cela peut correspondre à une tendance générale au Canada où la fréquentation des églises entre 1985 et 1990 a diminué de 3 %. Au Québec, ce chiffre est doublé, ce qui provoque une vive préoccupation chez les ouvriers à travers toute la province. Quoi qu'il en soit, ici nous ne nous attaquons qu'aux symptômes et non aux causes.
>
> Nous comptons actuellement parmi l'ensemble des activités évangéliques au Québec, entre 30 000 et 35 000 croyants assidus à

l'une ou l'autre des 350 églises francophones dispersées à travers la province. Il y a donc un peu plus de 0,6 % de la population du Québec – qui comprend 6,5 millions d'âmes – dans le giron évangélique. Rien de très impressionnant, c'est le moins qu'on puisse dire. D'ailleurs, le Québec se vante d'avoir moins de chrétiens en pourcentage de sa population que la Russie moderne. Il reste manifestement beaucoup de travail à faire pour Christ ici.

Nos cinquante assemblées, ou églises locales, représentent environ un septième de toutes les œuvres évangéliques de la province. Toutefois, il n'existe aucun chiffre fiable concernant la fréquentation de nos lieux de culte. D'importantes dénominations travaillent parmi les Canadiens français, lesquelles ont une assistance qui dépasse celle de nos assemblées. Parmi elles se trouvent, par ordre d'importance numérique, les assemblées pentecôtistes du Canada et les églises baptistes évangéliques de l'Association[2].

Déjà en 1999 on rappelait aux lecteurs du magazine que « le pourcentage de croyants au Québec est l'un des plus bas du monde. Et la situation ne s'améliore pas alors que des assemblées disparaissent et que le nombre d'ouvriers diminue[3] ».

Dans le cadre de cette période de marée descendante, il y a plusieurs phénomènes sur lesquels nous voulons nous pencher. Comme indiqué précédemment, l'un de ces phénomènes est l'apparition et la disparition d'assemblées locales, ces deux aspects ayant été très présents durant cette période. Par exemple, dans les deux décennies entre 1989-1990 – où le nombre le plus élevé d'assemblées locales a été enregistré – et 2010, date terminale de cette histoire, les Frères ont perdu onze assemblées locales tout en en créant que cinq nouvelles. D'autres caractéristiques ont été les nouvelles initiatives prises pour répondre aux inquiétudes croissantes au sein des églises, le développement de nouvelles méthodes d'évangélisation pour s'adapter à l'époque et la très importante transition d'un leadership anglophone vers un leadership francophone accompagnée par la mort de nombreux ouvriers vétérans.

Durant cette période et les années qui y ont mené, les ouvriers qui, étant encore actifs dans l'œuvre, sont « morts en service » incluent Robert Hostetler (1980), Charles-Eugène Bouliane (1984),

D^r et Mme Arthur Hill (1991/2001), Cyril Shontoff (1994), Della et Vincent Davey (1994/1995), Norman et Marion Buchanan (1996/2011), Sam Coppieters (2000), Howard Forbes (2003), Arnold et Janet Reynolds (2004/2010), Roland Lacombe (2005), Joseph Tremblay (2006), Églantine et Jean-Paul Berney (2010/2011). Quelques autres avaient pris leur retraite ou avaient quitté la région avant de décéder. « La vieille garde » diminuait bien vite.

Parmi les ouvriers de la première heure, qui étaient arrivés avant 1967 et qui étaient encore à l'œuvre en 2010, se trouvaient Roy et Evelyn Buttery, Donald et Beth Cox, Gaston et Margot Jolin, Fernand et Yolande Saint-Louis ainsi que Ida Coppieters et Jessie Tremblay, dont les maris sont décédés pendant cette période.

Avant de nous pencher sur les autres phénomènes importants, il nous faut dire un mot sur les différentes facettes de l'œuvre que nous avons déjà examinées et qui ont continué leur évolution au cours de cette nouvelle période.

La Corporation

Comme il a déjà été mentionné, en 1942, nos assemblées se sont réunies sous le statut de corps religieux dûment reconnu dans la province du Québec en se constituant en corporation du nom de l'« Église des Frères chrétiens dans la province du Québec ». En 1980, Norman Buchanan en est devenu le secrétaire général, remplaçant Arnold Reynolds qui avait occupé ce poste pendant onze ans. Le frère Buchanan a gardé cette responsabilité jusqu'en mai 1996. Comme nous pouvons le constater dans les extraits suivants du *News of Quebec* de 2006, pendant le mandat de Norman, le gouvernement du Québec a complètement changé les lois concernant le mariage et le divorce, ainsi que l'enregistrement des actes d'état civil.

> Le premier janvier 1994, le Code civil du Bas-Canada (adopté en 1866) a été remplacé par le Code civil du Québec. Depuis cette date, les églises du Québec ne sont plus autorisées à garder des registres d'état civil ou à produire des extraits de ces registres. Elles n'enregistrent plus les naissances ni les décès. Bien que les règles régissant la célébration des mariages aient également changé,

les églises sont encore responsables de célébrer les mariages et de remplir les formulaires nécessaires en lien avec le gouvernement. Pour pouvoir s'acquitter de cette tâche, le célébrant doit obtenir une autorisation. Celle-ci est négociée par la Corporation en collaboration avec le gouvernement.

Tous ces changements rendent nécessaire la mise en place de nouvelles révisions concernant le Mémorandum. La dernière version officielle est parue en 1999 et a été modifiée depuis, puisque de nouvelles lois et de nouveaux contextes sont apparus. Une nouvelle version officielle, la septième depuis son lancement, doit paraître en format PDF avant la fin de l'année en cours.

La Corporation limite ses responsabilités essentiellement aux questions d'ordre civil qui, en plus d'obtenir les autorisations pour célébrer des mariages, incluent des informations pour les membres des assemblées concernant les déductions d'impôts pour les personnes du clergé, les exemptions d'impôts pour les bâtiments religieux, les bons formulaires à utiliser à des fins de délivrance de reçus et lors de rapports de fin d'année pour le gouvernement, etc. Elle n'existe que pour servir les assemblées qui y sont affiliées et jamais en tant que hiérarchie à laquelle devraient se soumettre ces dernières. Chaque assemblée affiliée a sur elle-même une autorité complète et définitive, en ce qui concerne l'admission de membres, l'ordre et la discipline dans tout ce qu'elle a à gérer.

Cependant, sachant que la Corporation, de par son existence même, représente pour le gouvernent et le public, un ensemble de croyances et de pratiques religieuses qui identifient chacun de ses membres, et sachant que les croyances et pratiques de chaque assemblée qui en fait partie sont vues par les personnes extérieures comme étant les croyances et les pratiques de toutes les assemblées, membres de la Corporation, ces assemblées (par souci de préserver leur témoignage collectif) peuvent exprimer à la Corporation leur désaccord concernant une déviation, ou la tolérance d'une déviation survenue dans une autre assemblée affiliée, dans le domaine des mœurs ou de comportements qu'ils estiment non bibliques. L'autonomie et l'interdépendance sont liées.

Une réunion générale des membres de la Corporation se tient chaque année le second samedi de mai. Les frères et les sœurs des assemblées affiliées se réunissent pour gérer les affaires courantes, ratifier les décisions du comité exécutif, recevoir le rapport financier, etc. Le comité exécutif est composé de neuf votants et de membres associés, dont le nombre varie, qui sont sélectionnés par les assemblées affiliées. Ce comité se retrouve deux fois par an, en mai et en décembre.

Au cours des années, la Corporation a servi de puissance unificatrice parmi les assemblées de Frères de la province. Nous espérons qu'elle continuera à le faire à l'avenir, alors qu'elle cherche à servir cette partie du corps de Christ[4].

En 1999, Richard Strout est devenu secrétaire général, position qu'il a occupée pendant quinze ans. En 2000, le nom de la Corporation a changé pour devenir : Les églises de Frères chrétiens du Québec (Christian Brethren Churches in Quebec), représentant 51 assemblées affiliées dont 39 étaient francophones. Il faut noter que toutes les assemblées n'ont pas fait le choix de s'affilier à la Corporation.

La description suivante de la Corporation et de son rôle a été réfléchie pendant plusieurs années, retranscrite dans le document appelé « Qui nous sommes » et approuvée lors de la réunion annuelle de 2011 :

> *Les églises de Frères chrétiens du Québec* est une corporation légalement constituée en 1942, qui dessert une famille d'églises évangéliques à travers la province. Cette Corporation a été constituée afin de donner un statut légal à plusieurs assemblées chrétiennes qui reconnaissent le Seigneur Jésus-Christ comme leur Chef et qui se rassemblent selon ce que nous considérons être les principes du Nouveau Testament.
>
> Les assemblées desservies souscrivent à une même confession de foi et choisissent à dessein un modèle néotestamentaire pour la conduite de leurs activités. Elles sont dirigées par une pluralité d'anciens, de frères tous égaux, qui, assistés de diacres et de diaconesses, s'occupent des affaires de l'assemblée locale. Nos assemblées prônent la célébration hebdomadaire du repas du Seigneur. Nous reconnaissons que chaque chrétien, homme et femme, est un sacrificateur devant le Seigneur. Nous encourageons chaque membre à exercer ses dons, reçus du Saint-Esprit, selon les normes néotestamentaires, la direction de l'église demeurant

masculine. Notre famille d'églises reconnaît l'interdépendance de chaque assemblée, l'une envers l'autre ; toutefois, elle évite toute structure hiérarchique avec un siège social pour la direction centralisée de l'ensemble de ses activités. À la place d'une telle structure, il existe parmi nos assemblées, en plus de la Corporation, des ministères tels que News of Quebec, Conseils et services missionnaires, Conférences des anciens, responsables et ouvriers, ProFAC, Le Réseau G.R.A.C.E., etc. Ceux-ci travaillent en complémentarité pour faire avancer les différents aspects communs de notre vie et de notre témoignage.

Ces paragraphes servent de déclaration d'identité de la Corporation et des églises qu'elle dessert, et se veulent un résumé des traits distinctifs et fondamentaux qui, de façon générale, nous caractérisent.

Les services sociaux

Parmi les responsabilités de la Corporation se trouvait la supervision des deux maisons de retraite dont nous avons parlé précédemment. Depuis leur création, elles avaient toujours fonctionné sous l'égide des églises de Frères chrétiens du Québec[5]. En 1999, les maisons de retraite sont passées sous la juridiction du Massawippi Christian Retirement Homes, une corporation constituée en respect des lois de la province. Plusieurs des membres de nos assemblées ont continué à faire partie du comité de direction, dont l'auteur, qui s'est retiré après quelques années pour être remplacé par Roy Buttery.

Un deuxième établissement de retraite, le Domaine Béthesda, a eu des débuts prometteurs à Sherbrooke au milieu des années 80. Imaginé par Catherine Bard, veuve de Dr Sheldon Bard, il a été affiché comme « une maison de retraite pour Canadiens français[6] ». Deux couples de jeunes parents, qui étudiaient à l'Institut biblique Béthel ont été, l'un après l'autre, les administrateurs de cette maison de retraite. Réjean et Danielle Joly ont commencé en 1983, ils ont été suivis en 1986 par Pierre et Claudette Pellerin. Ces deux couples ont été recommandés comme ouvriers à temps plein au sein de nos assemblées. Par la suite, le Domaine Béthesda est devenu un foyer pour femmes en difficultés et n'est plus sous notre responsabilité.

L'éducation

Dans le domaine de l'éducation, les changements ont été continus tout au long de cette période. Un résumé sur le sujet a été publié par l'éditeur du *News of Quebec* dans le premier numéro de 2010.

La question de l'éducation de nos enfants dans un système scolaire séculier, sous contrôle de l'État et marqué par une pluralité des valeurs, est centrale parmi les préoccupations auxquelles fait face l'Église au Québec aujourd'hui. Cela est vrai pour tous nos enfants, quelle que soit leur langue ou leur culture, anglophone ou francophone. Le peuple de Dieu doit se mettre à prier avec intelligence à ce sujet...

L'éducation est maintenant le domaine exclusif de l'État ; cependant, des dispositions ont été prises concernant l'enseignement religieux dans le système public, les catholiques comme les protestants ayant leur mot à dire dans ce processus. Le « Protestant Partnership in Education » a été la voix de ce dernier groupe. Les enfants ont maintenant le choix entre trois possibilités en ce qui a trait à l'enseignement religieux ou moral : catholique, protestant ou bien une option supposément neutre de développement moral et religieux. Une pénurie d'enseignants pour ces cours a donné aux évangéliques une opportunité de s'impliquer. Direction chrétienne, basé à Montréal, a été un leader dans la préparation d'instructeurs, de matériel didactique et le placement de ces instructeurs, appelés animateurs, dans les écoles de la province.

Tout cela a cependant pris fin à l'automne 2008, quand le gouvernement a introduit son nouveau programme d'études, attendu depuis longtemps, le rendant obligatoire pour tous les élèves du primaire et du secondaire. Les enseignants, qu'ils soient évangéliques ou autres, sont obligés par la loi de suivre le programme, ne cherchant en aucune manière à favoriser quelque orientation religieuse que ce soit. Ce nouveau programme Éthique et culture religieuse (ECR), fait au nom de la tolérance, place toutes les religions sur un pied d'égalité. Les enfants doivent participer à des activités religieuses, comme le yoga, pour mieux comprendre les autres religions. Bien que la foi chrétienne ait soi-disant droit à une place plus importante, le protestantisme et les évangéliques ne s'en sortent pas très bien.

Deux organisations majeures exercent une pression sur le gouvernement québécois pour que cela change. La toute récente Coalition pour la liberté dans l'éducation (CLÉ) est un regroupement de catholiques et de protestants qui, en plus du dialogue, utilise des techniques de pression comme des manifestations publiques. Le Protestant Partnership in Education, qui collabore depuis longtemps avec le gouvernement, favorise le dialogue. Les églises de Frères chrétiens du Québec, c'est-à-dire la Corporation, est un membre actif de ce dernier groupe.

En plus de ses activités en tant que membre de longue date du Protestant Partnership, depuis ses bureaux de Montréal, Direction chrétienne est impliqué dans la production de matériel didactique destiné aux parents chrétiens et aux responsables d'église. En tant que parents, nous sommes les premiers responsables de l'éducation religieuse et morale de nos enfants. Un tel matériel devrait nous aider dans cette tâche tout en contrant certains effets de ce qui est aujourd'hui enseigné dans les écoles publiques. Un certain nombre de manuels sont déjà disponibles.

Priez donc pour que la sagesse soit donnée aux croyants et aux responsables de nos églises qui, ici au Canada français, doivent faire face à la sécularisation croissante d'une société qui était pourtant chrétienne (au sens large du terme[7]), il n'y a pas si longtemps.

L'implication de leaders de nos assemblées, comme cela est noté dans le magazine, a aussi été décisive dans le domaine en plein essor de l'éducation supérieure dans la province de Québec

> L'éducation est une affaire importante et cela est particulièrement vrai dans la province de Québec. Partant du bas de l'échelle dans les années 60, le Québec, par rapport aux autres provinces, est passé devant tout le monde dans les années 80. Tout le système d'éducation, qui n'est plus sous la domination de l'Église catholique, a subi un remaniement profond. Aujourd'hui profondément sécularisé, le système modèle les cœurs, les esprits et le sens moral de nos jeunes, les menant sur le sentier moderne de l'humanisme matérialiste.
>
> Cet énorme changement est particulièrement évident dans le domaine des études postsecondaires. Quelque 500 000 jeunes hommes et femmes sont inscrits à ce jour dans les cégeps et les

universités du Québec. Un Québécois sur quatorze fréquente l'une de ces institutions. On ne peut trouver nulle part ailleurs un aussi grand champ de mission, à notre portée[8].

Groupes bibliques universitaires

En 1993, l'article suivant est paru dans le *News of Quebec*, écrit par Hélène Provost-Audet qui, avec son mari, avait récemment été recommandée à l'œuvre à temps plein parmi les étudiants des collèges et des universités par l'Assemblée chrétienne de Sherbrooke.

Qu'ont en commun les noms d'Arthur Hill, William Learoyd, Robert Reynolds, Robert Paulette, Peter Foggin et Jean-Pierre Adoul à part le fait qu'ils sont des frères issus d'assemblées chrétiennes qui laissent une empreinte durable au Québec ?

La réponse, c'est qu'ils ont chacun joué un rôle important dans la croissance du témoignage évangélique parmi les étudiants et ils ont tous participé à la création du mouvement appelé « Les groupes bibliques universitaires et collégiaux du Canada » (GBUC). Ce mouvement autonome est affilié à l'Inter-Varsity Christian Fellowship (IVCF) ainsi que l'International Fellowship of Evangelical Students (IFES).

Le GBUC est un mouvement missionnaire interdénominationnel qui mobilise les chrétiens au sein des institutions académiques francophones pour faire connaître Jésus-Christ comme Seigneur et Sauveur. Nous encourageons les étudiants, professeurs et enseignants chrétiens à se manifester sur leurs campus respectifs, s'unissant les uns aux autres pour vivre l'Évangile et parler de leur foi là où ils se trouvent, dans leur champ de mission immédiat.

Avec le changement d'atmosphère au niveau religieux au Québec qui a caractérisé le début des années 60, apparaît une nouvelle liberté de prêcher l'Évangile. Les campus sont devenus des lieux idéaux pour exercer cette liberté. Cependant, au départ, peu de gens ont semblé prêts à relever ce défi.

C'est en 1964 que Bill Learoyd, un ouvrier recommandé d'une assemblée francophone, a envoyé de la littérature aux étudiants de l'Université de Montréal. Ceux qui ont répondu ont ensuite été visités. Peter Foggin, un diplômé universitaire et ancien membre de l'IVCF, inscrit comme étudiant à l'Université de Montréal, s'est fait plusieurs amis et s'est familiarisé avec le campus. À la conférence Urbana qui a eu lieu après Noël 1964, le Canada français a été représenté pour la première fois. Une réunion, présidée par Arthur Hill (qui avait été le premier secrétaire canadien de IVCF au Canada), a été tenue pour tous ceux qui étaient intéressés par ce champ de mission où les besoins étaient nombreux. Il paraissait clair qu'un réel pas en avant était imminent.

À l'automne 1965, quatre étudiants, dont Bob Reynolds (parfaitement bilingue ; à l'époque, il était étudiant en droit à l'Université McGill), ont établi une réunion hebdomadaire le midi au centre étudiant de l'Université de Montréal.

À l'automne 1967, Joseph Tremblay, un prêtre catholique converti, a été nommé pour être évangéliste itinérant parmi les francophones au Québec. Il a été le premier québécois nommé pour œuvrer au sein du GBUC et a rempli ce rôle pendant l'année qui a suivi.

Pendant cette même période, le nouveau concept du Cégep a été introduit dans le système d'éducation au Québec. Il s'agit d'un programme de deux années qui prend place entre l'école secondaire et l'université. En 1977, le gouvernement a créé 41 de ces collèges. Aujourd'hui, il en existe 47 en fonction. Le GBUC a vite commencé à être très actif sur ces campus. Des hommes de nos assemblées comme Bob et Jim Reynolds, Jean-Pierre Adoul, Bob Hostetler, Peter Foggin et beaucoup d'autres se sont investis dans cet effort. Grâce à cela, les étudiants ont été invités à prendre part à de nombreux camps et conférences visant à faire connaître l'Évangile et à établir les bases de la vie chrétienne.

Le ministère du GBUC n'était cependant pas limité aux chrétiens de nos assemblées. Plusieurs autres personnes ont joué un rôle essentiel comme Charlie Foster, Ramez Attalah et Claude Decrevel.

Cependant, les assemblées ont grandement contribué à la croissance de ce ministère. Par exemple, le directeur Jean-Pierre Adoul (servant depuis 1987) et quatre membres de l'équipe : Richard Ouellette (1982-1991), Hélène Provost-Audet (depuis 1986), Ann Maouyo (depuis 1988), Nathalie Plourde (depuis 1989), proviennent de l'assemblée francophone de Sherbrooke.

Plusieurs jeunes familles et même certains des anciens de l'assemblée sont des fruits directs de ce ministère sur les campus.

Le GBUC voit les collèges et les universités comme des champs de mission incontournables pour la propagation de l'Évangile. [...] D'autant plus depuis que nous avons la liberté de fonctionner dans presque tous ces campus.

Nous désirons voir tous les chrétiens présents sur un campus s'unir en un seul groupe – une conviction partagée par de nombreuses assemblées chrétiennes. Si les étudiants d'une église locale particulière se retrouvent déjà ensemble sur un campus, nous incitons ceux des autres églises à se joindre à eux. Tant que les étudiants centrent leur vie sur Christ et sa Parole, et mettent de côté leurs différences secondaires, ils peuvent s'attendre à être écoutés avec respect par leurs camarades de classe.

Au bout du compte, les défis sont grands et la tâche à accomplir, énorme : au total, il y a 65 collèges et universités à couvrir. Durant ces dernières années, notre personnel s'est limité à trois personnes à temps partiel œuvrant sur 15 campus seulement. La principale raison de cette restriction est le manque de ressources financières...

Parce que les collèges et les universités sont le cœur et l'âme même du tissu professionnel, culturel et intellectuel de la société québécoise, les campus seront toujours un endroit stratégique pour y proclamer l'Évangile de Christ. Donner aux étudiants l'opportunité de lire et d'étudier la Parole ; les aider à se familiariser avec le pouvoir de transformation et de renouvellement du Saint-Esprit ; les encourager à influencer les gens qui les entourent là où ils sont ; voilà la mission et le mandat du GBUC au Québec[9] !

L'Institut biblique Béthel

L'Institut biblique Béthel vivait également des changements. En 1984, Norman Buchanan a été remplacé en tant que directeur par Dr Homer Payne, qui venait de rentrer d'un temps de mission à l'étranger avec Opération mobilisation. Sous sa direction, l'école a continué son développement vers un programme de baccalauréat de quatre ans, reconnu par l'État. Wilfred Buchanan, qui avait remplacé

Richard Strout en tant que directeur des études, a lui aussi cherché à réaliser cette vision.

Mais maintenant, les effets de l'explosion évangélique au Québec se faisaient sentir non seulement par l'augmentation du nombre de croyants et d'églises, mais aussi par la multiplication des programmes de formation de leaders, développés par de nombreuses dénominations présentes dans la province. Le programme SEMBEQ (Séminaire baptiste évangélique du Québec) des baptistes de l'Association, établi en 1973, était devenu très actif. Les frères mennonites avaient établi leur Institut biblique Laval (aujourd'hui École de Théologie évangélique de Montréal) en 1976. Il y en avait d'autres, mais ces deux-là étaient particulièrement importants du fait que le comité de direction de Béthel avait toujours inclus des leaders de ces deux dénominations. Inutile de dire que cette multiplication de programmes a forcément mené à une diminution d'inscriptions à Béthel, ce qui a engendré des difficultés financières et la nécessité d'apporter des changements majeurs en 1993.

Cette année-là, le ministère et le terrain de Béthel ont été remis à Word of Life International, un ministère interdénominationnel pour les jeunes qui est bien établi et dont le siège est situé à Schroon Lake, New York, avec une filiale canadienne suitée à Owen Sound, Ontario. Sous l'efficace direction de Ken Beach et Mark Strout, fils de l'auteur, ce ministère a continué à prospérer grâce à son nouveau programme, conçu pour répondre aux besoins de ceux et celles qui recherchent un programme d'un an leur permettant d'étudier la Bible et ce qui s'y rapporte. Les étudiants de diverses dénominations ont recommencé à fréquenter ce qui était alors connu sous le nom Parole de Vie Béthel. L'école a continué en tant qu'institution interdénominationnelle avec une forte présence des assemblées de Frères au niveau de la direction et des orientations. En 2009, Mark Strout est devenu le doyen de Word of Life Bible Institute (WOLBI) au nord de l'état de New York et a été remplacé à la direction de PDVB par Martin Jalbert.

ProFAC

En 1995, nos assemblées ont suivi le chemin déjà bien emprunté par d'autres groupes, en mettant en place son propre programme de formation pour leaders, appelé ProFAC (Programme de formation pour les assemblées chrétiennes). Avant cela, d'autres initiatives allant dans ce sens avaient été mises en place, dont celle lancée par Roy Buttery dans la région du Lac-Saint-Jean. Il en est fait mention pour la première fois dans le second numéro de *News of Quebec* de 1980.

> Les lecteurs du NEWS OF QUEBEC sont conscients de la croissance de l'Église évangélique ici ces dernières années. Cette bénédiction a été flagrante dans divers endroits où nos assemblées ont vu de nombreux jeunes adultes accepter Jésus-Christ comme Seigneur et Sauveur. Bien que ces jeunes convertis étaient tous catholiques romains, la plupart d'entre eux n'étaient pas pratiquants et ils ignoraient presque tout de la Parole. L'un de ces lieux est Chicoutimi, où une nouvelle assemblée a été créée il y a trois ans. Elle a plus que triplé de taille depuis.
>
> Pour pouvoir donner à ces jeunes croyants une base biblique solide, ainsi qu'une formation pratique pour mener diverses activités chrétiennes, Roy Buttery, qui œuvre dans cette région depuis de nombreuses années, a créé une École de formation. Les étudiants se réunissent certains samedis pour des sessions d'une journée d'étude intensive. Il y a cinq sessions durant l'automne, l'hiver et le printemps. Existant depuis trois ans, le programme attire aujourd'hui une trentaine d'étudiants qui viennent non seulement de Chicoutimi, mais aussi d'autres assemblées dans un périmètre de 320 km alentour. Les étudiants participent à hauteur de cinq dollars chacun par session pour couvrir les frais annexes du programme.
>
> Roy a engagé d'autres personnes dans ce programme pour l'aider à enseigner. Jean-Paul Berney, Wilfred Buchanan et l'éditeur ont récemment eu l'occasion de collaborer avec lui. Les enseignements vont au-delà des simples bases de la foi et couvrent de nombreux sujets qui sont étudiés dans de très bonnes écoles bibliques[10].

Il y a également eu un programme développé par un groupe de leaders de Montréal, venant des assemblées qui ont fini par se réunir sous le nom Le Réseau en octobre 1989. Nous aurons l'occasion d'en reparler plus tard. Cette œuvre d'éducation ou de formation était déjà en cours en 1982 et elle est mentionnée pour la première fois dans notre magazine l'année suivante en tant que « notre nouveau projet pour la formation de nos ouvriers, appelé PEDAC... **P**rogramme d'**E**nseignement pour le **D**éveloppement des **A**ssemblées **C**hrétiennes[11] ». Nous apprenons aussi dans cet article que « les frères Leslie Muirhead, Tom Paul et Malcolm Jones feront partie des enseignants et nous espérons que Norman Cornett pourra aussi participer ». D'autres ont collaboré à ce projet comme Bill Wolitarsky et André Marchildon. Ce programme, qui est détaillé dans les paragraphes suivants, a continué au cours des années 90.

> Après plusieurs années de croissance soutenue, certaines assemblées de Montréal font face au fait qu'il ne se trouve pas parmi eux de frères qui soient suffisamment formés pour assumer les lourdes responsabilités que représente le leadership en leur sein. En mai 1982, à la suite d'une retraite pour les ouvriers de ces assemblées, il a été décidé de mettre en place un programme systématique de formation théologique avancée qui serait assuré par une équipe de nos ouvriers.
>
> Pendant la mise en place de ce programme, l'accent a été mis sur l'idée d'encourager les étudiants à continuer de travailler au sein de leur assemblée locale tout en suivant ce programme de formation. Cela a été inspiré par le concept de TEE (Theological Education by Extension / Éducation théologique par extension) qui était né en 1962 au Guatemala et dont l'idée était d'offrir un programme décentralisé de formation théologique...
>
> À la mi-septembre 1982, les premiers cours PEDAC ont commencé avec 48 étudiants venus de sept assemblées...
>
> Nous pensons sincèrement que dans ce temps de croissance rapide, alors que le besoin d'ouvriers bien formés est plus important que jamais, PEDAC va devenir de plus en plus un outil de choix pour l'avancée des assemblées francophones au Québec et ailleurs[12].

Ensuite, c'est au milieu de cette décennie qu'est né ProFAC (Programme de formation pour les assemblées chrétiennes).

Marée descendante et accalmie

Depuis plusieurs années, des frères responsables de nombreuses assemblées de la province ont été impliqués, comme il se doit, dans le perfectionnement des saints, pour le travail du ministère et l'édification du corps de Christ.

Certains d'entre eux ont été impliqués dans l'enseignement de la Parole de Dieu dans des centres de formation tels que Béthel. D'autres ont organisé des sessions de formation les week-ends dans leurs assemblées locales alors que d'autres encore ont encouragé chacun à étudier la Parole avec des cours par correspondance. Ils ont tous en commun le désir de fortifier les croyants et de préparer les futurs leaders des assemblées locales.

Plusieurs parmi ces hommes, représentant quatre assemblées, se sont réunis pour partager leurs idées et travailler au développement d'un programme de formation qui soit accessible à toutes nos assemblées francophones à travers le Québec.

Croyant que Dieu les conduisait et que l'heure était venue de réaliser un tel défi à l'échelle de la province entière, ProFAC a été lancé cet automne.

ProFAC croit en une formation centrée sur les églises et c'est ce qu'elle encouragera. Son but est d'aider et d'encourager nos assemblées francophones à prendre en main, avec une énergie et une détermination renouvelées, leur responsabilité voulue par Dieu de préparer de nouveaux leaders. Cela se fera en grande partie au sein de l'assemblée locale, sous la surveillance d'un frère responsable.

Pour sa part, ProFAC établira des directives et des standards d'enseignements, fournira des manuels, des outils pédagogiques et des formations pour les instructeurs, organisera des sessions de formation intensives et parfois des conférences. Nous espérons que ces dernières, en réunissant des hommes et des femmes venant de toute la province, serviront à renforcer les liens qui unissent nos assemblées et donc à aller à l'encontre d'une tendance qui nous a posé beaucoup de problèmes ces dernières années.

La première de ces sessions intensives a commencé début septembre à l'assemblée de Cap-de-la-Madeleine. Elle inclut un total de quatre samedis complets, un par mois jusqu'en décembre. Quarante-deux hommes et femmes de neuf assemblées de toute la province se sont inscrits. Les participants viennent de Duvernay (au nord de Montréal) à l'ouest, de Cabano (près de la Gaspésie) à l'est; de Chicoutimi au nord, et de Sherbrooke au sud.

Les étudiants se sont inscrits pour l'un de ces deux sujets : un cours sur l'herméneutique donné par Jean-Claude Gaudreault, ouvrier recommandé de Chicoutimi ou un cours sur l'histoire de l'Église enseigné par l'éditeur[13].

Dans les années qui ont suivi, nous en avons appris plus sur ce « nouveau programme de formation à l'échelle provinciale, ProFAC, pour les leaders de nos assemblées[14] ». Ces responsables incluaient « Roy Buttery, Bill Snyder, Doug Virgint, Michel Pedneault, Jean Lépine, Jean-Claude Gaudreault et Richard Strout » qui avaient « travaillé de concert pour amener cette vision à la réalité ». En plus des nombreux cours offerts dans différents endroits de la province, des conférences de formation annuelles se tenaient à Cap-de-la-Madeleine de 1996 à 2004. D'importants changements sont intervenus après cette date. Nous reviendrons plus tard sur la poursuite du programme et son extension, sous la supervision éventuelle du Groupe Réseau des Assemblées Chrétiennes Évangéliques (G.R.A.C.E.).

Consciemment ou non, influencé par la triste histoire des évangéliques au Canada, qui, au tournant du XXe siècle ont pratiquement abandonné l'évangélisation des Canadiens français, l'évangélisation a continué d'être le moteur central de nos assemblées au cours de cette période.

Les programmes d'évangélisation majeurs qui existaient déjà ont continué à remplir leurs mandats respectifs. Cela inclut les ministères médiatiques de *L'Heure de la Bonne Nouvelle* et de *La foi vivifiante* ainsi que les programmes de camps sur lesquels nous reviendrons. De nouvelles initiatives voient le jour dont une campagne d'évangélisation de masse avec Billy Graham en 1990. À cause de problèmes de santé, l'évangéliste américain a été remplacé par son beau-frère Leighton Ford. Cependant, ce n'est pas pour cette raison que l'évènement a semblé avoir un très faible impact. Peut-être que les attentes étaient trop élevées ; le Québec avait déjà eu son exceptionnel rendez-vous avec le destin à la fin des années 70 et au début des années 80 et il était peu probable que cela se reproduise, du moins si peu de temps après. Quoi qu'il en soit, le retour à une évangélisation plus personnelle plutôt que de masse s'est fait sentir et un nouvel outil de plus en plus populaire pour cela s'est développé : les Déjeuners de l'espoir.

Publications Chrétiennes

Le ministère de littérature de Publications Chrétiennes s'est aussi développé dans les domaines de l'évangélisation et de l'édification. Il est fait mention ici d'un périodique mensuel, *Édifiez-vous*, une version « française et miniature du magazine INTEREST[15] », éditée par Sam Coppieters.

> Ses talents d'écriture et de publication ont été bien utilisés vers la fin des années 70, quand ses préoccupations pour le besoin de formation dans les assemblées francophones du Québec l'ont amené à publier *Édifiez-vous*. Il s'agit d'un magazine mensuel d'enseignement qui atteint plus de 400 croyants chaque mois depuis environ huit ans. Il fournit des enseignements bibliques clairs sur des sujets d'actualité, des études systématiques de certains livres de la Bible et sert de lien très utile entre les différentes assemblées francophones[16].

Une autre des productions de Publications Chrétiennes vaut le coup qu'on s'y arrête. *Conseil* était un trimestriel qui a commencé à être publié en 1997 sous la direction de Doug Virgint et Jean-Paul Berney, ce dernier en étant l'éditeur. Il était distribué dans les assemblées locales plutôt que par la poste à des particuliers. Il avait trois grands objectifs : 1) une présentation simple de vérités bibliques en fonction des besoins du moment ; 2) un encouragement pour les croyants à « combattre pour la foi qui a été transmise aux saints une fois pour toutes » ; 3) une contribution à l'édification des assemblées locales désirant suivre un schéma néotestamentaire. Cette publication s'est poursuivie durant deux à trois ans, au moins jusqu'à ce que l'un de ses plus grands contributeurs, Sam Coppieters, soit rappelé auprès du Père à l'aube du nouveau siècle.

À la fin des années 70, M. Roderick Belcher a remplacé Norman Buchanan en tant que directeur de Publications Chrétiennes.

Un long article, paru dans le troisième numéro du magazine pour 1985, met en lumière le statut et les objectifs actuels de l'organisation.

En quelques mots, l'idée maitresse de Publications Chrétiennes est de servir les francophones du monde, au Québec, en Amérique du Nord, aux Caraïbes, en Europe, en Afrique, etc. Nos objectifs sont : 1) d'atteindre ceux qui ont besoin d'un Sauveur et de fournir une source de littérature chrétienne pour encourager et aider les francophones du monde entier dans leur vie chrétienne au milieu d'un monde qui s'oppose à Jésus-Christ ; 2) de donner des outils pédagogiques aux pasteurs et aux missionnaires pour une étude systématique de diverses doctrines chrétiennes dans leur congrégation ou leur groupe d'étude...

En 1982, Publications Chrétiennes est entré dans une nouvelle phase de ses services à la communauté chrétienne. Malgré l'état très délabré de l'économie, une décision courageuse a été prise par la foi. Nos propres publications devaient devenir notre priorité, avant la vente de matériel imprimé et les services que nous pouvions fournir dans le domaine de l'imprimerie pour les chrétiens et les organisations chrétiennes. Nos publications à nous devaient se faire sous deux angles : a) des enseignements bibliques commandités par Radio Bible Class (du Michigan aux États-Unis) à travers la traduction de leurs livrets d'étude biblique et leur distribution gratuite aux personnes, aux églises, aux missionnaires et aux organisations chrétiennes ; b) notre propre trimestriel appelé *La Semence*, envoyé gratuitement par la poste à des gens au Québec et ailleurs au Canada et en Amérique du Nord...

Un autre aspect de notre ministère est la vente de livres chrétiens aux librairies, aux églises, aux missionnaires et au public en général. Les livres commercialisés sont un mélange d'études bibliques, de commentaires bibliques et de livres sur des sujets chrétiens spécifiques. En plus de cela, nous imprimons une série de tracts destinés à l'évangélisation. Ces tracts sont vendus surtout à des églises et sont très demandés, ainsi que les livres d'évangélisation, pour les campagnes d'évangélisation qui se tiennent pendant l'été...

En ce moment, nous occupons de très grands locaux, mais le Seigneur n'a pas permis que nous puissions nous en débarrasser. Les locaux ont été agrandis en 1967 pour répondre aux besoins liés

Marée descendante et accalmie

à l'Exposition universelle de 1967 et à d'autres œuvres. Ce bâtiment n'est plus nécessaire puisque cette partie de notre travail a été progressivement supprimée. Aujourd'hui, nous passons par divers organismes spécialisés pour faire imprimer notre matériel. Cela coûte moins cher et nous accédons à une meilleure qualité.

L'organisme a comme président et fondateur, Monsieur N. R. Buchanan, et il y a en ce moment quatre autres directeurs qui supervisent et encouragent le personnel. Des directeurs supplémentaires sont nécessaires pour apporter un arrière-plan diversifié en vue de la croissance future. Le fonctionnement quotidien est assuré par Monsieur R. J. Belcher qui passe trois jours par semaine à Cap-de-la-Madeleine. Ce dernier est retraité de son activité séculière depuis 1979 et ne reçoit pas de salaire pour son travail au Cap[17].

En 1995, Norman Buchanan, qui avait fondé Publications Chrétiennes et qui restait président du comité, a commencé à avoir de sérieux problèmes de santé. Il a demandé à un groupe de personnes, qui avaient déjà été associées à ce ministère, de prendre les rênes et de voir à ce qui devrait être fait dans le futur. La décision a été prise de poursuivre ce ministère et de se concentrer sur la production de livres de qualité pour aider ceux qui enseignent la Parole de Dieu en français. L'un de ceux qui faisaient partie de cette nouvelle équipe était Doug Virgint qui a fait le rapport suivant.

> Nous nous sommes donné pour but de publier un commentaire sur chaque livre du Nouveau Testament avant 2005 et un sur chaque livre de l'Ancien Testament avant 2020.
>
> Nous avons choisi de traduire la série de commentaires de John MacArthur sur le Nouveau Testament, ce qui nous a immédiatement mis face au besoin de trouver des traducteurs qualifiés. Sam Coppieters a été le premier auquel nous avons pensé. Il avait déjà fait de la traduction simultanée pour John MacArthur et il le connaissait personnellement. Ses années d'expérience en traduction ainsi que son arrière-plan européen lui donnait toutes les qualifications nécessaires à ce travail exigeant.
>
> Les moyens de télécommunication moderne ont permis à Sam de travailler de chez lui près de Granby tout en restant en contact

constant avec nos bureaux de Cap-de-la-Madeleine. Ensemble nous avons complété les commentaires sur Galates, Éphésiens, Tite, Jacques et Colossiens/Philémon. En même temps, nous avons aussi publié des versions actualisées de vingt-cinq de nos autres titres. Ils sont distribués au Canada français et à travers l'Europe ainsi qu'en Afrique de l'Ouest. Publications Chrétiennes a continué de publier les ouvrages de Radio Bible Class en français[18].

En 2004, un rapport sur l'œuvre de Publications Chrétiennes assurait aux lecteurs du *News of Quebec* que le travail se poursuivait avec succès.

> Grâce au leadership de Doug Virgint à Cap-de-la-Madeleine et à un comité de personnes intéressées, ses services comprennent, parmi d'autres, la réédition en français d'œuvres épuisées comme celles de Louis Sperry Chafer, James Edwin Orr, R. C. Trench, J. C. Ryle, E. H. Broadbent, etc. Une autre de ses contributions est la traduction et la publication en français des commentaires de John MacArthur, dont quatorze tomes sont aujourd'hui disponibles. Et puis il y a la traduction, la publication et la distribution de la littérature de Radio Bible Class dont *Notre Pain Quotidien*, ainsi que plusieurs de leurs petits livrets. L'un de nos projets récents est la traduction, l'impression et la vente de l'excellent travail d'Alexander Strauch sur les Anciens selon la Bible[19].

Tous ces livres et ces publications étaient distribués et grandement appréciés dans les assemblées et autres œuvres évangéliques à travers le Québec, l'Europe, l'Afrique de l'Ouest francophone et Haïti.

Le Service d'orientation biblique

En 1963, Jean-Paul Berney a été recommandé à l'œuvre à temps plein par trois assemblées du Québec. Comme nous l'avons déjà dit plus haut, M. Berney a donné une part importante de son temps et de son énergie à écrire et à propager de la littérature chrétienne à travers la province, un ministère qu'il a continué à remplir fidèlement jusqu'à ce que le Seigneur le rappelle à lui, en 2010.

> Après avoir quitté mon emploi séculier, je pouvais enfin répondre avec plus de disponibilité aux invitations de petits groupes

de croyants disséminés à travers le Québec. Même aujourd'hui, en 2007, les croyants qui se rassemblent lors de conférences régionales apprécient d'avoir un coin littérature offrant des bibles, du matériel pour l'école du dimanche, etc. Les groupes auxquels j'ai rendu visite au cours de mes voyages à travers la province sont souvent à des centaines de kilomètres de la librairie chrétienne la plus proche. De telles visites ont contribué grandement à faire connaître le ministère qui s'appelle Service d'orientation biblique. Au départ, le dépôt pour les livres était situé dans le sous-sol de notre maison dans les environs de Québec.

En 1984, notre gendre Jean-Paul Gosselin m'a rejoint en tant qu'adjoint administratif. Il était responsable, entre autres, d'emballer et d'envoyer les commandes. Sa femme, May-Lynn, était aussi une aide précieuse grâce à ses compétences en informatique.

Au fil des années, il est devenu de plus en plus coûteux d'importer de la littérature d'Europe. Il devenait important de faire venir de grandes quantités de livres pour diminuer les coûts. La fluctuation des devises étrangères a aussi posé de nouveaux problèmes. En 1986, nous avons reçu les droits exclusifs de distribution au Canada des publications de La Maison de la Bible/Société biblique de Genève. Deux ans plus tard, nous avons pu louer un local dans un centre commercial que nous avons depuis agrandi à plusieurs reprises. La librairie est ouverte tous les jours sauf le dimanche, par une équipe nombreuse. Service d'orientation biblique est bien connu alors que la plus grande partie de notre activité se fait par la poste, fournissant en livres les librairies et les églises du Québec et d'ailleurs.

Au fil des ans, plusieurs personnes se sont confiées au Seigneur directement grâce à ce ministère. Les chrétiens poussent souvent leurs amis non croyants à nous rendre visite, ce qui nous donne l'opportunité de faire un travail d'évangélisation[20].

Radio et télévision

Pour en revenir aux ministères médiatiques de la radio et de la télévision, soutenus par nos assemblées à cette époque dans l'histoire de l'œuvre, en plus des programmes déjà existants, ces années ont été marquées par de nombreuses nouvelles initiatives. Le contrôle des ondes par un groupe religieux dominant ayant cessé, de nouvelles opportunités se sont ouvertes çà et là.

Étant donné le prix élevé de la production télévisée, nos efforts se limitaient surtout à la radio. Par exemple, les dépenses totales pour les ministères à la télé et à la radio pour 1989 ont été estimées à environ 125 000 $[21]. En plus des ressources financières, d'importantes ressources humaines ont été investies dans ces ministères. Vers le milieu des années 80, il a été rapporté que « pas moins de six de nos ouvriers recommandés, avec leurs épouses, dédient la majeure partie de leur temps à ce "moyen" pour faire entrer l'Évangile dans les cœurs et dans les foyers qui sont souvent impossibles à atteindre autrement[22] ».

L'émission de radio *Paroles d'en haut*, lancée en 1976 et produite par Joseph Tremblay depuis un studio dans le sous-sol de sa maison à Rivière-du-Loup, a été poursuivie jusqu'à « deux ans avant son décès, lorsque notre frère a été obligé d'arrêter son programme à cause de sa santé déclinante[23] ». Il est mort le 14 mai 2006. Les débuts et la croissance de son ministère avaient été rapportés dans les pages du magazine en 2001.

> Le ministère de la radio de notre frère Tremblay est très lié à ses expériences vécues avant sa conversion en tant que missionnaire au sein de l'Église catholique romaine en Bolivie, en Amérique du Sud. Tout en remplissant son rôle de prêtre de paroisse, il écoutait régulièrement des émissions évangéliques qui étaient diffusées par HCJB à Quito, en Équateur. Son témoignage fascinant fait l'objet d'un petit livre qu'il a lui-même écrit : *Un prêtre, mais inconnu de Dieu*.
>
> À son retour au Canada, il est entré en contact avec Gaston Jolin à travers son programme de radio et de télévision, *L'Heure de la Bonne Nouvelle*. C'est à cette époque que notre frère, qui était alors professeur de religion au collège de Rouyn-Noranda, a compris réellement ce que voulait dire être un disciple de Jésus. Il a décidé de témoigner publiquement sa foi au Seigneur. Peu à peu, avec l'aide de Gaston et d'autres croyants de l'assemblée de Rollet, il s'est engagé dans l'évangélisation, et plus particulièrement dans la préparation d'émissions pour la radio.

En 1975, les Tremblay ont déménagé à Rivière-du-Loup pour aller y aider une poignée de jeunes croyants qui souhaitaient se réunir pour adorer le Seigneur et le servir. Ce fut le début de l'assemblée chrétienne de Rivière-du-Loup. Les croyants se réunissaient dans le sous-sol de la maison des Tremblay qui avait été spécialement construite pour pouvoir y aménager un espace pour un studio d'enregistrement. C'est ainsi que notre frère a pu mettre à profit son expérience auprès de Gaston Jolin, développant une émission de radio évangélique appelée *Paroles d'en haut*.

Ce programme d'un quart d'heure, qui a démarré en 1976, continue à ce jour, touchant des milliers d'auditeurs par l'intermédiaire de deux stations voisines : CJFP-FM à Rivière-du-Loup et CHOX-FM à La Pocatière. Les coûts de la diffusion, du moins pour les émissions diffusées à partir de Rivière-du-Loup, sont pris en charge par l'assemblée locale. Notre frère, qui est originaire de la région de Baie-Saint-Paul, finance personnellement une rediffusion de ce programme dans cette région chaque semaine dans l'espoir que les membres de sa propre famille, qui vivent encore là-bas, entendent la Bonne Nouvelle du salut.

Le Seigneur continue à pourvoir de manière à ce que ce message de l'Évangile puisse être entendu par des milliers d'auditeurs des deux côtés du fleuve Saint-Laurent et même jusqu'au nord du Nouveau-Brunswick. Au fil des ans, le programme a aussi été entendu dans des lieux tels que les îles Saint-Pierre et Miquelon ainsi qu'à Sainte-Anne-des-Monts, en Gaspésie, et Edmonston, au Nouveau-Brunswick[24].

Une nouvelle initiative importante a été une émission de télévision hebdomadaire animée par Réjean Joly, comme il est rapporté dans le magazine en 1985 et de nouveau en 1989 dans les paragraphes suivants.

Nous avons commencé à atteindre les âmes perdues par le biais de la télévision communautaire. Cela fait maintenant quatre ans que nous avons commencé cet effort dans la région de Sherbrooke. Les graines ont été semées et un certain nombre de contacts ont été ainsi créés et poursuivis, dont quelques-uns ont mis leur confiance en Jésus comme Sauveur et Seigneur. Cela a été l'un des premiers moyens d'évangélisation utilisés. Notre émission, « Que dit la Bible ? », est actuellement diffusée deux fois par semaines à partir de Sherbrooke et une fois par semaine depuis Magog et Thetford Mines[25].

Au début des années 80, tout en travaillant en lien avec l'Assemblée chrétienne de Cookshire, les frères Réjean Joly et Lawrence Fortin ont lancé une autre série pour la télévision, « Que dit la Bible ? » Ils continuent tous deux ce ministère, l'un dans la région de la Gaspésie et l'autre dans la Beauce[26].

Ces deux hommes ont continué à se servir de ce média tout au long des années 90 et dans le nouveau millénaire.

En 1992, il a été rapporté que « la radio et la télévision sont des outils d'évangélisation importants pour les églises locales. Nos assemblées ne comptent pas moins de quatre émissions, dont les plus anciennes et les plus connues sont celles de Gaston Jolin, *L'Heure de la Bonne Nouvelle*, et de Fernand St-Louis, *La foi vivifiante*[27] ». Les deux autres, bien sûr, sont celles dont nous venons de parler.

Déjà à l'automne 1991, le « grand-papa » des émissions évangéliques multimédias francophones, « le "spectacle" le plus ancien à la télévision québécoise[28] ! » avait atteint une étape importante comme la rapporte Gaston Jolin dans le magazine.

> Ces dernières années, notre comité de direction pour *L'Heure de la Bonne Nouvelle*, composé d'amis essentiellement de l'Ontario, a suggéré qu'un nouveau comité soit créé, composé de membres francophones qui pourraient visionner les émissions et avoir une idée plus spécifique des besoins parmi le peuple québécois. Une telle équipe vient d'être formée en juin 1990 et a commencé à travailler en tant que conseillers. Cet automne, lors d'une réunion conjointe des deux équipes, la direction de l'émission télévisée a été transférée à l'équipe basée au Québec tandis que l'équipe d'origine demeure en qualité de conseillers.
>
> Toutes les personnes présentes étaient enthousiasmées par ce changement et très reconnaissantes au Seigneur de la manière dont cela c'était passé. Nous sommes reconnaissants pour ceux qui ont dirigé et soutenu ce ministère de radio et de télévision depuis des années. C'est maintenant à la nouvelle équipe de prendre la responsabilité de la nouvelle série télévisée à venir qui sera diffusée

dans le nord de l'Ontario, dans presque tout le Québec et dans les provinces maritimes ainsi que dans le Maine aux États-Unis. Il s'agira de notre 28e série diffusée sur six chaînes commerciales. C'est un miracle en soi d'avoir la possibilité de proclamer l'Évangile à travers des médias de masse là où il y a eu tant d'obscurité dans le passé[29].

Trois ans plus tard, lorsque nous avons célébré les trente ans de ce ministère, il était clair que la passion pour l'évangélisation par la télévision n'avait en rien diminué.

Environ deux cents frères et sœurs en Christ, venus de diverses assemblées évangéliques du Québec, se sont réunis le 7 mai à l'Assemblée chrétienne de Cap-de-la-Madeleine.

Dans son message sur le thème « Un Christ révolutionnaire, une église révolutionnaire et un chrétien révolutionnaire pour un temps révolutionnaire », Dr Homer Payne a souligné l'impact potentiel de la Bonne Nouvelle du salut par la grâce sur un monde qui, en dépit de ses progrès évidents et de sa modernisation, reste terriblement et profondément enfoncé dans les ténèbres.

Jean-Pierre Cloutier a fait le lien entre notre fardeau pour les âmes perdues, notre zèle pour l'évangélisation et notre vision du retour de Christ, tout en nous rappelant que la léthargie spirituelle est toujours à l'affut pour nous freiner.

Grâce à la participation de plusieurs frères et sœurs, la partie musicale de notre programme a touché le cœur des chrétiens avec des chants adaptés au thème. Les témoignages des vies transformées par Christ à travers *L'Heure de la Bonne Nouvelle* ont été des plus agréables à entendre. Cela nous permet de reconnaître la puissance de notre Sauveur et le prix qu'il nous faut payer quand nous décidons de le suivre.

Toutefois, comme M. Payne l'a bien fait ressortir, si les exigences d'une vie de foi semblent radicales, combien plus radical et coûteux a été le plan établi par Dieu pour notre salut ? Son Fils a dû quitter son palais céleste et ses privilèges royaux pour s'humilier lui-même jusqu'à la mort de la croix quand il s'est abaissé au niveau des hommes. La grandeur de la rédemption a couvert la profondeur de notre péché.

La conférence nous a aussi donné l'occasion de découvrir plusieurs autres outils d'évangélisation : Hockey Ministries International, les Déjeuners de l'espoir et une présentation théâtrale utilisée dans les maisons de retraite. Après avoir visionné une vidéo présentant l'historique de L'HBN, Wilf Wight, de la Société canadienne de la Bible, a rendu un hommage bien mérité à tous ceux qui ont porté ce ministère télévisé : Gaston Jolin, Jean-Pierre Cloutier et leurs épouses, ainsi que Marj Robbins. Tous les participants ont ensuite partagé un repas à midi et ceux qui avaient assisté à la conférence sont repartis avec de chaleureux souvenirs d'une journée passée dans l'esprit de Christ.

Qu'un feu pour l'évangélisation brûle à présent dans nos cœurs. Que Dieu ranime en nous sa vision pour un Québec perdu, afin que ce ministère télévisé, avec notre soutien dans la prière, puisse continuer à mettre en avant la gloire du Seigneur[30].

Comme il est rapporté dans le magazine en 2004, au fil des années, l'équipe de L'HBN s'est agrandie, a évolué, et a rayonné.

Une telle diffusion de l'Évangile a généré une correspondance abondante et par conséquent un besoin d'aide dans ce domaine. Encore une fois, le Seigneur dans sa grâce a pourvu de manière extraordinaire en nous donnant Marj Robbins, recommandée à l'œuvre par son assemblée de l'Ile-du-Prince-Édouard, qui elle-même avait vraiment à cœur le Québec. Préparée sur le plan théologique à répondre aux nombreuses questions des téléspectateurs et parlant aussi bien le français que l'anglais, Marj a été un atout important pour ce ministère depuis qu'elle a rejoint l'équipe en 1975.

La télévision ayant évolué rapidement, il est devenu évident dans les années 80 que *L'Heure de la Bonne Nouvelle* allait avoir besoin de renouveau. Un jeune homme, qui avait été formé dans le domaine des médias et récemment recommandé à l'œuvre du Seigneur a été invité à se joindre à l'équipe. C'est en 1984 que les directeurs de Glad Tidings ont invité Jean-Pierre Cloutier à devenir un évangéliste associé avec Gaston...

Pendant tout ce temps, *L'Heure de la Bonne Nouvelle* était diffusée régulièrement dans une bonne partie du Québec, à l'exception de la région du grand Montréal où la moitié des Québécois vivent. Au cours des années 90, la prière et l'espoir de l'équipe étaient que le Seigneur permette une percée à Montréal.

C'est au cours de cette période que le Seigneur a ajouté un nouvel élément clé à l'équipe. François Fréchette, récemment recommandé à l'œuvre du Seigneur en tant qu'évangéliste, a non seulement pu compléter le travail des deux évangélistes déjà présents, mais il s'est révélé être un excellent négociateur.

Le Seigneur répondait réellement à nos prières puisqu'en 1999, pour la toute première fois dans l'histoire de cette émission, nous avons pu diffuser à travers toute la province en passant par le réseau provincial TQS. *L'Heure de la Bonne Nouvelle* s'étendait maintenant plus loin dans la partie francophone de l'Ontario et des provinces maritimes, ainsi que dans tout le Québec et en particulier Montréal[31] !

L'enthousiasme pour ce ministère, loin de décroître, a continué au début de ce nouveau millénaire, comme on peut le voir dans ce qui suit, publié dans le magazine en 2010.

Avec son tout nouveau concept, une meilleure équipe et une présence continuelle, nous sommes convaincus que *L'Heure de la Bonne Nouvelle* peut devenir un fer de lance dans l'évangélisation des populations francophones. Il s'agit sans aucun doute d'un défi énorme que nous ne pourrons pas relever sans le soutien du peuple de Dieu[32].

La foi vivifiante (LFV) avec Fernand Saint-Louis, démarrée en 1963, a continué à répandre l'Évangile à travers le Québec et le monde francophone tout comme son programme télé associé, *Toute la Bible en parle* (TBP). Ce dernier, débuté en 1972, comptait au plus fort de son fonctionnement une équipe de seize personnes, toutes chrétiennes. Les nouvelles productions se sont arrêtées en 1997 ; cependant, ces vingt-cinq années d'émissions archivées ont continué à être disponibles via Internet.

Comme cela est rapporté en 2001, « des gens dans le monde entier entendent l'Évangile en français grâce à TBP TV (Internet) et aux émissions radiophoniques LFV. *La foi vivifiante* diffuse son message évangélique en français chaque semaine sur des radios francophones du monde entier : Europe, Afrique et Amérique du Nord via les ondes courtes d'HCJB à Quito; de deux stations en Haïti ainsi qu'au Québec via WCHP 760 AM à Champlain, NY[33] ».

Les camps

Tournons-nous maintenant vers le domaine des camps chrétiens pour souligner les développements importants qui ont eu lieu dans ce ministère au cours de la dernière période de notre récit. Au milieu des années 90, le magazine a rapporté ce qui suit.

> Les camps ont toujours été l'un des éléments majeurs, bien que peut-être moins visibles, dans le travail d'évangélisation de la province. C'est quelque chose que nos assemblées savent bien faire : de bons programmes, des tarifs intéressants et de bons messages. De plus en plus, les gens cherchent à vivre des expériences stimulantes qui soient à la fois saines, moralement bonnes et disciplinées. Les enfants et les adolescents sont particulièrement ouverts au message de Jésus-Christ[34].

Les quatre principaux camps, soutenus par nos assemblées dont nous avons déjà parlé – Frontier Lodge, Parkside Ranch, le camp Joli-B, le camp Brochet – ont continué durant cette période à atteindre des enfants et des jeunes de tous âges. On peut dire la même chose à propos du camp Joie de Vivre en Gaspésie qui, après une interruption de quatre ans, a recommencé à fonctionner sous la direction de Norbert et Brigitte Chabot. Quinze ans plus tard, ce camp a finalement pu trouver un lieu plus stable pour y mener ses programmes.

> En 1999, nous avons reçu une grande bénédiction lorsque les autorités municipales nous ont donné la permission de construire un bâtiment, que nous avons appelé l'Arche, entièrement équipé pour répondre à nos besoins, dont une grande salle polyvalente, des toilettes, une buanderie, des cuisines, etc. Nous n'avons pas pu faire autrement que de voir dans cette offre extraordinaire la main du Seigneur, nous permettant de construire, sur un terrain appartenant à la ville, un édifice de deux étages mesurant 20 m x 8 m[35].

Gabriel et Mélanie Paquin ont commencé à gérer le camp au début des années 2010. Au cours de ces dernières années, Gérald Saint-Laurent a continué à fournir son aide précieuse mensuellement, aussi bien pour le camp que pour l'assemblée locale.

Le magazine *News of Quebec* nous montre un peu l'influence qu'ont eue ces camps, aussi bien ceux en français qu'en anglais, au début de cette décennie.

> Cet été semble avoir été exceptionnel à travers la province pour nos camps chrétiens. Cinq rapports ont été rendus concernant leurs activités qui ont touché plus de 2000 campeurs. Les cinq camps, le camp Joli-B, le camp Brochet, le camp de l'Amitié, Frontier Lodge et Parkside Ranch ont offert les options classiques sur des périodes d'une ou de deux semaines pour les enfants, les adolescents ou les familles. Le nombre de semaines varie d'un camp à l'autre allant de cinq jusqu'à dix[36].

Le camp de l'Amitié de la Villa Shalom a disparu des pages de notre magazine à partir de 1992, alors qu'avant cela, en 1989, le camp Béthel rapportait que « l'été dernier, notre camp pour enfant a été fermé pour la première fois depuis la fondation de Béthel il y a plus de 40 ans[37] ». Heureusement, avec l'arrivée de Word of Life International en 1993, les camps à Béthel ont été relancés.

Des changements dans le leadership étaient devenus inévitables. En 1987, nous avons appris que « les Buttery, après s'être investis pendant vingt ans au camp Brochet, ont transféré la direction aux Canadiens français tout en continuant à aider de diverses manières[38] ». Denis Simard a été directeur général pendant quelques années. En 1995, il a été rapporté que « le camp a désespérément besoin d'un nouveau directeur général[39] ». Deux ans plus tard, le Seigneur a pourvu à ce besoin en la personne d'Alain Martineau qui a occupé ce poste pendant deux ans. Finalement, en 2004, c'est Pierre Munger qui est devenu directeur général.

En 2007, le camp Brochet a célébré son 40ᵉ anniversaire. Une conférence pour les jeunes qui s'est tenue au camp cette année-là soulignait aux participants l'importance de la persévérance pour les nouveaux leaders qui arrivaient. Un article du magazine, qui relatait cet évènement s'intitulait : « Passer le flambeau à la génération suivante. »

Le troisième week-end d'août, l'été dernier, le camp Brochet a tenu son camp annuel pour les jeunes de plus de dix-huit ans... Les deux orateurs étaient Jean-Claude Gaudreault, qui a parlé sur 2 Timothée 2.1-7, et Roy Buttery, qui a partagé le témoignage de sa conversion et son appel à être un pionnier dans l'œuvre au Québec. Le thème, « Courons avec persévérance dans la carrière qui nous est ouverte », a été choisi pour célébrer le quarantième anniversaire du camp Brochet, tout en mettant au défi la nouvelle génération de renoncer à ce qu'ils ne peuvent pas garder pour obtenir ce qu'ils ne peuvent pas perdre. Le désir des organisateurs était de mettre au défi les jeunes croyants de se saisir du flambeau de l'Évangile, qui leur est tendu par les pionniers, et de courir avec toutes les forces et le zèle que ce même Évangile peut leur donner[40].

Des changements ont aussi eu lieu à Parkside Ranch et à Frontier Lodge dans les Cantons-de-l'Est, deux camps très impliqués dans leur communauté respective, aussi bien du côté anglophone que francophone. En 1999, Greg et Pat MacWilliam ont remplacé Fred et Jean Warnholtz en tant que directeurs de camp à Parkside Ranch. La même année, à Frontier Lodge, on a demandé à Joel et Debbie Coppieters de « diriger le camp pour une période de trois ans[41] ». Enfin, à partir de 2005, Steve Townley est devenu directeur général de Frontier Lodge.

Quant au camp Joli-B en Abitibi, il a continué à être dirigé par Gaston et Margot Jolin. Ils ont été rejoints en 1996 par son plus jeune frère Gérard Jolin et sa femme Angéline qui avaient servi pendant une douzaine d'années à Hearst au nord-est de l'Ontario. L'année suivante, Gérard a fait le rapport suivant :

> Pendant ces dernières années où nous avons œuvré à Hearst, il est devenu de plus en plus évident que le Seigneur nous préparait pour un nouveau ministère, celui des camps chrétiens. Le camp Joli-B, au nord-ouest du Québec, présentait des besoins auxquels nous ne pouvions pas rester indifférents. Nous avons donc déménagé dans cette région pour occuper nos nouvelles fonctions qui consistaient à organiser des conférences, engager des orateurs et planifier diverses études bibliques pour différents groupes d'âge. Le recrutement et la formation de personnel qualifié, en plus du

travail de suivi, nous prenaient une grande partie de notre temps. À cela il faut ajouter les rénovations et les projets de constructions en cours. Il va sans dire qu'il s'agit pour nous d'un ministère à temps plein et nous le remplissons avec joie, sachant que nous servons le Seigneur pour sa gloire[42].

Deux ans plus tard, il a été rapporté que « le camp a récemment pu acheter du gouvernement du Québec une propriété de 20 hectares incluant le terrain qu'il utilisait déjà depuis presque quarante ans[43] ». Enfin, le camp possédait sa propre propriété ! Le fils de Gaston, Paul, allait rejoindre l'équipe en 2012 pour devenir avec sa femme Penny-Jane les nouveaux administrateurs du camp.

Un nouveau camp de nos assemblées, la Villa du Carmel, situé dans la région de la Mauricie, a été lancé en 1995.

Le camp a été construit en 1995 grâce aux efforts combinés des assemblées de Cap-de-la-Madeleine, Shawinigan et Grand-Mère. L'objectif étant de fournir aux assemblées de la région un endroit dans la nature où il sera possible de proposer diverses activités pour lesquelles il fallait auparavant louer des espaces.

Le Seigneur nous a donné un site magnifique, situé sur le bord de la rivière Saint-Maurice. Des terrasses culminant à plus de trente mètres de haut nous procurent une vue extraordinaire sur la rivière, qui est connue pour sa course annuelle, la Classique internationale de canots. La beauté de la région est telle que les municipalités des deux côtés de la rivière l'ont transformé en attraction touristique avec des sentiers, des ponts, des belvédères et des tables de pique-nique. Tout cela nous est accessible gratuitement si nous le désirons. Près du bâtiment principal de notre camp, il y a un petit lac en forme de croissant alimenté par des sources naturelles. Il a été transformé en un centre pour nos activités aquatiques, dont une glissade d'eau, une corde de tarzan, une catapulte humaine et un pont suspendu.

Étant donné sa situation au milieu d'une magnifique forêt d'érables, une cabane à sucre a été construite pour la fabrication de sirop d'érable au printemps. Une mini-ferme avec des poules, des lapins, des canards, des moutons, des chèvres, etc. donne aussi beaucoup de joie à nos campeurs, petits et grands.

Le bâtiment central abrite une grande salle de conférence pouvant accueillir 250 personnes assises. Deux ailes servent de chambres pour 70 campeurs comprenant aussi des toilettes et des douches. Une grande cuisine bien équipée, un bureau pour le directeur et une cantine complètent le tout. Vingt-quatre lits supplémentaires sont disponibles dans des cabines près du bâtiment.

Mais bien plus important que les bâtiments, il y a le merveilleux personnel que le Seigneur nous a fait la grâce de nous donner. Un conseil administratif composé de sept membres, élus chaque année, qui comprend en ce moment Fernand Montplaisir (de l'assemblée de Cap-de-la-Madeleine), Guy Bourassa (Shawinigan), Lynn Pagé (Cap), Lucie Thibeault (Cap), Steve Lefebvre (Grand-Mère), et Pierrot Lafrenière (Shawinigan) qui est notre directeur général. Bien entendu, de nombreuses autres personnes sont également très engagées dans ce projet.

Le camp est devenu un puissant outil d'évangélisation et d'édification pour les assemblées de la région[44].

Les conférences

Venons-en aux conférences. De nouveaux évènements et d'autres qui se poursuivent marquent ce dernier temps de notre histoire des assemblées francophones au Québec. Une retraite des ouvriers a été ranimée pendant une courte période ; une conférence missionnaire annuelle a été organisée par le nouveau Conseils et services missionnaires ; une nouvelle conférence (CARO) pour les anciens et autres frères responsables, ainsi que pour les ouvriers recommandés a finalement remplacé l'ancienne conférence pour les ouvriers francophones ; et la conférence annuelle de la fête du Travail, tenue au camp Brochet, qui est le plus ancien rassemblement régulier de ce genre dans la province, continuait d'avoir lieu.

Cette dernière conférence, qui se tient dans la région du Lac-Saint-Jean, comme il a déjà été dit, a démarré à Girardville en 1950 et a été déplacée au camp Brochet en 1969, où elle se tient encore aujourd'hui. Chaque année, deux à trois cents croyants se rencontrent pour passer du temps ensemble et profiter de l'enseignement de la

Parole de Dieu donné par des frères de la province, et parfois d'autres, venus de l'extérieur. Parmi ces derniers on trouve Maurice Decker (1990) et Jean-Paul Burgat (1993), tous deux venus de France, le célèbre auteur américain Dave Hunt (1995), Martin Vedder des Cours bibliques Emmaüs en Allemagne (1997), J. Boyd Nicholson Jr., éditeur du magazine *Uplook*, venu de l'Ontario (2001), l'auteur et missionnaire venu d'Afrique, Roger Liebi (2003), Pierre-Étienne Pfister, fondateur de Centres bibliques en République démocratique du Congo (2005), Gary McBride ouvrier recommandé de l'Ontario (2007), Jean Koumarianos de France (2008) et Dr Steve Herzig de Friends of Israel (2009).

La conférence de la fête du Travail du camp Brochet a célébré son 60e anniversaire en 2010 et cet évènement a été bien rapporté par le magazine.

Cette année, la conférence s'est tenue du 4 au 6 septembre. Le thème était : Souvenirs du passé et vision pour l'avenir. Environ 250 personnes étaient présentes, dont une poignée de ceux qui avaient assisté à cette conférence dans les toutes premières années. Parmi eux se trouvaient Gaston et Margot Jolin, Léonard Doucet, Elliette Savard et son mari, Fernande Thibault, Marie-France (Boulianne) et Ludovic Doucet ainsi que Roy Buttery.

Une exposition de photos, anciennes et récentes, rappelait les différentes étapes de l'histoire de la conférence. Trois des participants ont présenté des rapports spéciaux : Gaston Jolin, qui avait participé à la toute première conférence en 1950, Roy Buttery, qui avait fondé et développé le camp Brochet où la conférence se tenait depuis trente-sept ans et Richard Strout. Ce dernier a fait une présentation PowerPoint sur l'histoire de la conférence de ses débuts à aujourd'hui. Utilisant l'exemple d'une balançoire pour enfant, il a souligné l'importance d'un effort en avant comme en arrière pour que la balançoire fonctionne correctement. De la même manière, il a exposé la nécessité de maintenir le contact avec le passé tout en regardant vers l'avenir. Il était donc parfaitement logique que ce soit son fils Mark, arrivé dans la province il y a quarante ans, alors qu'il était encore enfant, qui donne les quatre messages sur le thème choisi, insistant sur les liens avec le passé tout en se tournant résolument vers l'avenir. Une génération donne naissance à la suivante et, ainsi, l'œuvre du Seigneur se perpétue[45].

La conférence missionnaire à l'échelle de la province, lancée en 1986 et soutenue par Conseils et services missionnaires (CSM), s'est tenue annuellement pendant environ six ans. Comme nous l'avons souligné plus haut, CSM est le résultat direct d'une réunion des ouvriers et des anciens qui avait eu lieu à Québec en 1983 avec le missionnaire vétéran Bill Deans du Zaïre, aujourd'hui République démocratique du Congo. En 1989 nous pouvons lire :

> Des Canadiens français ont aussi été envoyés en mission à l'étranger. La présence au Québec des représentants pour au moins une demi-douzaine d'agences pour les missions à l'étranger montre l'intérêt grandissant de l'Église ici pour cet aspect du mandat divin qui nous est donné en Matthieu 28. Nos assemblées se sont éveillées à leurs responsabilités missionnaires, envoyant des ouvriers et les soutenant dans la prière et financièrement. En 1986, Réjean Joly s'est installé en France avec sa famille où ils ont œuvré pendant deux ans avec succès. L'année suivante, Pierre Saint-Amour et sa famille sont arrivés à Marseille pour entamer un ministère envers les musulmans dans cette région.
>
> Pour encourager ce développement et procurer l'aide et les services nécessaires, plusieurs frères se sont rassemblés pour établir une branche française du Missionary Service Committee (Toronto). Depuis 1984, Conseils et services missionnaires a géré des fonds, fourni des informations et des conseils tout en stimulant l'intérêt pour la mission, sur place et à l'étranger, à travers des visites dans les assemblées de la province. Un bulletin, MISSIONS, est publié de temps à autre et une conférence missionnaire annuelle se tient depuis plusieurs années[46].

Trois ans plus tard, le magazine a annoncé avec regret la disparition de cette conférence annuelle. Et elle ne devait pas revenir avant de nombreuses années.

> Cette année, il n'y a pas eu de conférence. Il avait été décidé de changer la date au printemps 1993 pour ne pas que cela interfère avec d'autres activités. Le nombre de personnes présentes à cet évènement a diminué et nous serions heureux que le peuple de

Marée descendante et accalmie

Dieu puisse prier pour cette situation. Les conférences régionales semblent avoir eu plus de succès ici au Québec dans les années 90[47].

Un creux de plusieurs années c'est alors produit au niveau des activités de CSM ; Don Cox, l'un de ses membres fondateurs, a continué à servir de lien entre CSM et la Missionary Service Committee (MSC) à Toronto et à recevoir et distribuer les dons pour l'avancement de l'œuvre missionnaire dans la province et au-delà. Un bulletin MISSIONS était publié de temps en temps et une liste des ouvriers recommandés au Québec était mise à jour chaque année.

Ce n'est qu'en 2007, suite à un important échange de lettres entre Don Cox, Roy Buttery et Richard Strout, que le comité a été réactivé et agrandi. La première réunion s'est tenue le 17 novembre de cette année. L'auteur se rappelle bien d'un échange entre lui et d'autres participants à cette occasion, lorsqu'il a fait remarquer que deux des personnes présentes, Don Cox et lui-même, étaient des « vestiges » de l'ancien comité. Ce qui a été « encourageant » dans la réponse que cela a suscitée, c'est qu'au moins nous n'en étions pas des « ruines ». Roy Buttery n'a pas pu être présent ce jour-là.

Le premier d'une nouvelle série de bulletins missionnaires est paru l'année suivante. Cela a été suivi en 2009 par la renaissance de la conférence missionnaire, qui s'est tenue pour la première fois à Québec. Ken Fleming, le frère du missionnaire martyr en Équateur, Pete Fleming, était l'orateur. L'année suivante la conférence a été organisée à Sainte-Marie-de-Beauce.

Pendant trois années consécutives, de 1990 à 1992, *News of Quebec* a organisé une retraite où l'on passait une nuit sur le campus de l'Institut biblique Béthel.

> Une retraite pour nos ouvriers recommandés s'est tenue en mai sur le campus de l'Institut biblique Béthel près de Sherbrooke. Quarante et un de nos ouvriers, maris et femmes, étaient présents en plus d'une demi-douzaine d'autres personnes. Cette retraite, qui ne s'est pas tenue depuis plusieurs années, a été organisée et financée par le NEWS OF QUEBEC.

Monsieur Bill Conard, de Interest Ministries été l'orateur invité, partageant sur le thème du leadership, du renouveau et de la solidarité entre nous. Wilfred Buchanan s'est chargé de la traduction simultanée. L'enseignement a été approprié et a été grandement apprécié par tous les participants. L'occasion de se retrouver ensemble et de recevoir des encouragements les uns des autres a été d'une aide précieuse. Une deuxième retraite est déjà prévue pour le printemps de l'an prochain[48].

Les deuxième et troisième retraites, qui se sont tenues au même endroit les années suivantes, ont eu le plaisir d'accueillir comme orateur James Stahr, ancien éditeur du magazine *Interest* et Dr Walter Baker, ancien missionnaire en Haïti et professeur au Dallas Theological Seminary. L'une des spécificités de ces retraites, c'était la présence d'« une table aux trésors, remplie d'objets envoyés par divers groupes de femmes du Canada et des États-Unis. Virginia Strout, épouse de l'éditeur, travaillait pendant plusieurs mois pour rassembler tout cela. Cinq longues tables étaient chargées d'articles de toutes sortes et nos ouvriers étaient encouragés à venir « acheter... sans argent, sans rien payer ![49] ». Lors de ces deux années, il y a eu respectivement cinquante, puis quinze participants, en comptant les épouses.

Des réunions pour les ouvriers francophones et les responsables d'assemblées se tenaient aussi de temps à autre pendant cette période. En septembre 1989, une de ces réunions a eu lieu à Sainte-Foy.

> Soixante à soixante-dix frères responsables d'assemblées à travers la province étaient présents. Alors que certains venaient de très loin, comme Valleyfield, Cookshire et Cloridorme, la majorité d'entre eux venaient d'assemblées de la région de Québec...

> Dès le départ, l'attention a été portée sur les Écritures quand Jean-Paul Berney de l'assemblée hôte nous a placés devant une question (Psaume 11.3), une réponse (Malachie 3.16), un encouragement (2 Chroniques 12.12) et enfin un appel (Apocalypse 3.2). Nous étions réunis pour réfléchir à des vérités fondamentales qui touchent la vie de l'assemblée locale.

> Les questions sur lesquelles nous nous sommes penchés étaient les suivantes : Est-ce que nos assemblées constituent une dénomination ? ; L'autonomie de chaque assemblée locale et

l'harmonie entre elles ; La réception dans les assemblées locales et l'utilité des lettres de recommandation ; La discipline dans les assemblées locales. Chaque question était brièvement présentée, ensuite suivait une période de discussion animée à laquelle plusieurs participaient librement. À la fin de la journée, un résumé des points importants des discussions était présenté.

L'autonomie (pas l'isolement) des assemblées locales a été fermement défendue ainsi que sa conséquence voulant que chaque assemblée portera sa propre marque distinctive. Cependant, ayant comme autorité l'Écriture, il y a certaines caractéristiques spécifiques d'une assemblée chrétienne sur lesquelles nous devons insister. Avec celles-ci en tête, nous devrions rechercher cette harmonie qui ravit le cœur de celui qui est la Tête de l'Église, lui donnant gloire et validant notre témoignage devant un monde qui nous regarde[50].

Un autre rassemblement de ce genre, encouragé par le Réseau de la région de Montréal, s'est tenu en mars de l'année suivante.

Plus d'une centaine d'anciens, de diacres et d'ouvriers avec leurs épouses venant de partout dans la province se rassemblent pour participer à une journée d'activités à Saint-Hyacinthe…

Un nouveau comité s'est formé, sous la présidence de Jean-Pierre Cloutier, responsable de l'organisation et de la mise en œuvre de cet évènement. Le thème : « Solidarité entre nos assemblées », a été traité tout d'abord d'un point de vue biblique par Dr Paul Garnet. Il s'en est suivi une période de discussion centrée sur les moyens de renforcer les liens entre la cinquantaine d'assemblées francophones, du Québec. Un rapport a aussi été donné par André Marchildon à propos des questionnaires qui avaient été remplis par une vingtaine de nos assemblées.

Certains des faits intéressants qui sont ressortis des questionnaires sont les suivants : le Québec compte environ 380 églises francophones pour quelque 40 000 évangéliques. Quarante-six de ces églises représentent le travail de nos assemblées dans la province. Soixante-quinze pour cent de nos assemblées sont situées dans des zones urbaines où vit environ soixante pour cent de la population du Québec. Parmi les assemblées qui ont répondu, le nombre de participants allait de 18 à 150. Quarante-cinq pour cent des assemblées sont nées dans les dix dernières années. La table du Seigneur est l'activité prédominante dans toutes ces assemblées. Par ailleurs, l'évangélisation semble être en déclin puisque seulement une petite partie des gens de chaque assemblée sont mobilisés pour y participer.

Cela est malheureusement vrai que la ferveur pour l'évangélisation a diminué sensiblement ces dernières années. Les efforts de Mission Québec ont amené un léger mieux, mais ne peuvent pas remplacer le témoignage personnel qui est demandé de la part de chaque croyant. Ce signe clair de notre « premier amour » doit être rétabli parmi nous et nous prions sincèrement pour cela[51].

La naissance de CARO en 1996 a été rapportée dans les pages du magazine. CARO est l'acronyme de **C**onférences d'**A**nciens, de **R**esponsables et d'**O**uvriers.

CARO est le nom d'un comité récemment formé, responsable de planifier des conférences pour les anciens, les ouvriers et les autres leaders de nos assemblées francophones. Pendant plusieurs années, de telles conférences se tenaient au niveau provincial et nous pensons qu'il est temps de remettre en place ces rassemblements. L'idée d'un comité est née après une session d'une journée qui a eu lieu à l'automne dernier sur le sujet de l'autonomie et de l'interdépendance de nos assemblées locales. Huit frères représentant autant d'assemblées forment actuellement ce comité[52].

La première conférence s'est tenue l'année suivante à Cap-de-la-Madeleine.

La première conférence CARO, tenue en 1997 à Cap-de-la-Madeleine, avait pour thème, *L'unité ? Oui, mais comment ?* Nous avons cherché à répondre à des questions telles que : Manquons-nous de maturité spirituelle ou de prière ? Sommes-nous les victimes de notre climat culturel ? Comment pouvons-nous préserver l'unité de manière à faciliter les progrès de l'Évangile au Québec ? Paul Garnet a développé le sujet de la coopération interassemblées comme elle est décrite dans le Nouveau Testament[53].

Pendant les années qui ont suivi, cette conférence durait toujours une seule journée ; cependant, à partir de 2000, les frères et sœurs se sont rassemblés les vendredis et les samedis avec une nuitée à l'hôtel. La première de ces « retraites » a eu lieu dans les Cantons-de-l'Est.

Début octobre de cette année, presque soixante-dix personnes étaient rassemblées pour une retraite de deux jours dans le magnifique centre de vacances Le Chéribourg près de Magog dans les Cantons-de-l'Est. L'évènement a rassemblé un nombre important de responsables de nos assemblées francophones. De nombreuses assemblées anglophones étaient aussi représentées par ceux qui travaillent de manière régulière dans les groupes des deux langues.

Le thème était celui de l'encouragement, et nous avons été encouragés par le ministère de Joel Coppieters, secrétaire de CARO, ainsi que par le fait de se retrouver ensemble, entre frères. Les délicieux repas et l'accueil excellent, en plus de la beauté de la création de Dieu qui nous entourait à cette époque très colorée, ont tous contribué à la joie de ce rassemblement.

La session de clôture, le samedi après-midi, a été consacrée à donner un rapport sur chaque assemblée représentée. Après chaque rapport, nous avons pris le temps de prier pour les besoins particuliers cités[54].

Les retraites suivantes, qui se sont rassemblées dans les premières années du millénaire à Trois-Rivières, Montmagny, et Lévis, ont abordé les sujets de « La pureté personnelle et familiale », « L'unité, l'harmonie et la paix dans l'assemblée locale », et « Bâtir pour l'avenir ». Ils ont été développés respectivement par Noël et Francine Aubut (2001), Arnold Reynolds et Serge Lafrance (2002), Michel Pedneault et Jean-Paul Berney (2003). Pendant cette dernière conférence, un questionnaire a été distribué aux participants.

Les résultats d'un questionnaire que nous avions distribué lors de la soirée précédente indiquent d'importantes divergences d'opinions parmi ceux qui sont rassemblés en ce qui concerne les caractéristiques essentielles d'une église locale néotestamentaire. Et voici peut-être la cause, en partie, du déclin que nous vivons depuis une dizaine d'années du nombre d'assemblées francophones au Québec. Beaucoup ont été touchés et mis au défi par cela et nous espérons que cela amènera un effort commun concerté pour inverser cette tendance[55].

Il va sans dire qu'inverser cette tendance était quelque chose qui préoccupait clairement de nombreux leaders d'assemblées vers la fin de cette période de marée descendante et accalmie dans l'histoire des assemblées de Frères au Canada français.

Les assemblées locales

Nous pourrions en dire beaucoup plus sur l'impact des « importantes divergences d'opinions » concernant les bases d'une église locale néotestamentaire sur l'avenir du mouvement des assemblées dans la province, mais nous nous abstiendrons. Cela va sans dire qu'il ne s'agissait pas d'un phénomène entièrement nouveau parmi nous. Déjà en 1959, lors d'un rapport sur un rassemblement régulier d'ouvriers, il a été déploré que « certains de nos frères n'ont jusqu'à présent pas jugé utile de participer ou d'assister à ces réunions ». En lisant entre les lignes, quand on connaît l'histoire du mouvement des Frères, on peut facilement en conclure que déjà à cette époque, tous les ouvriers n'avaient pas le même avis sur les caractéristiques d'une assemblée néotestamentaire. Il s'agissait probablement de points secondaires, mais les choses devenaient souvent confuses. Avec le temps et le départ des pionniers et des « pères » vers leur récompense éternelle, la nature homogène des assemblées du Québec a commencé à se dissiper. Les assemblées n'étaient plus reliées entre elles par des personnalités clés et connues de tous qui, dans presque tous les cas, partageaient le même « arrière-plan en matière de principes néotestamentaires ».

Dix-sept nouvelles œuvres francophones sont apparues à partir de 1983, dont seulement la moitié existait encore ou comptait parmi nos assemblées en 2010. Elles se situaient à Bedford (1983-1987), Saint-Michel-des-Saints (1983), Saint-Jean-Chrysostome (1983), Sainte-Julie (1984-1995), Saint-Just-de-Bretenières (1985-2003), Black Lake (1987-1993), Source de Vie à Lennoxville/Sherbrooke (1988), Le Sentier à Verdun (1988-1992), Cabano, aujourd'hui Témiscouata-sur-le-Lac (1989), Berthier-sur-Mer (1990-1991), Sainte-Marie-de-Beauce (1990), Fabre (1993-1997), Centre chrétien évangélique à La Tuque (1996), *Grace Gospel Hall* à Pincourt devenue une œuvre bilingue (1996), l'Assemblée biblique de Granby (1997-2001) et La Baie (1999). L'ancienne assemblée de Rouyn-Noranda a fermé en 1984 et une nouvelle a commencé en 2006.

En 1989-1990, il y avait cinquante-trois assemblées existantes et ce nombre a chuté à quarante-quatre en 2010. Durant cette période, les Frères ont en fait perdu treize assemblées dont Cloridorme, LaSalle, La Pocatière, Laval-des-Rapides, Montréal Agapé, Montréal Maranatha, Saint-Just-de-Bretenières, Saint-Léonard, Timmins (ON) et Verdun, plus trois autres – Berthier-sur-Mer, Fabre, et l'Assemblée biblique de Granby – qui étaient apparues puis avait fermé durant cette période.

Ce qui est encore plus significatif, c'est que six de ces treize assemblées étaient parmi les neuf qui se situaient dans la région du grand Montréal à partir de 1985, alors qu'il n'y en avait que six deux ans plus tôt[56]. Toutes avaient fait partie du Réseau (Regroupement Évangélique pour le Service et lEntraide des Assemblées Urbaines), une œuvre des assemblées dans le but de créer du lien.

Le réseautage

L'existence et la raison d'être de ce Réseau urbain ont été expliquées clairement dans un article paru dans le premier numéro du *News of Quebec* de 1990.

> La région de Montréal au Québec a toujours été considérée comme unique par rapport aux autres parties de la province. Le grand Montréal contient presque la moitié de la population de la province, une population qui devient de plus en plus cosmopolite avec l'arrivée d'un nombre croissant d'immigrants. Les Québécois qui utilisent le système de métro se demandent souvent s'ils sont encore au Québec alors qu'ils y entendent tellement de langues différentes.
>
> Des changements aussi importants posent un réel défi aux assemblées néotestamentaires qui cherchent leur identité et la raison de leur existence au milieu de cette mosaïque humaine. Les changements sont aussi évidents lorsque l'on voit la population francophone qui vieillit et l'exode des « baby-boomers » vers les banlieues. Dans ce décor urbain, les effets sur les assemblées locales sont que le nombre de couples stables diminue alors que le nombre de personnes en difficulté qui viennent chercher de l'aide

et des conseils augmente. Une petite assemblée a particulièrement du mal à faire face à ces nouvelles demandes complexes avec les nouveaux arrivants parmi elles.

En 1988, un sondage a été fait parmi les responsables de cinq assemblées de la région de Montréal. Les résultats ont montré assez clairement que les leaders se sentaient isolés et souvent impuissants devant tant de changements. Cela ne veut pas dire que les banlieues ne sont pas aussi touchées. Là, comme partout, le nombre de familles brisées a une incidence sur le type de nouveaux croyants qui se retrouvent dans les assemblées. Le sondage montrait aussi un puissant désir de travailler ensemble sur le plan pratique et de développer un sentiment d'appartenance parmi nous, chose qui manque cruellement. Au nom de l'autonomie, nous étions devenus indépendants et isolés les uns des autres. Ce problème particulier ne se ressent peut-être pas autant dans les grandes assemblées que dans les petites de trente personnes environ où cela peut souvent provoquer un sentiment d'impuissance. Dans certains cas, à certains endroits de la province, ce problème est surmonté du fait que les leaders se connaissent bien entre eux et peuvent créer un lien entre les différentes assemblées. Ce n'est cependant pas la norme dans la zone métropolitaine.

En janvier 1989, une lettre a été envoyée à plusieurs assemblées de la région de Montréal qui étaient déjà vaguement unies entre elles. La réponse a été des plus encourageantes et une première réunion a été prévue en mars pour discuter des prochaines étapes. Plusieurs responsables de chacune de six assemblées y ont assisté et ont pu poser certains objectifs pour la création d'un réseau interassemblées qui débuterait dans la région de Montréal et qui pourrait s'agrandir si le besoin s'en faisait sentir. La petite taille de chaque assemblée représentée a encouragé les participants à rechercher l'aide les uns des autres; ils cherchent à persévérer dans leurs sphères d'activité respectives.

Lors de cette réunion, les observations suivantes ont été faites : « Nos assemblées de Frères agissent de manière indépendante ce qui encourage souvent la médiocrité dans de petites assemblées alors qu'en même temps cela aboutit au développement de leaders qui sont trop forts pour de si petits rassemblements. Nous souffrons de plusieurs problèmes communs sans bénéficier d'aucun des avantages qui pourraient venir du fait d'avoir un bureau central et un programme d'aide mutuelle. » Nous avons été encouragés à dépasser des barrières du passé et à avancer vers l'avenir avec une vision nouvelle face à une situation nouvelle...

Dès le départ nous avons décidé de soumettre le projet à l'évaluation de la Corporation qui fournit un cadre légal pour nos assemblées au Québec. Norman Buchanan, son secrétaire, a été contacté ainsi que Donald Cox et Roy Buttery du Conseils et services missionnaires. En mai 1989, le frère Bruce McNicol d'Interest Ministries et John McCallum, de la Foundation Stewards, ont rencontré tous ces gens. Il a été fixé que le projet devait être mis en place et nous avons reçu l'assurance de leurs prières et de leur collaboration future.

Les conseils de tous ces hommes étaient des plus précieux. Nous avons été encouragés à laisser à d'autres organismes tels que News of Quebec, Conseils et services missionnaires, et la Corporation, certains services qui sont déjà fournis par leurs bureaux respectifs. Cela ayant été clarifié, une nouvelle réunion a été planifiée pour établir un conseil administratif et pour poser les objectifs immédiats...

C'est avec de grands espoirs que nous avons inauguré ce nouveau projet en octobre de l'année dernière avec un souper et une soirée partagés au cours de laquelle la plupart des leaders et leurs épouses étaient présents. Plusieurs témoignages ont été donnés soulignant le besoin d'un tel mouvement pour pouvoir s'entraider et renforcer le sens de la solidarité entre nous.

Notre enthousiasme est tempéré par le réalisme alors que nous démarrons, sachant que nous ne pouvons pas, en quelques mois, corriger des problèmes que notre isolement passé a créés... Nous reconnaissons la souveraineté de Dieu sur ce que nous faisons et nous nous attendons à lui pour qu'il pourvoie aux moyens de produire du fruit pour sa gloire. Nous le remercions de nous avoir déjà donné ce réel désir de prier les uns pour les autres. La prière sera la base et le premier des liens entre nous. Nous nous attendons à Dieu pour voir de grandes choses se produire dans les jours à venir[57].

Au début, les six assemblées participantes étaient : Groupe biblique de l'ouest de Montréal (LaSalle), Communauté chrétienne Le Sentier (Verdun), Assemblée chrétienne Maranatha (centre de Montréal), Église évangélique La Source (est de Montréal), Église évangélique Lamater (Terrebonne), et Assemblée chrétienne de Laval-des-Rapides. Au fil du temps d'autres assemblées locales ont rejoint le Réseau dont l'Église chrétienne évangélique Agapé (est de Montréal), Groupe biblique de Sainte-Julie, Assemblée chrétienne de Duvernay, et Groupe biblique de la Rive-Sud (Longueuil). Deux organisations liées aux assemblées faisaient aussi partie du groupe, à savoir, Services chrétiens de La Grande Maison et Villa Shalom.

De nombreuses activités interassemblées ont eu lieu dans les deux années suivantes, étant rapportée régulièrement dans *Réseau*, la publication officielle du groupe. Cependant, les lecteurs ont été surpris d'apprendre, dans le numéro du printemps 1992, que « faisant suite à une réunion des églises et organismes impliqués dans la création de Réseau, il fut décidé d'abolir la structure interéglise créée il y a environ deux ans[58] » Les raisons données pour cela étaient que cela laisserait chaque assemblée locale libre de participer plus activement aux réseaux régionaux et interdénominationnels, une collaboration qui existait déjà, ce qui rendait inutile une structure supplémentaire.

Selon l'un des participants clés, « Les leaders étaient devenus si préoccupés par les défis de leur croissance interne qu'ils ne pouvaient pas mettre en priorité le fait de se rassembler pour s'aider les uns les autres, donc ils ne le faisaient pas[59]. » De plus le manque de leaders dynamiques, comme ceux en lien avec La Grande Maison au tout début de la croissance explosive parmi les assemblées de la région de Montréal, qui avait culminé avec la création du Réseau, jouait un rôle clé dans la disparition de cet effort collectif. À la fin de la décennie, six des neuf Assemblées, qui avaient fait partie du Réseau, avaient soit cessé d'exister, ou avaient rejoint d'autres communautés évangéliques.

Comme on peut le comprendre, des inquiétudes pour l'avenir du mouvement des assemblées au Canada français ont continué d'être exprimées dans les pages du *News of Quebec*, comme dans le passage suivant publié en 1999.

Il nous a été rappelé dans les deux derniers numéros de *News of Quebec* que le ratio de croyants dans la population du Québec est l'un des plus bas du monde. La situation ne s'améliore pas alors que des assemblées locales disparaissent et que le nombre d'ouvriers diminue[60].

Entre temps, un second Réseau ou groupe de liaison a été formé en 2004 à la suite d'une lettre qui a circulé parmi certains leaders d'assemblées sélectionnés[61]. Des notes prises par Jean Lépine lors de la première réunion qui s'est tenue le 4 décembre 2004 contiennent les informations suivantes :

> La réunion s'est tenue au 225, Lupien à Cap-de-la-Madeleine sous la présidence de Guy Bourassa. Cette première rencontre a débuté à 13 h 45 par la lecture d'Éphésiens 4.1 : Marchez dans l'unité. Les personnes présentes étaient : François Fréchette, René Lepage, Michel Pedneault, Mario Gélinas, Martin Jalbert, Mark Strout, Nil Labrecque, Guy Bourassa, Jean-Pierre Cloutier, Réjean Allard, Marc Samson, Donald Cadotte, Daniel Braga, Douglas Virgint, Jean Lépine...
>
> La réunion s'est poursuivie avec certaines réflexions de D. Virgint, D. Cadotte, M. Pedneault. Michel s'est dit motivé par l'état spirituel de nos assemblées, en plus des différents problèmes que nous avons à rencontrer. Il a dit : « J'ai à cœur la croissance de nos assemblées; ce qui m'intéresse d'abord c'est le côté spirituel de nos assemblées. »

Citant le procès-verbal d'une deuxième réunion qui s'est tenue au même endroit le 26 février 2005, nous obtenons des informations un peu plus précises sur la raison d'être de cette initiative.

> Guy Bourassa explique un peu l'historique de sa démarche. Il faut voir à la survie et au développement de nos églises. Il a à cœur pour faire avancer le royaume de Dieu que l'on se prenne en main et que l'on travaille ensemble.

Plus tard cette même année, il a été rapporté dans le *News of Quebec* ce qui suit.

> Vers la fin de la conférence (CARO) plusieurs frères se sont exprimés sur une nouvelle initiative en cours de réalisation parmi

certaines assemblées dans le but de travailler plus étroitement ensemble pour le bien de chacun, le renforcement de l'œuvre et l'établissement de nouvelles assemblées. Ce qui ne peut pas être accompli par un seul peut souvent l'être par plusieurs, travaillant main dans la main. En se rassemblant, ses assemblées regardent au Seigneur pour le réveil et la croissance des assemblées francophones au Québec[62].

En 2006, le premier numéro d'un magazine publié par le nouveau Groupe Réseau des Assemblées chrétiennes évangéliques (G.R.A.C.E.) comportait l'article suivant écrit par Guy Bourassa :

> Ce premier journal que vous tenez entre vos mains est un des premiers résultats tangibles du Groupe de réflexion des Assemblées chrétiennes évangéliques. Ce comité a vu le jour en 2004 à la suite d'une initiative personnelle visant à contribuer à assurer la survie et le développement de nos assemblées au Québec. Cette première rencontre formelle a permis de réunir un certain nombre de frères responsables qui partagent les mêmes préoccupations concernant l'avenir de nos églises locales.
>
> Après plusieurs années de réflexion et de nombreuses conversations et discussions avec les frères concernant l'avenir, le développement et la survie des assemblées de frères au Québec, j'en suis venu à la conclusion qu'il fallait faire une ultime tentative. Rappelons, ici, qu'à la fin des années 80, plus particulièrement en 1988, un comité, ayant sensiblement les mêmes objectifs que les nôtres, avait été mis sur pied, mais l'initiative n'avait pas survécu.
>
> Le véritable élément déclencheur de mon initiative fut une rencontre informelle entre plusieurs responsables au camp Joli-B à l'été 2003. J'en étais malheureusement absent, mais j'en ai été informé par Jean-Pierre Cloutier lors d'une conversation où je partageais mon inquiétude concernant la santé spirituelle et le futur des assemblées au Québec. À ce moment (printemps 2004), Jean-Pierre m'a mentionné que je n'étais pas seul à être préoccupé par la situation. C'est alors qu'il m'a fait mention de cette rencontre à laquelle il avait participé au camp Joli-B en 2003 avec Noël Aubut, Roy Buttery, Martin Jalbert, Gaston Jolin, Gérard Jolin et Jack Kimpel, et que ceux-ci avaient partagé les mêmes préoccupations quant à l'avenir de nos églises.

Portrait des assemblées au Québec

Depuis 2000, le nombre des assemblées est passé de 43 à 41, et si la tendance se maintient nous risquons d'en voir plusieurs autres disparaître. Pendant cette même période le nombre des ouvriers temps plein est passé de 32 à 29. Autre statistique marquante, seulement 17 assemblées ont des ouvriers résidants et 24 sont sans ouvriers sur place. Enfin, une autre statistique encore moins rassurante est que 5 de nos ouvriers ont plus de 80 ans, 5 autres ont entre 70 et 80 ans. Bref, le tiers de nos ouvriers sont très âgés. Et nous constatons tous que les efforts actuels sont insuffisants ou infructueux pour renverser cette situation.

Voilà donc le constat alarmant de notre situation, c'est pourquoi j'ai pris l'initiative en 2004, avec l'encouragement de Jean-Pierre et d'autres frères, de réunir plusieurs responsables d'assemblées locales qui semblaient partager ce même fardeau, et qui avaient démontré une ouverture d'esprit pour travailler avec nous sur un tel projet[63].

Plus d'informations ont été fournies dans un numéro du *News of Quebec* paru plus tard.

Un groupe de gens impliqués dans l'œuvre du Seigneur parmi nos assemblées francophones s'est réuni pour prier concernant une situation inquiétante. Voici les problèmes les plus importants auxquels nous avions le sentiment de devoir faire face.

Plusieurs des plus ou moins 45 assemblées francophones du Québec sont en déclin. D'autres ont fermé. Il reste encore beaucoup de villes et de villages au Canada français où personne ne témoigne de l'Évangile de quelque manière que ce soit et pourtant il ne semble pas y avoir de motivation à fonder de nouvelles assemblées. Plusieurs de nos ouvriers à temps plein sont près de l'âge de la retraite ou l'ont déjà atteint. Plusieurs sont morts récemment. Les assemblées francophones n'ont pas encore appris complètement à soutenir l'œuvre du Seigneur financièrement, très peu de nouveaux ouvriers sont envoyés de nos assemblées dans la moisson, ici ou à l'étranger.

Plusieurs ont décidé de rechercher la direction du Seigneur pour améliorer cette situation. De cela est né le Réseau avec pour but de recommander dix nouveaux ouvriers dans les cinq années à venir pour travailler avec de nouvelles assemblées ou celles qui sont en difficulté...

Le Réseau est sensible à tout le peuple de Dieu. Mais notre appel du Seigneur est de travailler avec nos assemblées. Nous établissons donc des critères généraux pour choisir les églises avec lesquelles nous travaillerons. Parmi ces critères : la direction est assumée par un groupe d'hommes spirituels ; quoique les femmes ont un rôle important à jouer dans l'église locale, cela n'inclut pas l'enseignement public de la Parole à des groupes mixtes d'adultes ; la table du Seigneur, le centre de la vie de l'assemblée, est célébrée chaque semaine.

Le Réseau ne remplace pas l'église locale pour ce qui est de recommander de nouveaux ouvriers. Il ne souhaite pas non plus « diriger » les nouvelles assemblées. Il aide plutôt à soutenir financièrement les nouvelles œuvres (pas plus de 50 % pour commencer, qui diminuent sur les cinq années suivantes) ; lorsque cela est demandé par une assemblée recommandant un ouvrier et par l'ouvrier lui-même, il peut aider à encourager et à guider le nouvel ouvrier ; quand cela est demandé par l'assemblée qui recommande, il peut aider à évaluer la formation de nouveaux ouvriers et à mettre en place un programme pour s'assurer qu'ils ont les compétences pratiques pour poursuivre l'œuvre ; il publie une lettre de nouvelle pour nos assemblées francophones trois fois par an[64].

Le Groupe Réseau, encouragé au départ par Vision Ministries Canada, a continué à se développer et à s'étendre dans les années qui ont suivi. À la fin de 2009, Guy Bourassa a donné le rapport suivant.

Depuis décembre 2004, le Réseau a beaucoup progressé. Dans différents domaines : le site Web, le magazine, les nouveaux ouvriers, une commission jeunesse... De décembre 2004 à novembre 2006, nous avons prié pour savoir ce que Dieu voulait que nous entreprenions comme projet. Le Seigneur nous a répondu. Six nouveaux ouvriers et encore quatre à venir[65].

En 2010, après six années d'existence, il a été rapporté que « sept nouveaux ouvriers à temps plein avaient été recrutés et/ou aidés par le Groupe Réseau et un autre était sur le point de s'engager. De nouveaux services avaient été développés et ils fonctionnaient bien.

Ces services incluaient une assistance financière aux nouveaux ouvriers recommandés durant leur première année sur le terrain, un magazine semestriel, un site Web, une conférence pour les ouvriers à temps plein, lancée l'année précédente, et l'initiative Barnabas. À cette époque, environ un tiers des assemblées du Québec faisaient partie de la famille du Groupe Réseau[66].

ProFAC, le programme de formation soutenu par les assemblées, avait aussi été incorporé au programme du Groupe Réseau. Des cours, dont le niveau correspond aux cours donnés dans les séminaires, étaient dispensés et la formation à distance était proposée pour la première fois. Quelque 258 étudiants s'étaient inscrits jusqu'en 2009-2010. Le rapport qui suit a été donné par le directeur, Gilles Despins.

C'est maintenant un privilège pour moi, depuis l'automne 2008, de servir le Seigneur à temps plein au côté de mon ami et mentor, Doug Virgint. Mon assemblée locale à Shawinigan m'a recommandé à la grâce de Dieu pour la réalisation de cette tâche.

À l'automne 2008, un accord a été signé avec le Moody Bible Institute de Chicago, accordant à ProFAC la permission de traduire et d'utiliser certains de leurs cours. Le premier d'entre eux a été enseigné ce même automne à 25 étudiants des alentours de Québec. Par ailleurs, ProFAC a été restructuré, les registres des étudiants ont été mis à jour et un nouveau programme de baccalauréat a été mis en place.

Par la suite, nous avons prodigué de nombreux nouveaux cours dans la province à Trois-Rivières, Québec, Cabano, Montmagny, Sorel, Rouyn-Noranda et Grand-Mère. De vingt-cinq étudiants en 2008 nous sommes passés à plus de deux cents jusqu'en 2009-2010. Les étudiants peuvent s'inscrire comme auditeur libre ou pour accumuler des crédits. Ceux qui suivent le programme pour accumuler des crédits peuvent obtenir un certificat d'études bibliques, un certificat de théologie ou un certificat de ministère. Ces trois certificats réunis constituent un baccalauréat en théologie.

ProFAC propose ces cours sous deux formes, de manière décentralisée ou en internat. Dans le premier cas, un étudiant peut étudier dans un lieu proche de chez lui puisque les cours sont donnés dans différentes régions de la province à la demande d'une ou de plusieurs assemblées. Cela est ouvert à tous ceux qui veulent profiter de cette opportunité. L'internat est réservé aux ouvriers à temps plein ou ceux qui se préparent pour le ministère et qui veulent avoir une formation théologique. Les cours en internat sont donnés seulement à Trois-Rivières, rassemblant des étudiants de toute la province pour une courte période d'étude intensive.

Le développement d'un site Web, entrepris par Danny Virgint, est une autre contribution importante de ProFAC. Cela nous a permis, entre autres, de répandre des informations bibliques et théologiques de manière régulière à travers des pages comme celle des questions-réponses, pour n'en nommer qu'une. Nous espérons à l'avenir pouvoir également dispenser des cours par Internet[67].

Étant un historien, et pas un prophète, l'auteur peut seulement dire qu'il reste à voir dans quelle mesure le Groupe Réseau fait partie de ce qui pourra être reconnu par les futurs historiens comme la nouvelle marée haute dans le destin de nos assemblées.

News of Quebec

Il est des plus appropriés que nous terminions cette histoire de l'œuvre de Dieu parmi les assemblées de Frères au Canada français en rendant hommage au *News of Quebec*. Bien que ce ne soit pas la seule, c'est tout de même la principale source d'information utilisée pour écrire ce livre. L'éditeur fondateur, Dr Arthur Hill, n'aurait pas pu être plus dans le vrai quand, en 1967, il a parlé des quarante-deux numéros déjà publiés comme de « livrets à grande valeur historiques ». On peut dire la même chose des 141 numéros sortis ensuite, presque 200 en tout jusqu'en 2010, qui ont été consultés pour écrire cette histoire. Cela, bien entendu, n'était pas son but premier, mais c'est certainement une heureuse bénédiction secondaire.

Combien de copies ronéotypées ont été distribuées au départ en 1944, nous ne le savons pas ; cependant, en trois ans, 8000 exemplaires étaient imprimés pour être distribués chaque année ; en 1952, ce chiffre est monté à 12 000. En 1968, le magazine était devenu une publication trimestrielle comptant 20 000 exemplaires chaque trimestre. Sans surprise, suivant le même mouvement que le reste de l'œuvre, en

1987 il n'y avait plus que 8000 exemplaires imprimés et ce nombre a diminué d'encore 2000 exemplaires au fil des ans jusqu'en 1995. Deux ans plus tard, le magazine est passé de quatre à trois publications par an dans l'espoir que cela « soulagerait quelque peu la pression concernant les dépenses et assurerait une meilleure répartition aux serviteurs du Seigneur qui sont sur le terrain[68] ».

Le magazine a toujours eu pour but de donner une voix aux croyants francophones, leur permettant de demander la prière et le soutien de leurs frères anglophones à travers l'Amérique du Nord et ailleurs. « NEWS OF QUEBEC a été lancé il y a de nombreuses années pour faire connaître cette province en tant que champ de mission aux chrétiens du reste du Canada et des États-Unis[69]. » Dieu a béni cette initiative et de ce fait, *News of Quebec* a pu distribuer pour l'œuvre des milliers de dollars en dons venus du peuple de Dieu. Par exemple, en 1983, la somme de 89 160 dollars a été donnée aux ouvriers, et en 2006 ce chiffre était de 144 256 dollars. À contrario, le nombre d'ouvriers recommandés a diminué, passant de 78 à 60, en comptant toujours les épouses. De ces derniers, 39 sur 78 en 1983 et 35 sur 60 en 2006 étaient des « Québécois pure laine ». Heureusement, ces nombres et pourcentages allaient être amenés à augmenter.

Le magazine a toujours cherché à être un pont entre les « deux solitudes » du Canada français et anglais. « En ces temps de trouble et de division politique au Canada, nous comptons sur les prières de tout le peuple de Dieu pour que sa bénédiction continue sur l'œuvre pour l'Évangile qui se fait ici au Québec[70]. » Ceci, comme d'autres déclarations, apparaissait de temps en temps dans le magazine. Ron Edgecombe, qui fut ouvrier au Québec à partir de 1967 jusqu'à ce qu'il reparte en Colombie-Britannique en 1979, l'a bien exprimé, suite à sa visite dans la province vers la fin des années 90. « Nous ne devons pas laisser la situation politique brouiller notre vision ni nous détourner de notre but ultime, qui est d'atteindre les âmes perdues pour Christ. Nous devons continuer à soutenir son œuvre, en anglais et en français, dans la Belle Province[71]. »

Pendant de nombreuses années, News of Quebec a fonctionné sous l'égide de Grace Chapel of the Christian Brethren Church jusqu'à sa propre constitution en société en janvier 2000 sous le nom de Fondation NOQ. Grace Chapel à Sherbrooke, qui a démarré en 1942 à travers les efforts conjoints de plusieurs frères dont Dr Arthur Hill, a toujours soutenu l'œuvre parmi les Canadiens français comme ont fait tant d'autres rassemblements anglophones au Québec et dans tout le Canada. Il ne fait aucun doute que le magazine a joué un rôle de première importance dans le maintien de cet intérêt.

Nous devons rendre un hommage particulier à ceux qui ont travaillé dans l'ombre. Pendant des années, l'éditeur associé, Norman Buchanan, a géré l'impression et la distribution du magazine. Quant à celles qui ont travaillé comme secrétaire, nous voulons spécialement mentionner Marjorie Haffenden et Marj Robbins. Mme Haffenden a servi pendant bien plus de vingt-cinq ans jusqu'à son remplacement par Marj Robbins en 1983. En 2010, Marj a dépassé le quart de siècle de service fidèle au magazine. Seules ces deux femmes pourraient dire combien de lettres et de chèques elles ont envoyés, combien de textes elles ont corrigés, pour ne mentionner qu'une petite partie des innombrables contributions qu'elles ont faites à l'œuvre. Puis il y a les nombreux membres du comité qui au fil des années ont donné de leur temps et mis leur expertise au service de cette œuvre. Parmi ceux-là, citons, entre autres, ceux qui ont été présidents du comité : Arthur Hill (1944-1980), Norman Buchanan (1981-1991), Roy Buttery (depuis 1991). Il faudrait passer beaucoup de temps à relire les minutes de leurs innombrables réunions pour pouvoir citer le nom de chaque personne qui a participé de cette manière.

En conclusion, toute la gloire revient à Dieu envers qui nous sommes tous redevables pour les hauts et les bas de cette histoire. Après tout, il s'agit de *son* histoire, incluant les bons et les mauvais côtés. Laissons l'histoire dire si les buts, les espoirs et les prières de ces trois éditeurs en chef successifs, tels qu'exprimés dans leurs premiers éditoriaux, se sont en effet réalisés.

Ce petit journal est une tentative d'informer le peuple de Dieu qui s'intéresse aux Canadiens français – et qui ne devrait pas s'y intéresser ? – au sujet de ce qui se passe au Québec...

Je crois que des opportunités comme des responsabilités se présentent maintenant devant nous au Québec et le Seigneur nous convoque à répondre aux besoins. Si les chrétiens des assemblées ne peuvent pas, avec l'aide de Dieu, répondre à ce défi, soyons certains qu'il suscitera ailleurs des chrétiens qui, eux, feront ce merveilleux travail. Que Dieu nous aide à atteindre cette terre et à l'occuper[72].

— Arthur C. Hill, éditeur, 1944-1967

C'est avec une grande appréhension que je prends la responsabilité d'éditeur en chef du *News of Quebec*, car nul n'est plus conscient que moi des efforts infatigables de Dr Hill pour la préparation et la mise en circulation de ce petit journal, ainsi que pour la correspondance avec ses lecteurs. Personne n'est probablement plus conscient que moi de la manière dont Dieu a utilisé ces années de dévouement pour amener son peuple à prier pour le Québec, à donner pour le maintien de son œuvre ici, et, dans certains cas, à « passer en Macédoine pour nous aider ». Par conséquent, il ne s'agit pas pour moi d'une petite tâche, mais le courage me vient de la promesse de Dieu à Josué : « Je serai avec toi, comme j'ai été avec Moïse.[73] »

— Arnold J. M. Reynolds, éditeur, 1968-1983

Il y a de cela trente ans, un jeune homme, à peine adolescent, a eu en main son premier numéro du NEWS OF QUEBEC. Dieu l'a utilisé pour approfondir et maintenir son intérêt pour l'œuvre qui s'y déroulait. À partir de ce jour et jusqu'à environ dix-sept ans plus tard, quand lui et sa famille sont arrivés au Québec pour servir le Seigneur parmi les Canadiens français, il n'a jamais raté un numéro. Même aujourd'hui il continue à lire chaque magazine avec beaucoup d'intérêt. Je le sais, parce que cet adolescent, c'était moi. NEWS OF QUEBEC a été l'instrument de Dieu pour me conduire, ainsi que beaucoup d'autres, vers cette terre de mission qui en a tant besoin...

C'est avec joie que, en tant que membre de la famille NEWS OF QUEBEC, j'endosse aujourd'hui la responsabilité d'éditeur.

C'est pour moi un honneur de marcher dans les traces de mes prédécesseurs, Dr Arthur Hill et M. Arnold Reynolds, que je compte parmi mes plus chers amis. Ma prière est que Dieu continue à utiliser cette publication pour l'avancement de son œuvre dans ce petit coin de sa grande vigne[74].

— Richard E. Strout, éditeur depuis 1983

À Dieu soit la gloire !

NOTES

Introduction

[1] *News of Quebec* 1968a, p. 3.

[2] NOQ 1967b, p. 32.

[3] Mason Wade, *The French Canadians 1760-1945*, Toronto, The Macmillan Co., 1956, p. 1.

[4] Anthony Norris Groves, Lettre adressée à J. N. Darby, datée du 10 mars 1836.

[5] Francis William Newman, *Phases of Faith*, Leicester University Press, 1970, p. 17-18. Pour souligner les différences d'opinion existant entre J. N. Darby et J. H. Newman, la citation suivante est pertinente : « Jusqu'à quel point les nouveaux réformés doivent-ils donc regarder en arrière ? La réponse évidente devrait être : Jusqu'à Christ et au Nouveau Testament. Cela a été la réponse des évangéliques (*La réponse de Darby*). Mais pour les Tractariens, c'est de toute évidence la mauvaise réponse. D'après eux, Jésus avait chargé les apôtres d'une mission ; mais il ne leur avait pas donné une Église clé en main. La formation de l'Église a été un processus qui s'est fait graduellement – forcément, en même temps que la foi s'emparait de l'Empire romain. Mais il ne s'agissait pas d'un processus incohérent et désordonné. La promesse du Père était avec les apôtres et puis ensuite avec les saints et les Pères de l'Église primitive. Le Saint-Esprit a dicté le schéma de la divine société. C'est vers ce moment, dans les premiers siècles de la chrétienté, alors que

l'Église était encore une et unie, avant que le premier schisme fatal entre l'Église d'Orient et celle d'Occident (*1054*) n'ait commencé à se développer, que Newman et ses compagnons se sont tournés pour redécouvrir ce schéma divin, encore, comme ils le pensaient, préservé par la providence de Dieu, plus sûrement que n'importe où ailleurs, dans l'Église d'Angleterre. Dans le langage maladroit de son *Articles de Religion*, « Les Saintes Écritures contiennent tout ce qui est nécessaire au salut », mais cela ne pouvait pas vouloir dire, comme le maintenaient les membres de la Basse Église (*les évangéliques*) que ce qui est nécessaire au salut est ouvert à tous directement dans les Écritures, accessible sans aide à l'intelligence humaine ; et cela veut encore moins dire que les services et les sacrements de l'Église ne sont pas nécessaires au salut. La Parole de Dieu avait besoin d'une interprétation fiable. Et cette interprétation se trouve dans les écrits, non seulement des apôtres, mais aussi des Pères de l'Église et dans les décisions des Conseils œcuméniques de l'Église qui se sont tenus périodiquement entre le quatrième et le septième siècle » (*l'italique est de l'auteur*). Geoffrey Faber, *Oxford Apostles*, p. 340-341. Le Québec du XIXe siècle n'a pas échappé aux conséquences de cette controverse, comme en témoigne cette autre citation : « Depuis son inauguration, la CCSS (Colonial Church and School Society) s'est heurtée à l'opposition farouche de Francis Fulford, évêque du diocèse de Montréal nouvellement construit. Fulford est arrivé dans la ville enhardi par l'importance "tractarienne" de la dignité et de l'autorité épiscopales. Ayant étudié au Exeter Collège d'Oxford vers la fin des années 1820, il a été séduit par des pensées qui trouveraient plus tard toute leur expression dans le mouvement d'Oxford de John Henry Newman et E. B. Pusey. Il était proche du cercle restreint de la *High Church Society for the Propagation of the Gospel in the Foreign Parts* (SPG) et cherchait activement à étendre sa colonie. Fulford avait en "haute" estime l'Église visible avec sa théologie sacramentelle, son épiscopat historique et son détachement du contrôle de l'État, et il défendait jalousement les droits territoriaux des évêques locaux. Ce genre d'homme était généralement détracteur des évangéliques et méprisait leur théologie et leur vie d'église. Les évangéliques étaient pragmatistes pour ce qui est de la mission et de l'évangélisation. Certains d'entre eux étaient trop disposés à coopérer avec leurs dissidents, et leur théologie "convertionniste" donnait l'impression que l'Église visible n'était pas pertinente et qu'elle était un obstacle. L'évêque George Mountain de Québec les a déjà qualifiés de colporteurs de « visions basses et latitudinaires ». De grands soupçons planaient souvent des deux côtés. Pour les hommes de la Haute Église et pour les tractariens, l'incapacité des évangéliques à respecter les "principes d'église" avait compromis leur identité anglicane ; pour les évangéliques, les hommes de la Haute Église et les tractariens risquaient d'abandonner leur protestantisme. Presque dès le début, Fulford a eu une piètre opinion de l'œuvre de la CCSS dans ce qu'il considérait comme son diocèse. » Richard W. Vaudry, *French Speaking Protestants in Canada: Historical Essays*, Leiden/Boston, Brill, 2011, p. 55-56.

[6] En 1845, une controverse a éclaté qui a mené à une division des *Frères de Plymouth*. L'avènement du Seigneur était l'un de leurs thèmes préférés, et c'est une différence d'opinion sur ce sujet entre deux de leurs leaders qui a été à l'origine de cette rupture. M. Darby a promulgué la théorie selon laquelle la venue de notre Seigneur pour ses saints se ferait dans le secret, alors que sa venue pour le jugement se ferait aux yeux de tous. M. Newton, un homme fort instruit et qui avait pris les Ordres sacrés, a réfuté ces affirmations. M. Darby a répliqué en accusant M. Newton (deux ans plus tard) d'enseigner une hérésie concernant l'humanité de notre Seigneur dans un pamphlet qui circulait chez les Frères depuis dix ans. M. Newton a fait retirer ce pamphlet ; mais cela n'a pas suffi à M. Darby et ses adeptes. Ils se sont séparés de ceux qui étaient avec M. Newton, les ont excommuniés et ont appelé les Frères de partout ailleurs à en faire autant. M. Darby, à ce sujet, a rencontré une très forte opposition à Bristol et de la part de M. Müller (fondateur de l'orphelinat de Ashley Down), et de ceux qui le soutenaient. Ils ont choisi de ne pas juger M. Newton. À cause de cela, les partisans de Darby ont excommunié ceux de Müller et tous ceux qui étaient de leur côté. Cela s'est produit en 1848, et

à partir de ce moment, les *Frères de Plymouth* ont été divisés en deux grandes branches : (1) Les Frères de Plymouth ou les Frères exclusifs (darbystes). Cette branche permettait à d'autres chrétiens de se réunir avec eux sous certaines conditions, sauf s'ils faisaient partie des Frères larges, ceux-ci étant complètement exclus. (2) Les Frères dits larges ou Frères de Bristol, qui recevaient, comme au tout début, tous ceux qui se déclaraient chrétiens et *dont la vie démontrait cette réalité* (l'italique est de l'auteur). W. Shrubsole, « Plymouth Brethren Hymnody », dans J. Julian, éd., *A Dictionary of Hymnology*, New York, Dover, 1907, vol. 2, p. 898-899. Le livre que vous tenez entre vos mains présente l'histoire de l'œuvre des Frères dits larges dans la province de Québec.

[7] L'un des étranges liens entre l'œuvre des Frères en Suisse et celle qui allait se développer au Canada français est le fait que le tout premier missionnaire suisse au Canada français, Henri Olivier, était un disciple de Darby, bien que cela se soit produit plusieurs années après son court séjour à Montréal en 1834-1835. Les pages du *Bulletin* de la Société d'histoire du protestantisme franco-québécois de mars 2012 montrent l'omniprésence de l'influence de Darby et du mouvement des Frères. Le lien du Québec avec Darby et la Suisse ressort aussi dans les pages du *News of Quebec* (NOQ 1956, p. 7). « Les assemblées de chrétiens connus sous le nom de Frères existent au Québec depuis environ un siècle. M. J. N. Darby et M. F. W. Grant, parmi plusieurs autres évangélistes et enseignants bien connus, ont visité la province à de nombreuses occasions. Mais jusqu'à récemment, tous ces enseignements et ces efforts d'évangélisation n'étaient dirigés que vers la population anglophone. Cela est particulièrement à noter lorsque l'on considère l'œuvre importante accomplie par M. Darby en Suisse romande. »

[8] La majorité des Églises évangéliques québécoises francophones doivent leur existence à la volonté de certaines dénominations canadiennes-anglaises et américaines d'établir une tête de pont protestante dans cette mer catholique qu'était le Québec français jusqu'à la fin des années 70 (Denis Remon, *L'identité des*

protestants francophones au Québec : 1834-1997, Association canadienne-française pour l'avancement des sciences, 1988, p. 166).

[9] Après 1925, l'Église unie du Canada ne s'est pas particulièrement intéressée à maintenir l'effort qui, à cette époque, s'était réduit à presque rien. D'ailleurs trente ans plus tard ils ont admis qu'« il ne semble pas jusqu'ici que l'Église unie du Canada se soit réellement penchée sur le problème de l'évangélisation en langue française au Canada... » Edmond Perret, *L'Église unie du Canada et le problème de l'évangélisation en langue française*, 1956.

[10] Robert Baylis, *My People : the History of those Christians Sometimes Called Plymouth Brethren*, Harold Shaw Publishers, Wheaton, Ill., 1995, p. 83.

[11] Ibid., p. 88-90.

[12] Ross H. McLaren, *The Triple Tradition : The Origin and Development of the Open Brethren in North America*, 1982. Dissertation non publiée pour *Vanderbilt University*, p. 44.

[13] Ibid.

[14] Les informations dans cette partie viennent de diverses sources dont : George H. DIXON, *Looking Backward Pressing Forward : A brief history of the Montreal Assemblies of Christians known as brethren 1860s-1993*.

[15] *Truth & Tidings*, volume 58, numéro 5, mai 2007.

[16] Certaines parties de cette histoire ont été prises, avec permission, dans l'autobiographie de Gaston Jolin (*Messager de la Bonne Nouvelle*, Trois-Rivières, éditions Impact, 2012, 294 p.).

[17] NOQ 1946, p. 10.

[18] Un autre bref récit de la vie et de l'œuvre de John Spreeman se trouve dans *Une vie consacrée*, écrit et publié par Jean-Paul Berney.

[19] Le père de Fernand Saint-Louis.

[20] *Light and Liberty*, 1935.

[21] Baylis, p. 150.

[22] NOQ 1951, p. 14.

[23] NOQ 1954, p. 18.

Marées basse et montante

[1] Richard Strout, *Advance Through Storm being the Story of French Evangelical Protestantism in Roman Catholic Quebec 1930-1980* (manuscrit non publié, 1980), p. 9.

[2] Paul-André Linteau, et autres, *Histoire du Québec contemporain, Le Québec depuis 1930*, tome 2, p. 17.

[3] Ibid., p. 113.

[4] NOQ 1951, p. 3.

[5] Linteau et autres, p. 114.

[6] *Facts About the Union of French Baptist Churches in Canada* (brochure).

[7] NOQ 1955, p. 6-7.

[8] NOQ 2004c, p. 23-24.

[9] NOQ 2006b, p. 4-5.

[10] NOQ 1968a, p. 3-4.

[11] NOQ 1956, p. 7.

[12] NOQ 1957, p. 4.

[13] NOQ 1950, p. 2.

[14] NOQ 1961c, p. 6-8.

[15] Yves Petelle, *Pionniers de l'Évangile au Québec : Assemblée évangélique de Girardville*, éditions de la Sentinelle, Jonquière, 2008, p. 53-54.

[16] NOQ 1946, p. 11.

[17] NOQ 1994v49a, p. 12-13. Le bâtiment dont parle Doris Pitman était la nouvelle école construite en 1943. Les Davey ont vécu à l'étage pendant un certain temps, le rez-de-chaussée étant la salle de classe qui servait le dimanche pour les réunions de l'assemblée.

Lorsque les Davey ont commencé à accueillir des enfants venant de loin en pension, ils avaient déjà déménagé dans une nouvelle maison près de l'école, construite par John Spreeman avec l'aide d'autres personnes dont Norman Payne, Eddie Hannah, Charlie Dodds et Louis Dart, tous venus de l'Ontario.

[18] NOQ 1945, p. 9.

[19] NOQ 1952, p. 21.

[20] NOQ 1955, p. 29.

[21] NOQ 1960a, p. 38.

[22] NOQ 1966b, p. 21.

[23] NOQ 1947, p. 9.

[24] Ibid., p. 10.

[25] NOQ 1948, p. 13.

[26] NOQ 1949, p. 6.

[27] Ibid.

[28] NOQ 1950, p. 11.

[29] NOQ 1951, p. 15.

[30] NOQ 1957, p. 38.

[31] NOQ 1947, p. 5.

[32] NOQ 1952, p. 21.

[33] NOQ 1956, p. 26.

[34] NOQ 1963c, p. 3.

[35] NOQ 1956, p. 27.

[36] NOQ 1961b, p. 31.

[37] NOQ 1956, p. 27.

[38] Alphonse Primeau-Robert, *La place des Protestants dans la nationalité canadienne-française*, 1924, p. 44-45.

[39] NOQ 1951, p. 10.

[40] Ibid., p. 11. L'internat n'a jamais été réalisé.

⁴¹ NOQ 1952, p. 9. En 1954, mes parents, mon frère, mes deux sœurs et moi-même avons visité la région de Trois-Rivières et avons pris connaissance de l'œuvre qui s'y faisait. Ayant été empêchés de réaliser leur projet de devenir missionnaires parmi les francophones en Haïti, mes parents s'étaient récemment réinstallés en Nouvelle-Angleterre. Par la suite, ils étaient entrés en contact avec le Dr Arthur Hill. Comme ma mère était enseignante et avait étudié le français, leur visite concernait sans doute le système scolaire au Québec, soit pour envisager la possibilité de déménager dans *la Belle Province* et donner un coup de main ou bien pour apprendre comment ils pourraient ouvrir leur propre école chrétienne. Finalement, c'est la deuxième option qui s'est produite, avec l'ouverture de *Sunnyside School* à Barrington, New Hampshire. L'autre résultat de cette visite, d'une plus grande portée, c'est l'appel que j'ai moi-même reçu du Seigneur à cette époque, à l'âge de quatorze ans, à devenir plus tard missionnaire au Québec.

⁴² NOQ 1958, p. 34.

⁴³ NOQ 1947, p. 2.

⁴⁴ NOQ 1955, p. 22.

⁴⁵ NOQ 1956, p. 26. Dans une entrevue avec Fernand Saint-Louis, celui-ci a expliqué à l'auteur que même quand lui et d'autres ont commencé à aller à l'école anglophone, ils étaient constamment sous pression. Par exemple, les vendredis, toutes les classes de l'école francophone qu'il fréquentait auparavant passaient devant chez lui pour se rendre à l'église catholique. Un jour, alors qu'il était assis devant sa maison, son ancien enseignant de cinquième année a arrêté toute la file d'élèves et lui a ordonné de venir se mettre en rang avec les autres pour aller à confesse avec eux.

⁴⁶ NOQ 1956, p. 27.

⁴⁷ NOQ 1960a, p. 25.

⁴⁸ NOQ 1961b, p. 31.

⁴⁹ NOQ 1963b, p. 4.

⁵⁰ NOQ 1975a, p. 8. En 1947, un an avant les débuts de Béthel, une école biblique à court terme avait été mise en place à l'assemblée de Cap-de-la-Madeleine avec le Dʳ Sheldon Bard comme professeur.

⁵¹ NOQ 1960a, p. 49.

⁵² Margaret Payne, *Bethel's Story : A Light in a Dark Place*, éditions Béthel, 1991, p. 33.

⁵³ NOQ 1947, p. 18. Les pentecôtistes furent apparemment sur les ondes à Montréal dès 1944 d'après Jerry Thomas dans son récent mémoire de maîtrise, *The Predominance of Pentecostals, Brethren, and Fellowship Baptists in French Evangelicalism in Quebec, 1921-1963*.

⁵⁴ NOQ 1988c, p. 14.

⁵⁵ NOQ 1957, p. 22-23.

⁵⁶ NOQ 1964a, p. 4.

⁵⁷ NOQ 1964d, p. 22.

⁵⁸ NOQ 1964a, p. 13-14. Selon les souvenirs de Gaston Jolin, il n'en coûtait que neuf dollars, c'est-à-dire la moitié du prix, pour un programme de 15 minutes débutant au printemps 1961. De plus, la vraie raison pour laquelle « cette porte était fermée » était la décision de passer aux stations de Radio Nord qui couvraient tout le nord-ouest du Québec.

⁵⁹ Ibid., p. 6-8. Selon Fernand Saint-Louis, les programmes de LFV n'ont jamais été enregistrés « en utilisant l'équipement de la station de radio locale », mais plutôt dans sa propre maison ou celle de Peter Foggin ou de Leslie Russell.

⁶⁰ NOQ 1964d, p. 24.

⁶¹ Jean-Louis Lalonde et Pierre Grosjean, *Joseph Vessot colporteur de bibles et pasteur presbytérien au Québec 1810-1898*, SHPFQ, 2011, 523p.

⁶² NOQ 1955, p. 10.

⁶³ NOQ 1959, p. 36.

64 NOQ 1952, p. 25.

65 NOQ 1957, p. 40.

66 NOQ 1952, p. 4-5. Alors qu'elle n'avait que dix ans, l'épouse de l'auteur a participé à l'envoi de ces tracts depuis son assemblée dans le sud du New Jersey aux États-Unis.

67 NOQ 1954, p. 19.

68 NOQ 1959, p. 40.

69 NOQ 1960a, p. 21.

70 NOQ 1957, p. 42-43.

71 NOQ 1958, p. 35,36. *Vers Minuit* a été publié tous les mois pendant deux ans, de février 1958 à décembre 1959. On a changé son nom en *Message de Vérité* à partir de janvier 1960. *Vie Ardente* a été publié mensuellement de 1957 à 1960. Il avait commencé sous le nom de *Jeunesse Ardente*, changeant de nom pour le premier numéro de 1958.

72 NOQ 1959, p. 17.

73 NOQ 1961d, p. 9.

74 NOQ 1964, p. 20.

75 NOQ 1960a, p. 18-20.

76 NOQ 1961b, p. 13-14.

77 NOQ 1966b, p. 13.

78 NOQ 1965a, p. 14.

79 NOQ 1963a, p. 10.

80 Tiré de l'annonce de la consécration du Ron & Jean Rublee Memorial Park à Frontier Lodge qui a eu lieu le dimanche 7 août 2011.

81 Jane Blair, *The Foundations of Frontier Lodge, Fifty Years of Christian Camping in Quebec*, p. 156.

82 Ibid., p. 144.

83 NOQ 1959, p. 14.

[84] NOQ 1960a, p. 10. Pendant vingt ans, de 1960 à 1979, Fernand Saint-Louis a participé au Camp Béthel, d'abord en tant que conseiller puis comme directeur à partir de 1969 après le départ de Walter Angst.

[85] NOQ 1966a, p. 17.

[86] NOQ 1967c, p. 2-3.

[87] NOQ 1967d, p. 29.

[88] *25ᵉ Anniversaire 1947-1972 Assemblée chrétienne de Cap-de-la-Madeleine*, p. 7.

[89] NOQ 1950, p. 8.

[90] NOQ 1951, p. 15.

[91] NOQ 1958, p. 22-23.

[92] NOQ 1960a, p. 24.

[93] NOQ 1960c, p. 5.

[94] Procès-verbal d'une séance des missionnaires de la Christian Brethren Church tenue à la Chapelle évangélique à Drummondville, le lundi 8 février 1960, à 19 heures.

[95] NOQ 1964, p. 6.

[96] NOQ 1964a, p. 9. Dans une entrevue ultérieure avec l'auteur, Fernand a expliqué que les catholiques ne veulent pas être reconnus comme protestants, même après leur conversion. « Chrétiens », oui. « Chrétiens évangéliques », oui. « Protestants », jamais !

[97] NOQ 1967d, p. 18.

[98] NOQ 1948, p. 6.

[99] NOQ 1957, p. 39.

[100] NOQ, feuille supplémentaire, 1947.

[101] NOQ 1948, p. 21.

[102] Ibid.

[103] NOQ 1956, p. 37.

[104] NOQ 1967c, p. 9. Nous apprenons, dans les pages du *Chronicle-Telegraph* de Québec daté du 23 septembre 1981, dans un article mentionnant le 25ᵉ anniversaire des anciens résidents et membres du personnel du foyer, que Miss Lewis, après être retournée aux États-Unis et s'être mariée, est décédée en 1980 à l'âge de 66 ans. Le foyer a été dirigé par le révérend Ernest Houle pendant les quatre dernières années et demie de son existence.

[105] NOQ 1967d, p. 20.

[106] NOQ 1971a, p. 23-24.

[107] NOQ 1959, p. 49.

[108] NOQ 1957, p. 25.

[109] NOQ 1958, p. 37.

[110] NOQ 1967d, p. 18-19.

[111] NOQ 1975b, p. 19.

[112] Arnold Reynolds, *Grace Christian Home : Forty Years of Caring*, 1997, p. 5.

Marées haute et fulgurante

[1] NOQ 1976a, p. 11-12. Mason Wade explique que « le fil conducteur dans l'histoire des Canadiens français est l'esprit appelé "nationalisme" qui est en fait un provincialisme intense mêlé de facteurs ethniques et religieux ». Mason WADE, *The French Canadians : 1760-1945*. Toronto, The Macmillan Company, 1956, p. vii.

[2] NOQ 1961d, p. 5.

[3] Ibid., p. 6.

[4] NOQ 1967c, p. 6.

[5] NOQ 1968c, p. 4.

[6] NOQ 1978a, p. 4.

[7] Ibid., p. 6.

[8] NOQ 1976a, p. 13.

[9] NOQ 1963b, p. 3.

[10] NOQ 1961d, p. 6-7.

[11] NOQ 1977c, p. 2.

[12] NOQ 1987a, p. 17. Contrairement aux autres Canadians, entre la Confédération de 1867 et 1964, les Québécois ont attendu presque un siècle pour avoir leur propre ministère de l'Éducation !

[13] NOQ 1977c, p. 1-2.

[14] Richard Lougheed, *Colloque sur l'état de la formation théologique au Québec*, Bulletin SHPFQ, n° 42, décembre 2013, p. 3.

[15] Ibid.

[16] Jean-Louis Lalonde, *Des loups dans la bergerie, Les protestants de langue française au Québec : 1534-2000*, p. 195.

[17] Linteau et autres, p. 748.

[18] NOQ 1961c, p. 15.

[19] Linteau et autres, p. 652-653.

[20] NOQ 1961b, p. 3.

[21] NOQ 1964d, p. 5, 11.

[22] NOQ 1967d, p. 5.

[23] Richard Lougheed et autres, *Histoire du protestantisme au Québec depuis 1960*, éditions La Clairière, Québec, 1999, p. 27.

[24] NOQ 1964b, p. 12.

[25] NOQ 1965a, p. 30.

[26] NOQ 1967c, p. 8.

[27] NOQ 1967d, p. 22-23.

[28] Lougheed et autres, p. 49-50.

[29] Tiré d'un échange de courriels entre l'auteur et Leslie Muirhead.

[30] Lougheed et autres, p. 64. L'évangélisation connaît une expansion par le pouvoir du Saint-Esprit. Il y a vingt ans de cela, on pouvait estimer le nombre de croyants dans toutes les églises évangéliques

entre 1500 et 2000 en comptant leurs familles. Aujourd'hui, la communauté évangélique compte au moins 20 000 personnes, sûrement même plus. Arthur C. Hill, M.D., « An Explosion in French Evangelism » dans *Letters of Interest*, janvier 1985, p. 8.

[31] Ibid., p. 139. À la conférence de 1992 donnée par Wesley Peach pendant une réunion de l'Association des écoles théologiques évangéliques au Québec (AETEQ), il a suggéré que le message évangélique se fondait parfaitement dans la révolution en cours au Québec. Il offrait une option de foi sans hiérarchie, qui insistait sur l'égalité de tous devant Dieu avec la prêtrise de tous les croyants. Il s'agissait d'une foi adulte et intelligente qui pouvait être discutée et même remise en question et dans laquelle le droit à l'interprétation personnelle de la Bible était encouragé.

[32] Lalonde, p. 296. « Des circonstances favorables au début des années 1960 avec le départ en masse des catholiques de leur Église ont permis des réveils évangéliques qui ont gonflé le nombre de franco-protestants, leur permettant de mettre en place des institutions d'éducation propres à préparer des pasteurs pour les diverses dénominations. » Tiré d'une critique de Lucille Marr de l'ouvrage de Jason Zuidema's *French Speaking Protestants in Canada*, Leiden & Boston, Brill, 2011, paru dans le Bulletin de la Société d'histoire du protestantisme franco-québécois, numéro 47, p. 10.

[33] Tiré des notes personnelles de l'auteur prises lors de la conférence. Jason Zuidema dans l'introduction à son ouvrage *French Speaking Protestants in Canada*, Leiden & Boston, Brill 2011), une collection d'essais dont il était l'éditeur, où il écrit : « ... la croissance fut modeste et de courte durée principalement à cause de la sécularisation rapide de la société québécoise et ses nouvelles orientations politiques ». Voir la note précédente pour situer cette citation.

[34] NOQ 1979a, p. 3-6.

[35] Ibid., p. 7-8.

[36] NOQ 1983c, p. 12-13.

[37] NOQ 1987b, p. 15.

[38] NOQ 1964d, p. 12.

[39] NOQ 1984a, p. 5-6.

[40] NOQ 1989c, p. 21.

[41] NOQ 1974d, p. 16.

[42] NOQ 1968a, p. 11-12.

[43] NOQ 1970c, p. 25.

[44] NOQ 1997v52/1, p. 4-6.

[45] NOQ 1984a, p. 11-12.

[46] *La moisson est grande mais... il y a peu d'ouvriers... Qui enverrai-je ?*, Conférence missionnaire canadienne-française, p. 3.

[47] NOQ 1970c, p. 27-30.

[48] NOQ 1967a, p. 16-17.

[49] NOQ 1971b, p. 5-7.

[50] NOQ 1974d, p. 6.

[51] NOQ 1976c, p. 14.

[52] NOQ 1978a, p. 11-12.

[53] NOQ 1986c, p. 7.

[54] NOQ 1984a, p. 20.

[55] NOQ 1983d, p. 10-11.

[56] NOQ 1965a, p. 13.

[57] NOQ 1967c, p. 4.

[58] NOQ 1969a, p. 20.

[59] NOQ 1970d, p. 17.

[60] NOQ 1972b, p. 19.

[61] NOQ 1972d, p. 8-9.

[62] NOQ 1973c, p. 21.

[63] NOQ 1972d, p. 9-10.

[64] NOQ 1973b, p. 14-15.

[65] NOQ 1976c, p. 15,17.

[66] NOQ 1979a, p. 5.

[67] NOQ 1976c, p. 18.

[68] Ibid., p. 8.

[69] Ibid., p. 18.

[70] NOQ 1981d, p. 2. Exemplaire en anglais de l'article, traduit par Marj Robbins, dans les archives du *News of Quebec*.

[71] NOQ 1983a, p. 2.

[72] NOQ 1977c, p. 1.

[73] NOQ 1981b, p. 9.

[74] NOQ 1983b, p. 2.

[75] NOQ 1972a, p. 13-17.

[76] NOQ 1970b, p. 13.

[77] NOQ 1975d, p. 20.

[78] NOQ 1978b, p. 1-2.

[79] NOQ 1952, p. 24.

[80] NOQ 1972b, p. 14.

[81] NOQ 1976c, p. 14-15.

[82] NOQ 1978a, p. 10.

[83] NOQ 1974c, p. 17.

[84] NOQ 1972b, p. 20-21.

[85] NOQ 1976a, p. 16-22.

[86] NOQ 1976d, p. 3.

[87] NOQ 1977a, p. 17-18.

[88] NOQ 1979b, p. 3.

[89] NOQ 1982a, p. 4.

[90] NOQ 1977a, p. 18.

[91] NOQ 1975d, p. 10-11.

[92] NOQ 1974d, p. 30.

[93] NOQ 1976b, p. 1.

[94] NOQ 1979c, p. 1-2.

Marée descendante et accalmie

[1] Remon, p. 164. Certaines statistiques nous donnent à penser que, dans l'ensemble, l'Église évangélique francophone au Québec compte un nombre plus ou moins stationnaire de membres depuis plus d'une dizaine d'années.

[2] NOQ 1992a, p. 5.

[3] NOQ 1999a, p. 22.

[4] NOQ 2006b, p. 5-7.

[5] Le nouveau nom de la Corporation à partir de 1999.

[6] NOQ 1983c, p. 15.

[7] NOQ 2010a, p. 3-6.

[8] NOQ 1993b, p. 3.

[9] Ibid., p. 4-8.

[10] NOQ 1980b, p. 2.

[11] NOQ 1983c, p. 23.

[12] NOQ 1985a, p. 7-10.

[13] NOQ 1995v50#2, p. 9-10.

[14] NOQ 1996v50#4, p. 14.

[15] NOQ 1983c, p. 21. *INTEREST* était un magazine publié aux États-Unis par et pour les Frères, contenant des informations sur les divers ministères et assemblées au Canada et aux États-Unis.

[16] NOQ 2000b, p. 6-7. *Édifiez-vous* a été publié de 1978 à 1986.

[17] NOQ 1985c, p. 16-20.

[18] NOQ 2000b, p. 10-12.

[19] NOQ 2004b, p. 4.

[20] NOQ 2011c, p. 7-8. Appelée aujourd'hui Librairie chrétienne de Québec.

[21] NOQ 1989b, p. 12.

[22] NOQ 1986b, p. 3.

[23] NOQ 2006b, p. 10.

[24] NOQ 2001b, p. 9-10.

[25] NOQ 1985b, p. 6.

[26] NOQ 1989b, p. 12.

[27] NOQ 1992, p. 5-6.

[28] NOQ 2008a, p. 13.

[29] NOQ 1991d, p. 18.

[30] NOQ 1994v49#2, p. 7-9. Copie d'une lettre de nouvelles de *L'Heure de la Bonne Nouvelle,* avec leur permission.

[31] NOQ 2004a, p. 18-20.

[32] NOQ 2010, p. 6.

[33] NOQ 2001b, p. 7-8.

[34] NOQ 1995v50#2, p. 9.

[35] NOQ 2006c, p. 9.

[36] NOQ 1990c, p. 4.

[37] NOQ 1989c, p. 7.

[38] NOQ 1988a, p. 6.

[39] NOQ 1995v.50#2, p. 12.

[40] NOQ 2010a, p. 4-5.

[41] NOQ 1999b, p. 16.

[42] NOQ 1997v51#4, p. 4-5.

[43] NOQ 1999b, p. 18. Le prix dérisoire pour lequel ce terrain a été acheté était de seulement 358 dollars.

44 Ibid., p. 4-6.

45 NOQ 2010c, p. 11-12.

46 NOQ 1989c, p. 20-21.

47 NOQ 1992c, p. 3.

48 NOQ 1990b, p. 10.

49 NOQ 1991b, p. 14.

50 NOQ 1989c, p. 15-16.

51 NOQ 1990b, p. 9-10.

52 NOQ 1997v51#4, p. 13. Ceux qui composaient le comité initial étaient : Roy Buttery, Joel Coppieters, Sam Coppieters, Dr Paul Garnet, Jean Lépine, Arnold Reynolds, Fernand Saint-Louis, Richard Strout, et Doug Virgint.

53 Tiré d'un document préparé par Fernand Saint-Louis intitulé : *À la recherché du mandat de CARO* (environ 2004/2005). La première conférence CARO, tenue en 1997 à Cap-de-la-Madeleine, avait pour thème « Unité ? Oui, mais comment ? » Nous avons cherché la réponse aux questions telles que : Manquons-nous de maturité spirituelle ou de prière ? Est-ce notre climat culturel ? Est-ce qu'il y aurait moyen de préserver l'unité entre nous pour faciliter les progrès de l'Évangile au Québec ? Paul Garnet a traité du sujet de la coopération entre assemblées dans le Nouveau Testament.

54 NOQ 2000c, p. 12.

55 NOQ 2003c, p. 6. Un article intéressant paru dans *Letters of Interest*, écrit par l'éditeur James Stahr, contenait le paragraphe suivant en rapport avec ce sujet. « Les assemblées de Frères survivront, sur le plan numérique en tout cas. Mais reste à savoir si elles survivront en tant que mouvement particulier de l'Esprit de Dieu ou si elles se fondront peu à peu en un ensemble d'églises indépendantes. Il est certain qu'elles ne retourneront pas à l'isolement qu'elles ont connu auparavant. Mais savoir si les gens de ces assemblées voudront revendiquer leurs caractéristiques propres comme étant une contribution précieuse et un défi pour

la communauté évangélique dans son ensemble ou s'ils préfèrent oublier ou cacher ces caractéristiques comme si elles pouvaient être une source de division ou de honte, cela reste à voir. » *Letters of Interest*, January 1985, p. 7.

[56] NOQ 1983c, p. 24. Lors d'une conférence donnée par le Dr Glenn Smith au rassemblement de 1992 de l'Association des écoles théologiques évangéliques au Québec (AETEQ), il a affirmé que depuis 1986, pas moins de quinze églises avaient disparu sur l'île de Montréal alors que dans le même temps, seulement trois nouvelles œuvres y avaient vu le jour.

[57] NOQ 1990a, p. 10-14.

[58] *Réseau*, #12, printemps 1992, p. 8.

[59] Tiré de la correspondance de l'auteur avec Leslie Muirhead.

[60] NOQ 1999a, p. 22.

[61] Pour ce qui est du Réseau, je me réjouis de voir la naissance d'un mouvement parmi les assemblées francophones qui se préoccupe de l'avenir. Il était temps ! De plus, le fait que cela soit mené par les Québécois eux-mêmes plutôt que par des « étrangers » comme vous et moi (ou même Roy ou Doug), me rend enthousiaste. Je le répète, il était temps. Je l'ai encouragé par mes conversations avec ses leaders, en particulier Guy Bourassa, tout en exprimant aussi mes peurs et mes réserves. (Tiré d'une lettre écrite par l'auteur adressée à l'ouvrier vétéran Don Cox en 2007).

[62] NOQ 2005c, p. 10.

[63] Voir l'article rédigé par Roy Buttery dans G.R.A.C.E., vol. 1, n° 1, mars 2006, p. 1.

[64] NOQ 2007c, p. 4-6.

[65] Procès-verbal du Réseau G.R.A.C.E., 2 octobre 2009.

[66] Ibid., 1er octobre 2010, p. 9. C'est un fait qu'à travers la province, un certain nombre d'assemblées locales ayant un leadership solide continuent de fonctionner correctement sans être affiliées au Réseau ou même à la Corporation. Elles encouragent les liens

entre elles et s'aident mutuellement de nombreuses façons. Leur force vient d'abord et avant tout de leur conscience de la présence de Dieu parmi chacune d'elle.

[67] NOQ 2010a, p. 7-8.

[68] NOQ 1992v52#1, p. 3.

[69] NOQ 1984a, p. 4.

[70] NOQ 1997v52#1, p. 3.

[71] NOQ 1996v51#1, p. 8.

[72] NOQ 1944, p. 1,3.

[73] NOQ 1968a, p. 4-5.

[74] NOQ 1983c, p. 3-4.

APPENDICE 1

Voici une liste, classée en ordre alphabétique par nom de municipalité, des 75 assemblées francophones qui ont vu le jour depuis le début de l'œuvre des Frères au Québec en 1926, incluant les dates de fondation et, lorsque cela s'applique, de fermeture. Deux dates sont parfois séparées par une barre oblique pour signifier une approximation.

Baie-Comeau/Assemblée chrétienne évangélique de Baie-Comeau : 1978-
Bedford/Groupe biblique de Bedford : 1983-1987
Beloeil/Groupe biblique du Richelieu : 1979-
Berthier-sur-Mer/Assemblée chrétienne : 1990
Black Lake/Assemblée chrétienne de Black Lake : 1987-1993
Chibougamau/Église évangélique de Chibougamau : 1960-
Chicoutimi/Église évangélique de Chicoutimi : 1978-
Cloridorme/Assemblée chrétienne évangélique : 1979-2002
Cookshire/Assemblée chrétienne de Cookshire : 1977-
Drummondville/Assemblée chrétienne de Drummondville : 1952-2012
Fabre/Assemblée chrétienne de Fabre : 1993-1997
Farnham/Assemblée chrétienne de Farnham : 1956/1960-
Fermont/Assemblée chrétienne : 1979
Girardville/Assemblée évangélique de Girardville : 1934-
Granby/Assemblée chrétienne de Granby : 1952-
Granby/Assemblée biblique : 1997-2001

Grand-Mère/Assemblée chrétienne de Grand-Mère : 1977-
Hauterive/Assemblée chrétienne évangélique : 1980-1983
Hearst, ON/Assemblée chrétienne de Hearst : 1981-
Hull-Ottawa/La Chapelle Biblique : 1965-1973
Hull/ Groupe biblique de l'Outaouais : 1979-
Jonquière (autrefois Arvida)/Assemblée chrétienne de Jonquière :
  1947-
La Baie/Assemblée chrétienne de La Baie : 1999-
Lac-Mégantic : 1980
Lachine (Côte-Saint-Luc/Montréal-Ouest)/Église Emmanuel :
  1973-1980/1982
La Pocatière/Assemblée chrétienne de La Pocatière :
  1979-2007/2008
LaSalle (Montréal)/Groupe biblique de l'ouest de Montréal :
  1977-2001
La Tuque/Assemblée chrétienne de La Tuque : 1950-2012
  (désaffiliée)
La Tuque/Le Centre chrétien évangélique : 1996-
Laval (Duvernay)/Assemblée chrétienne de Duvernay : 1971-1988
Laval-des-Rapides (fondée à Saint-Vincent-de-Paul)/Assemblée
  chrétienne : 1975-1997
Lebel-sur-Quévillon/Assemblée chrétienne de Quévillon : 1978-
Lennoxville/Assemblée chrétienne : 1975
Longueuil/Groupe biblique de la Rive-Sud : 1972-
Montmagny/Assemblée chrétienne de Montmagny : 1962-
Montréal/Assemblée française de Rosemont : 1940-1972
Montréal (fondée à Pointe-aux-Trembles)/Assemblée chrétienne
  centre-sud de Montréal : 1979-
Montréal/Assemblée chrétienne Maranatha : 1956-2000 (désaffiliée)
Montréal (Verdun)/Communauté chrétienne Le Sentier : 1988-1992
  (fusionnée avec La Source)
Montréal/Église chrétienne évangélique Agapé (rue Boyce) :
  1961-1993/1995 (désaffiliée)
New Richmond (bilingue)/Bethel Bible Chapel (autrefois Black
  Cape Gospel Hall 1889) : 1975-

Appendice 1

Notre-Dame-du-Nord/Assemblée chrétienne évangélique de
   Notre-Dame-du-Nord : 2013-
Ottawa/Cyrville, ON/Mission évangélique libre : 1949-1961/1963
Pincourt (bilingue)/Assemblée évangélique Grâce : devenue
   bilingue, 1996/répertoriée : 2007-
Québec/Assemblée chrétienne Bonne Nouvelle : 1982-
Québec (Loretteville)/Chrétiens réunis au nom du Seigneur
   Jésus-Christ : 1980-
Québec (Sainte-Foy)/Assemblé évangélique de Sainte-Foy : 1951-
Rivière-Beaudette/Assemblée de Rivière-Beaudette : 1980-1985
Rivière-du-Loup/Assemblée chrétienne de Rivière-du-Loup : 1975-
Rollet/Assemblée chrétienne de Rollet : 1942-
Rouyn-Noranda/Assemblée chrétienne de Rouyn-Noranda :
   1971-1983 et 2006-
Sainte-Anne-des-Monts/Assemblée chrétienne de
   Sainte-Anne-des-Monts : 1972-
Sainte-Flavie (autrefois Price)/Chrétiens réunis au nom du Seigneur
   Jésus-Christ : 1970-
Sainte-Julie/Groupe biblique de Sainte-Julie : 1984-1995/2000
Sainte-Marie-de-Beauce/Assemblée chrétienne évangélique de
   Sainte-Marie-de-Beauce : 1990-
Saint-Guillaume/Assemblée chrétienne évangélique de
   Saint-Guillaume : 1974-1987/1988
Saint-Hyacinthe/Église Béthanie : 1973-
Saint-Jean-Chrysostome/Assemblée chrétienne de la Rive-Sud :
   1983-
Saint-Jean-sur-Richelieu/Assemblée chrétienne évangélique de
   Saint-Jean : 1974-
Saint-Just-de-Bretenières/Église chrétienne évangélique :
   1985-2003 (désaffiliée)
Saint-Léonard/Église évangélique de l'est de Montréal : 1978-1996
Saint-Michel-des-Saints/Église chrétienne évangélique de
   Saint-Michel-des-Saints : 1983-
Saint-Roch-sur-Richelieu/Église chrétienne Anaja : 1979-1982
Salaberry-de-Valleyfield/Nitro/Saint-Timothée/Assemblée
   chrétienne de Saint-Timothée : 1957/1960-

Shawinigan/Assemblée chrétienne de Shawinigan : 1950-
Sherbrooke/Assemblée chrétienne de Sherbrooke : 1946-
Sherbrooke (autrefois Lennoxville)/Assemblée chrétienne Source de Vie : 1988-
Sorel-Tracy/Assemblée chrétienne de Sorel : 1966-
Témiscouata-sur-le-Lac (autrefois Cabano)/Église évangélique du Témiscouata : 1989-
Terrebonne/Église chrétienne évangélique des Moulins (autrefois Assemblée chrétienne Lamater) : 1982-
Thetford Mines/Assemblée chrétienne de Thetford Mines : 1951-
Timmins, ON/Assemblée chrétienne de Timmins : 1968-1990
Trois-Rivières (autrefois Cap-de-la-Madeleine)/Assemblée chrétienne de Cap-de-la-Madeleine : 1947-
Trois-Rivières (autrefois Trois-Rivières-Ouest)/Assemblée chrétienne de Trois-Rivières-Ouest : 1977-
Ville d'Anjou/Église La Source : 1982-1989/1992

APPENDICE 2

Liste par ordre alphabétique des municipalités où des assemblées francophones ont existé, depuis la première qui fut fondée en 1934 jusqu'en 2010, et spécifiant leurs années d'existence.

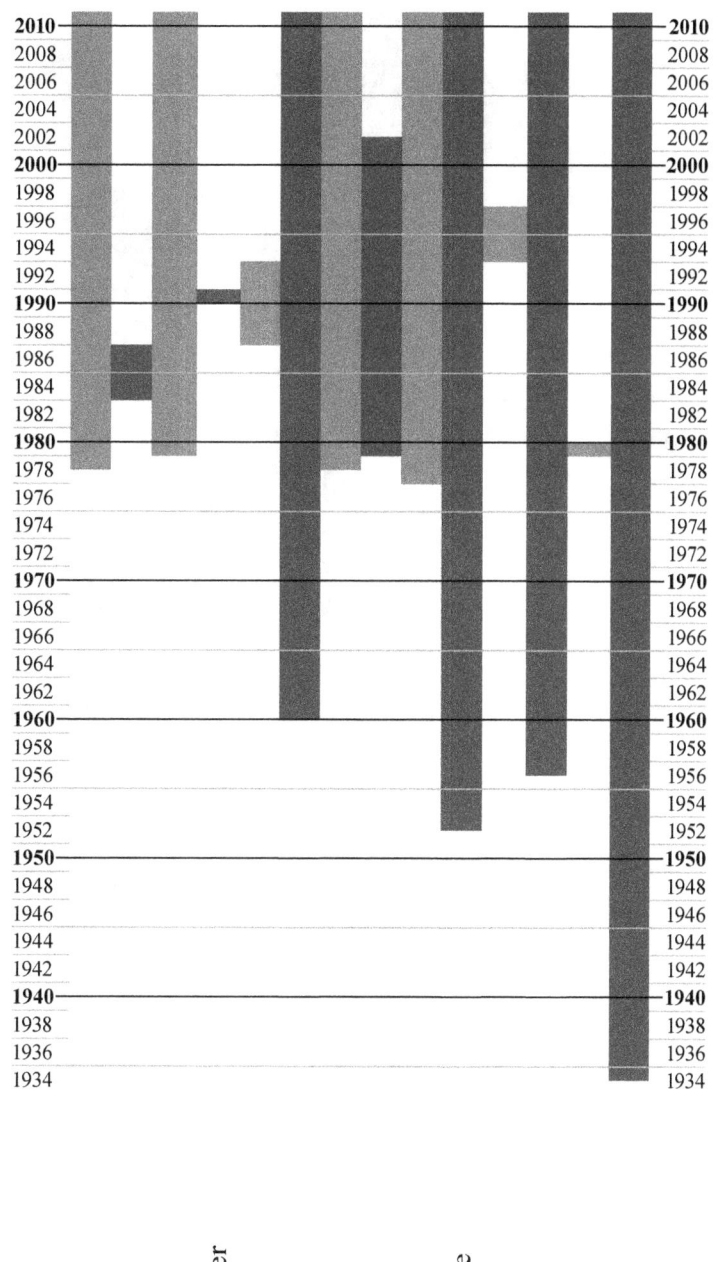

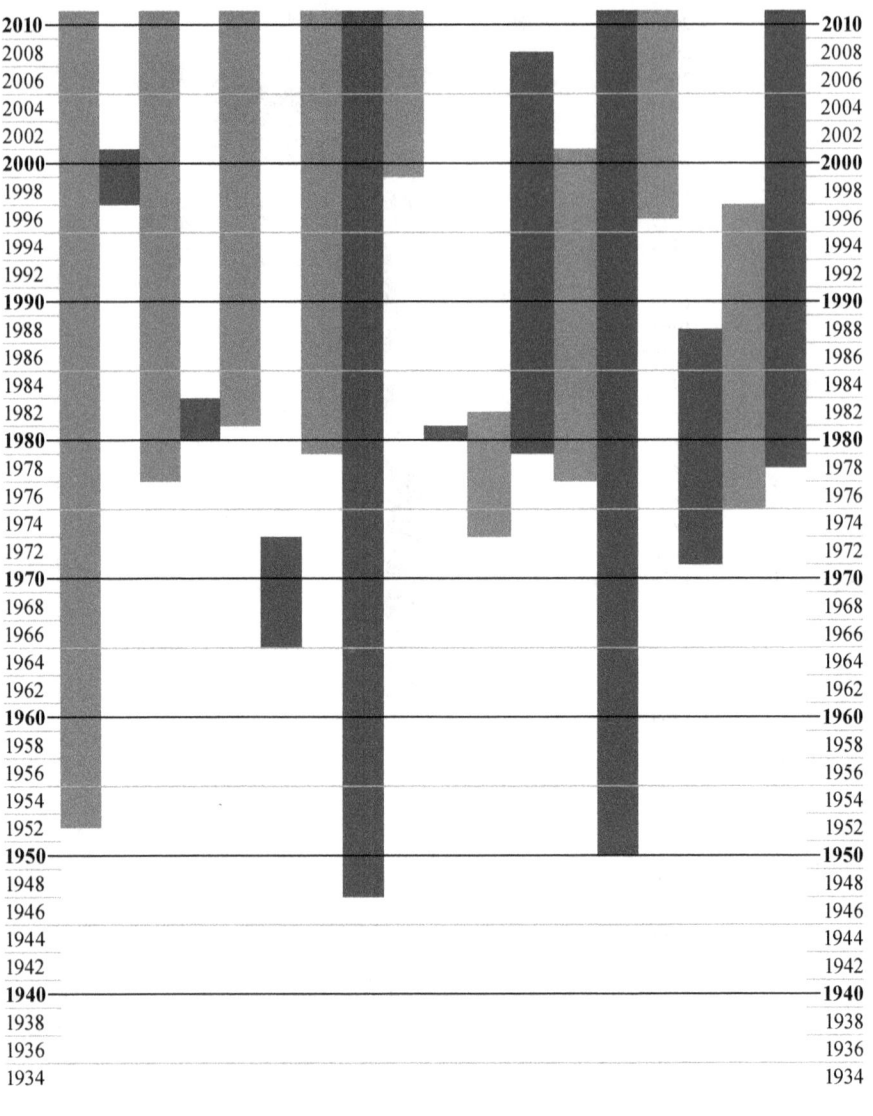

Appendice 2

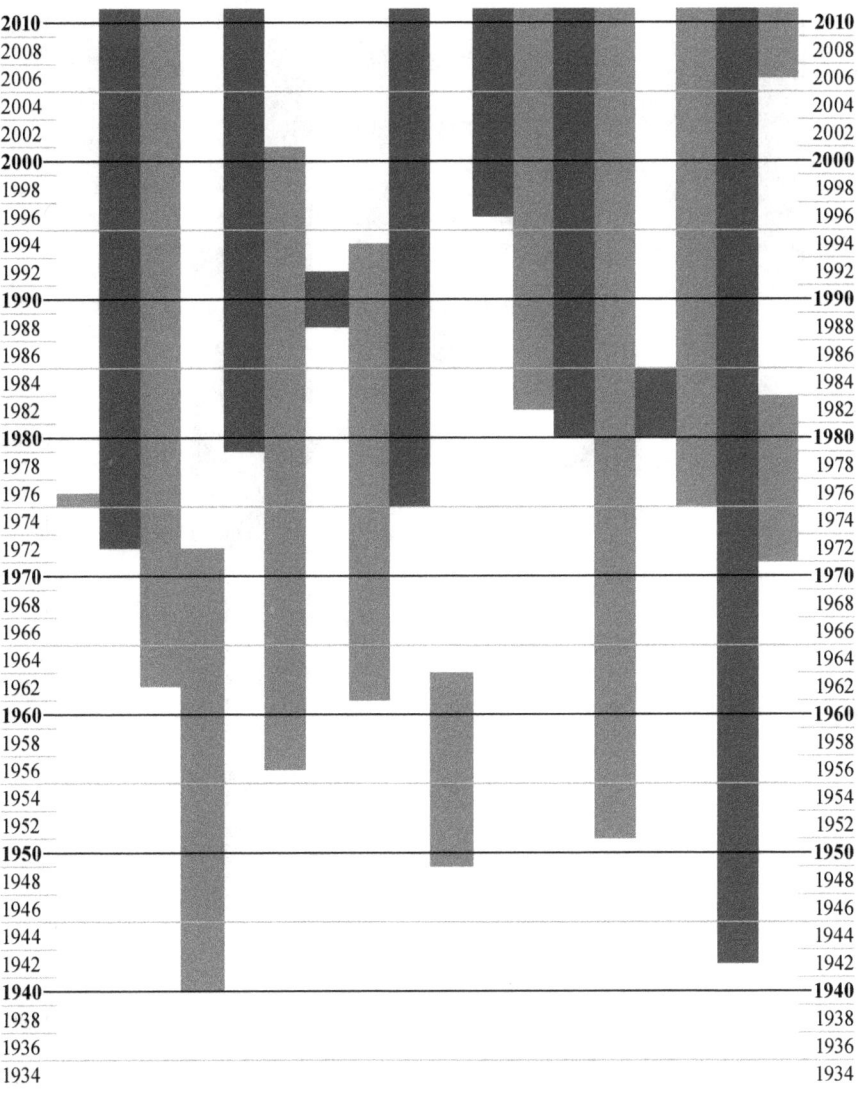

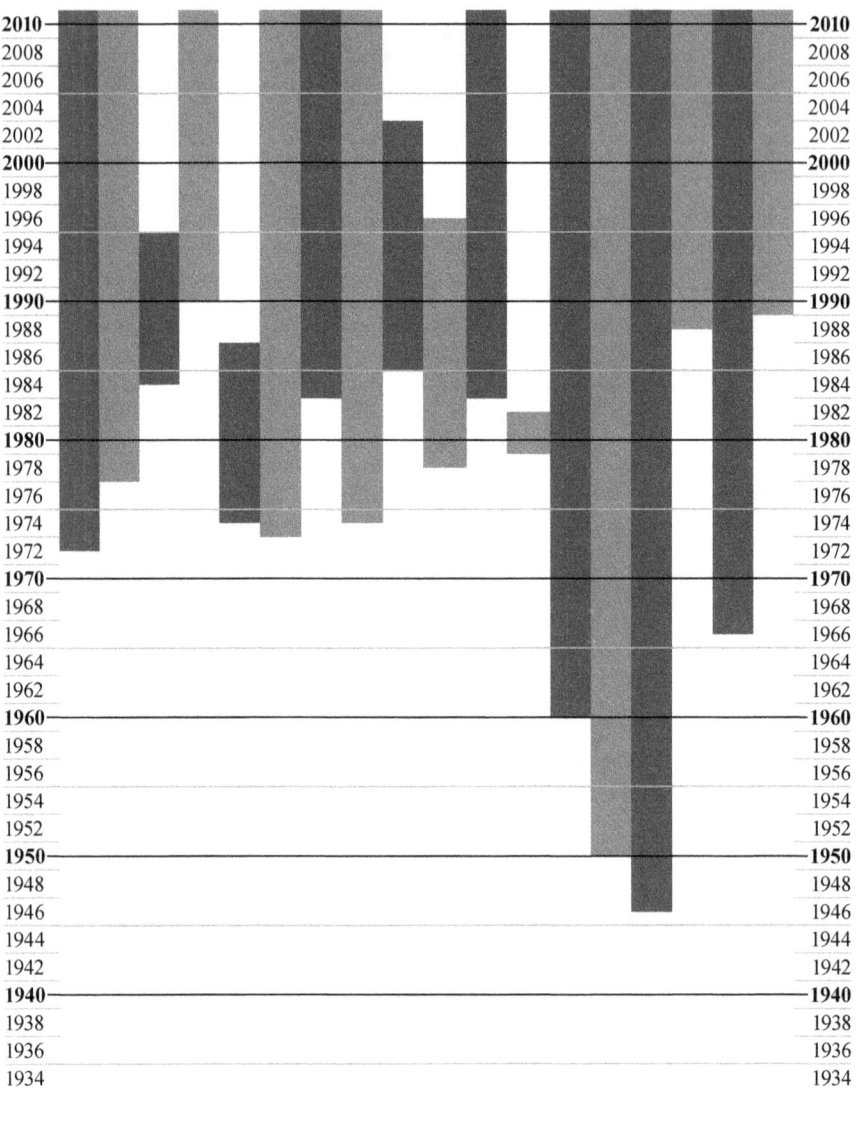

Appendice 2

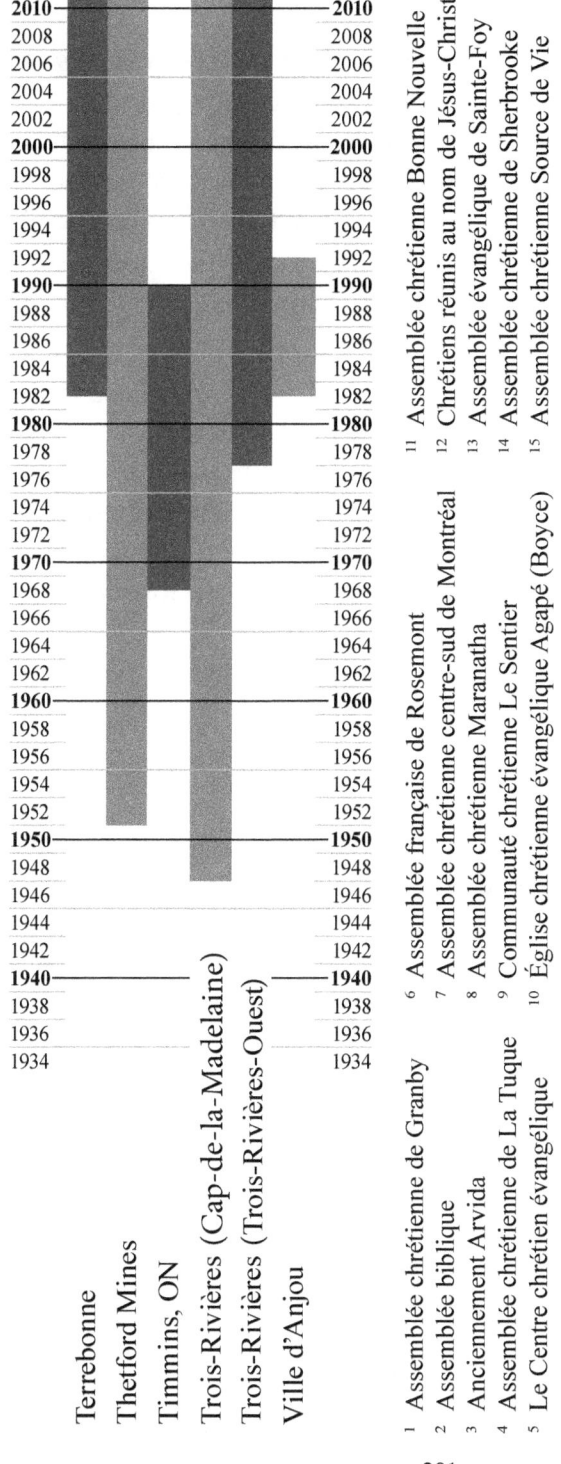

Analyse

De trois assemblées qui existaient déjà en 1945 – Girardville (1934), Montréal (1940) et Rollet (1942) – l'œuvre a été multipliée par cinq dans les dix ans qui ont suivi pour compter treize rassemblements de croyants. C'est au cours de ces années que des assemblées ont été établies à Sherbrooke (1946), Arvida/Jonquière (1947), Cap-de-la-Madeleine, aujourd'hui Trois-Rivières (1947), Ottawa/Cyrville, Ontario (1949), La Tuque et Shawinigan (1950), Québec, aujourd'hui Sainte-Foy, et Thetford Mines (1951), Granby et Drummondville (1952).

Huit autres assemblées locales sont nées au cours de la quatrième décennie de l'œuvre parmi nos assemblées au Québec : Farnham (au milieu des années 50), Montréal, Maranatha (1956), Chibougamau (1960), Valleyfield (1960), Montréal, rue Boyce (1961), Montmagny (1963), Hull/Ottawa (1965) et Sorel-Tracy (1966). L'assemblée plus ancienne d'Ottawa/Cyrville avait déjà cessé de fonctionner à cette époque.

De vingt assemblées en 1966, l'œuvre a grandi pour atteindre cinquante-et-une assemblées en 1982. Ces nouvelles assemblées ont démarré à Timmins, Ontario (1968), Laval/Duvernay (1971), Rouyn-Noranda (1971), Longueuil (1972), Sainte-Anne-des-Monts (1972), Lachine (1973), Saint-Hyacinthe (1973), Saint-Guillaume (1974), Saint-Jean-sur-Richelieu (1974), Laval-des-Rapides (1975), Lennoxville (1975), Rivière-du-Loup (1975), New Richmond, bilingue (1975), Cookshire (1977), Grand-Mère (1977), Groupe biblique de l'ouest de Montréal/LaSalle (1977), Price, aujourd'hui Sainte-Flavie (1977), Trois-Rivières-Ouest (1977), Chicoutimi (1978), Lebel-sur-Quévillon (1978), Saint-Léonard/Montréal, La Source (1978), Baie-Comeau (1978), Saint-Roch-sur-Richelieu (1979), Beloeil (1979), Fermont (1979), Hull (1979), La Pocatière (1979), Pointe-aux-Trembles, aujourd'hui Centre-Sud de Montréal (1979), Cloridorme (1979), Hauterive (1980), Rivière-Beaudette (1980), Lac-Mégantic (1980), Hearst, Ontario (1981), Bonne Nouvelle à Québec (1982), Terrebonne (1982), Ville d'Anjou (1982). Il est à noter que les assemblées de Lennoxville, Fermont et Lac-Mégantic étaient déjà fermées en 1982.

Appendice 2

Dix-sept nouvelles œuvres sont apparues à partir de 1983, dont seulement la moitié existaient encore ou comptaient encore parmi nos assemblées en 2010. Celles-ci se situaient à Bedford (1983-1987), Saint-Michel-des-Saints (1983), Saint-Jean-Chrysostome (1983), Sainte-Julie (1984-1995), Saint-Just-de-Bretenières (1985-2003), Black Lake (1987-1993), Source de Vie à Lennoxville/Sherbrooke (1988), Le Sentier à Verdun (1988-1992), Cabano, aujourd'hui Témiscouata-sur-le-Lac (1989), Berthier-sur-Mer (1990-1991), Sainte-Marie-de-Beauce (1990), Fabre (1993-1997), Centre chrétien évangélique à La Tuque (1996), Pincourt bilingue (1996), Assemblée biblique de Granby (1997-2001) et La Baie (1999). L'ancienne assemblée de Rouyn-Noranda a fermé en 1983 et une nouvelle assemblée y a été créée en 2006.

En 1990, on comptait cinquante-cinq assemblées, chiffre qui a chuté en une décennie à seulement quarante-cinq. Au cours de cette période, les Frères ont en réalité perdu treize assemblées dont celles de Timmins (1991), Verdun (1992), Montréal, Agapé (1995), Saint-Léonard (1997), Laval-des-Rapides (1997), Maranatha à Montréal (2000), LaSalle (2001), Cloridorme (2003), Saint-Just-de-Bretenières (2004), La Pocatière (2008), plus trois autres qui étaient nées et avaient disparu au cours de cette courte période : Berthier-sur-Mer (1990-1991), Fabre (1993-1997) et l'Assemblée biblique de Granby (1997-2001).

Et ce qui est encore plus marquant, c'est que six de ces treize assemblées faisaient partie des neuf assemblées situées dans la région du grand Montréal vers 1985, alors qu'il n'y en avait que six, deux ans plus tôt. Ces neuf assemblées participaient toutes au Réseau (Regroupement Évangélique pour le Service et l'Entraide des Assemblées Urbaines). Le centre urbain le plus important du Québec venait de perdre les deux tiers de ses assemblées de Frères, faisant ainsi partie du phénomène dont a parlé Dr Glenn Smith, professeur des ministères urbains. Selon lui, entre 1986 et 1992, au moins quinze églises évangéliques francophones de divers genres ont disparu de l'île de Montréal, et seulement trois nouvelles ont vu le jour durant la même période.

APPENDICE 3

Liste en ordre alphabétique des ouvriers recommandés qui ont œuvré au Canada francophone au sein des assemblées de Frères depuis le début du ministère francophone en 1926.

Helen Andres : 1971-1973
Walter & Ruth Angst : 1949-1960 (Il est décédé en 1993; elle est décédée en 2013)
Luc & Manon Arel : 2014-
Noël & Francine Aubut : 2010-
François & Hélène Audet : 1993-1996
Sheldon & Catherine Bard : 1948-1952 et 1966-1975 (Il est décédé en 1975 ; elle est décédée en 1998)
Nathalie Beaumier : 2008-
Jean-Paul & Eglantine Berney : 1950-2010 (Elle est décédée en 2010 ; il est décédé en 2011)
Tony & Nathalie Bissonnette : 2007-
Daniel & Bonnie Blanchet : 1984-2014
Ruth Bloedow : 1962-1966
Paul & Gertrude Boëda : 1947-1960
Jeanne Boivin : 1961-1962
Gérald & Marilyn Boisvert : 1991-
François & Claudia Boudreau : 2011-
Charles-Eugène Boulianne : 1959-1964 et 1978-1983 (Il est décédé en 1983)
Guy & Denise Bourassa : 2007-

Eleanor Buchanan : 1952
Norman & Marion Buchanan : 1946-1996 (Il est décédé en 1996 ; elle est décédée en 2011)
Wilfred & Sheila Buchanan : 1976-1990 et 1997-
Laurence & Stella Buote : 1978-1988
Roy & Evelyn Buttery : 1954-
Eunice Carr : 1948
Marc & Lise Champagne : 1969-1995 (Elle est décédée en 2010)
Gérald & Gaétane Chouinard : 2011-
Jean-Pierre & Lucie Cloutier : 1982-
Samuel & Ida Coppieters : 1958- (Il est décédé en 2000 ; elle est toujours dans l'œuvre)
Donald & Elizabeth Cox : 1968-
Joseph & Gertrude Darling : 1948-1986 (Il est décédé en 2002 ; elle est décédée en 2004)
Vincent & Della Davey : 1944-1995 (Elle est décédée en 1994 ; il est décédé en 1995)
Gilles & Jinny Despins : 2009-
Adama & Anne Dicko : 2004-
Joseph Doucet : 1967-1984
Kathleen Doucet : 2008
Roger & Irène Drouyn : 1975-1983
Jean-Pierre & Christine Dupont : 1991-1993
Roger & Mme Dupont : 1950-1960
Blanche Durocher : 1952-1978 (Elle est décédée en 1978)
Ronald & Gloria Edgecombe : 1967-1978
Peter & Elizabeth Foggin : 1964-1975
Howard Forbes : 1949-1999 (Il est décédé en 2003)
Lawrence & Lucille Fortin : 1984- (Elle est décédée en 2011)
François & Louise Fréchette : 1996-
Harold & Mme Fryday : 1948
Jean-Claude & Jacynthe Gaudreault : 1990-
Stéphane Gaumond : 2013-2015
Louis Germain : 1927-1966
François & Josée Godin : 1983-1990
James & Nancy Godfrey : 1954

Appendice 3

Myriam Gosselin : 2013-
Normand & Jeannine Gosselin : 1986-2000
Jason & Martine Goudy : 2013-
Albert & Isabel Grainger : 1947-1961
Eileen Grainger : 1946-1982 (Elle maria John Spreeman en 1969)
Noah & Sophia Elisabeth Gratton : 1944-1962
Denis & Ginette Grenier : 2004-2005
André & Louisette Guay : 1980-1992 et 2010-
Robert & Hazel Hanks : 1967-1988 (Il est décédé en 1999)
Jean Heidman : 1951
Arthur & Margaret Hill : 1935-1991 (Il est décédé en 1991 ; elle est décédée en 2001)
Andrew & Danielle Holdsworth : 1995-1996
Robert & Lorraine Hostetler : 1969-1980 (Il est décédé en 1980)
Martin & Yannick Jalbert : 1996-
Gaston & Margot Jolin : 1964-
Gérard & Angéline Jolin : 1984-
Jacques & Angéline Jolin : 1966 (Il fut tué dans un accident de la route en octobre 1966)
Paul & Penny-Jane Jolin : 2012-
Réjean & Danielle Joly : 1983-1996
Jack & Grace Kimpel : 1969-
Rosaire & Claudette Labbé : 1972-1973
Jonathan & Rachel Labelle : 2006-2011
Roland & Antoinette Lacombe : 1949-1999 (Elle est décédée en 1990 ; il est décédé en 2005)
Réjean & Jeanne-d'Arc Laflamme : 1981-1989
Michel & Diane Lafleur : 1988-2000
Serge & Lillianne Lafrance : 1972-1987 et 2010-
Emmanuel Laganière : 1946-1947
Liane Langlois : 1971
Marcel & Mme Laplante : 1972-1975
René & Simone Lavoie : 1982- (Elle est décédée en 1994)
William & Nadine Learoyd : 1957-1997 (Elle est décédée en 2007 ; il est décédé en 2010)
Serge & Michèle Lemée : 1995-1996

André & Lise Lepage : 2008-
Jean & Liliane Lépine : 1979-
Elizabeth Lewis : 1951
Robert & Christine Lortie : 1971
Sandra Lucas : 1971-1972
André & Dorothée Marchildon : 1981-1996
Esther Martin : 1980-1988
Marc-Olivier & Sarah Martin : 2012-2015
Roderick & Myra Martin : 1975-1976
Alain & Jocelyne Martineau : 1998-1999
Harold and Patricia McCready : 1948-1962
Fernand & Guylaine Montplaisir : 2008-
Jonathan & Andréane Montplaisir : 2010-
Michel & Monique Morency : 1992-1996
Leslie & Louise Muirhead : 1975-1996
Pierre & Suzanne Munger : 2004-
Richard & Sylvie Ouellette : 1985-1991
Daniel & Hélène Paquette : 1989-1990
Donald & Alice Paquin : 1977-1984
Gabriel & Mélanie Paquin : 2005-
Thomas & Sylvia Paul : 1980-1992 (Elle est décédée en 1999)
Homer & Margaret Payne : 1984-1990 (Il est décédé en 2010 ; sa femme s'était éteinte avant lui)
Michel & Diane Pedneault : 1989-
Pierre & Claudette Pellerin : 1989-2000
Jean-Marc & Martine Petit : 2006-
Doris Pitman : 1944-1947
Jean-Marc & Myra Princivil : 2014-
Claude & Muriel Queval : 1978-1993
Mabel Quinlan : 1951 (Elle est décédée en 2015)
Arnold & Janet Reynolds : 1946-2004 (Il est décédé en 2004 ; elle est décédée en 2010)
Marj Robbins : 1965-
André & Léona Roberge : 1989-
Gérald & Denise Saint-Laurent : 1999-
Fernand & Yolande Saint-Louis : 1962-

Appendice 3

Errol & Lyne Savard : 1995-2006 et 2008-
Cyril & Marjorie Shontoff : 1957-1994 (Il est décédé en 1994 ; elle est décédée en 2015)
Denis & Donna Simard : 1985-
Glenn & Sandy Smith : 1984-1985
James & Mrs. Smith : 1955-1959
William & Marian Snyder : 1977-2000 (Il fut tué dans un accident de la route en 2009)
John & Nellie Spreeman : 1926-1982 (Elle est décédée en 1967 ; il est décédé en 1989)
Florence Steele : 1947-1951
Dorothy Stone : 1989-1992
Mark & Laurie Strout : 1986-2009
Richard & Virginia Strout : 1970-
Raymond & Marguerite Taylor : 1951-1981 (Il est décédé en 2010)
Réal & Diane Therrien : 1992-1995
Robert & Carolynn Thrall : 1960-2001
Jessie McGowan Tremblay : 1965-
Joseph Tremblay : 1971-2006 (Il est décédé en 2006)
Claude & Louise Vachon : 1986-
Michel & Denyse Veilleux : 1988-1992
André & Francine Véronneau : 2009-
Douglas & Ellen Virgint : 1969-
Bonnie Wile : 1979 (voir Daniel Blanchet)
William & Karen Wolitarsky : 1969-1981
James & Roma Yorgey : 1984-1995

INDEX

A

Abitibi, QC (région), 30,42,45,57,109,236
Adoul, Jean-Pierre/Déborah, 215,216
Adventistes du septième jour, 96
Afrique, 96,224,226,234,239
Aide olympique, 8,201,202,203
Ainslay, Eugène, 32
Albanel, QC, 28,37
Albuquerque, NM, 50
Alden, John, 50
Allard, Réjean, 251
Allen, Lloyd, 44,75
Alliance chrétienne et missionnaire, 82,86
Alma, QC, 69,181
Amérique du Nord, 19,23,24,26,48,58,90,133,149,191,224,234,257
Angleterre, 17,18,19,26,262
Anglicisation, 78,80,107,137
Angst, Walter/Ruth, 82,83,84,113,114,196,271,295
Armstrong, Herbert W., 192
Arntfield, QC, 44
Arundel, QC, 48
Arvida, QC, 29,68,116
Assemblée nationale du Québec, 137

Assemblées francophones
  Arvida/Jonquière, 64,103,111,118,284,288,291,292
  Baie-Comeau 142,283,287,292
  Bedford, 246,283,287,293
  Beloeil, 142,283,287,292
  Berthier-sur-Mer, 246,247,283,287,293
  Black Lake, 246,283,287,293
  Cabano/Témiscouata-sur-le-Lac, 222,246,286,290,293
  Cap-de-la-Madeleine/Trois-Rivières, 64,65,97,100,110,112,114,115, 116,118,122,150,158,160,161,164,166,177,198,221,222,231,237, 238,244,269,271,279,286,291,292
  Chibougamau, 65,103,118,119,283,287,292
  Chicoutimi, 103,137,142,219,222,283,287,292
  Cloridorme, 142,242,247,283,287,292,293
  Cookshire, 137,142,146,147,230,242,283,287,292
  Cyrville/Ottawa, ON, 49,50,118,285,289,292
  Drummondville, 64,113,114,116,118,183,271,283,287,292
  Duvernay, 137,142,143,222,250,284,288,292
  Fabre, 246,247,283,287,293
  Farnham, 38,39,41,65,118,119,283,287,292
  Fermont, 142,283,287,292
  Girardville, 26,27,29,30,37,55,58,81,103,112,118,119,151,162,163, 178,179,180,181,197,238,266,283,287,292
  Granby (Assemblée chrétienne), 64,83,116,118,283,288,291,292
  Granby (Assemblée biblique), 246,247,283,288,293
  Grand-Mère, 142,237,238,255,283,288,292
  Hauterive, 142,284,288,292
  Hearst, ON, 142,236,284,288,292
  Hull/Ottawa (Groupe biblique de l'Outaouais), 118,142,284,288,292
  Hull (La Chapelle Biblique), 284,288,292
  La Baie, 247,284,288,293
  Lachine, 142,284,288,292
  Lac-Mégantic, 142,284,288,292
  La Pocatière, 142,247,284,288,292,293
  LaSalle, 142,144,247,250,284,288,292,293
  La Tuque (Assemblée chrétienne), 64,116,118,284,288,291,292

Index

La Tuque (Centre chrétien), 246,284,288,293
Laval-des-Rapides (débutée à Saint-Vincent-de-Paul), 142,144,247, 250,284,288,292,293
Laval (Duvernay), 137,142,143,222,250,284,288,292
Lebel-sur-Quévillon, 142,284,288,292
Lennoxville (Assemblée chrétienne), 142,284,289,292
Lennoxville/Sherbrooke (Source de Vie), 246,291,293
Montréal/Pointe-aux-Trembles (devenue Centre-Sud), 31,46,142, 284,291,292
Montréal/Maranatha, 31,65,116,118,143,247,250,284,291,292,293
Montréal/Rosemont (Masson Street), 30,31,37,41,44,45,46,284,291
Montréal/Rue Boyce (devenue Agapé), 31,118,247,250,284,291, 292,293
Montréal/Saint-Léonard (La Source), 142,143,247,250,284,285, 286,290,292,293
Montmagny, 65,83,103,118,119,186,284,289,292
Mont-Saint-Hilaire, 144
New Richmond (bilingue), 142,284,289,292
Pincourt (bilingue), 246,285,289,293
Price/Sainte-Flavie, 46,142,285,290,292
Québec (Bonne Nouvelle), 142,285,291,292
Québec/Sainte-Foy, 118,173,197,242,285,291,292
Rivière-Beaudette, 142,144,285,289,292
Rivière-du-Loup, 142,184,229,285,289,292
Rollet, 29,30,31,33,37,42,44,45,58,111,112,118,155,228,285,289,292
Rouyn-Noranda (assemblée originale), 142,247,285,289,292,293
Rouyn-Noranda (nouvelle assemblée), 247,255,285,289,293
Saint-Guillaume, 142,285,290,292
Saint-Hyacinthe, 83,142,243,285,290,292
Saint-Jean-Chrysostome, 246,285,290,293
Saint-Jean-sur-Richelieu, 41,142,285,290,292
Saint-Just-de-Bretenières, 246,247,285,290,293
Saint-Léonard, 142,143,247,285,290,292,293
Saint-Michel-des-Saints, 246,285,290,293
Saint-Roch-sur-Richelieu, 142,285,290,292
Sainte-Anne-des-Monts, 142,175,176,285,290,292

Sainte-Julie, 246,250,285,290,293
Sainte-Marie-de-Beauce, 241,246,285,290,293
Shawinigan, 45,64,65,66,67,111,118,162,237,238,255,285,290,292
Sherbrooke, 64,66,83,111,114,116,118,146,147,195,215,216,222,285, 290,291,292
Sorel-Tracy, 118,255,286,290,292
Terrebonne/LAMATER, 142,144,250,286,291,292
Thetford Mines, 38,41,64,65,83,103,111,118,286,291,292
Trois-Rivières-Ouest, 142,286,291,292
Timmins, ON, 142,183,247,286,291,292,293
Valleyfield, 41,45,46,65,118,242,285,290,292
Verdun (Le Sentier), 143,246,247,250,284,291,293
Association d'enseignants chrétiens, 81
Association des écoles théologiques évangéliques au Québec (AETEQ), 274,280
Association pour l'évangélisation de Billy Graham, 202
Athlètes en action, 202
Atkinson, W. R., 37,93
Attalah, Ramez, 216
Atteindre le Québec pour Christ (projet d'évangélisation), 103
Aubut, Noël/Francine, 245,252,295
Audet, François/Hélène-Provost, 215,216,295
Aviation royale canadienne, 13

B

Bacon, Isabelle, 71
Back to the Bible (émission radiophonique), 86,87,88
Bagdad, 17
Bagotville, QC, 69,103
Bahaïsme, 192
Baie-Saint-Paul, QC, 229
Baker, Walter, 242
Baptistes, 20,25,29,44,75,82,83,84,86,95,97,107,138,143,146,208,218, 269
Bard, Sheldon/Catherine, 82,84,106,163,177,212,269,295

Index

Barrington, NH, 268
Baylis, Robert, 23,265
Beach, Ken/Loïs, 218
Beauce, QC (région), 230
Beaudoin Centre, QC, 41
Belcher, Roderick J., 201,223,225
Belgique, 113
Belleville, ON, 150
Beloeil, QC, 188
Bernard, Clair, 125
Berney, Jean-Paul/Églantine, 41,42,94,148,150,177,192,209,219,223, 226,242,245,265,295
Bérubé, Lucien, 20
Bethany Chapel, Verdun, 201
Bethany Lodge, Toronto, 39
Bethel Chapel, Montréal, 148
Bethel Chapel, Pointe Claire, QC, 141
Bible Christian Union, 77
Black Cape Gospel Hall, 284
Blind River, ON, 89
Bloedow, Ruth, 99,295
Boëda, Marlène, 10
Boëda, Paul/Gertrude, 10,66,93,106,107,111,113,114,163,295
Boëda, Paul, Jr., 10
Boillet, Maurice, 146
Boivin, Mme P. F. (Jeanne), 51,295
Bolivie, 228
Boucher, Claude, 99
Boulianne, Charles-Eugène, 92,116,295
Boulianne, Marie-France, 239
Bourassa, Guy/Denise, 238,251,252,254,280,295
Bowes, Wally, 175
Boyd, Leila, 71
Braga, Daniel, 251
British and Foreign Bible Society, 92
Broadbent, E. H., 226

Broadview Gospel Hall, Toronto, 36
Brock Avenue Gospel Hall, Toronto, 42,44,73
Brownsburg, QC, 20
Bruce, Frederick Fyvie, 17
Bulletin évangélique (revue), 99
Buchanan, Eleanor, 44,71,75,296
Buchanan, Frank, 96
Buchanan, Norman/Marion, 5,21,71,82,83,84,95,97,98,99,113,116,159,
    165,170,172,177,191,193,200,201,209,217,223,225,249,258,296
Buchanan, Wilfred/Sheila, 217,219,242,296
Buote, Larry/Stella, 46,296
Burgat, Jean-Paul, 239
Burtnick, Laurence, 100
Buttery, Joanne, 173
Buttery, Roy/Evelyn, 14,67,68,69,87,92,104,106,107,108,109,113,116,
    140,145,146,148,170,173,177,191,209,212,219,222,236,239,241,249,
    252,258,279,280,296

C

Cadotte, Donald, 251
Camp Béthel, 108,175,188,235,271
Camp biblique de Fair Haven, 175
Camp Brochet, 108,109,178,234,235,236,238,239
Camp de l'Amitié, 235
Camp de l'Arche, 175
Camp Joie de Vivre, 175,176,234
Camp Joli-B, 108,109,168,234,235,236,237,252
Campus pour le Christ, 202
Canaan, VT, 106
Canadian Home Bible League, 202
Cantons-de-l'Est (région), 38,76,106,107,119,122,127,176,178,185,197,
    236,245
Cap-de-la-Madeleine, QC, 10,65,79,84,93,97,100,110,114,115,116,118,
    122,150,158,160,161,164,165,166,167,177,193,194,195,198,201,221,
    222,225,226,231,237,238,244,251,269,271,279,286,291,292

Cap-Rouge, QC, 48
Carnie, John, 24
Carr, Eunice, 43,73,75,296
Carscadden, Rév., 25
Central Gospel Hall, Toronto, 44,76
Centres bibliques en République démocratique du Congo, 239,240
Chabot, Norbert/Brigitte, 176,234
Chafer, Lewis Sperry, 226
Champlain, NY, 234
Charlesbourg, QC, 121
Charlottetown Bible Chapel, PEI, 194
Charte de la langue française, 137
Chibougamau, QC, 65,103,118,119,185,283,287,292
Chicoutimi, QC, 68,76,87,90,103,137,139,142,191,219,222,283,287,292
Child Evangelism Fellowship, 82
Chiniquy, Charles, 37
Christian Life Missions, 95
Christian Missions in Many Lands (CMML), New Jersey, 173
Cimetière de Pine Hill, Toronto, 39
Cimetière Mont-Royal, Montréal, 46
Cinquante ans dans l'Église de Rome, 38
Clark, Samuel John, 41,45,113
Clerin, M. et Mme L., 77
Cloutier, Jean-Pierre/Lucie, 231,232,243,251,252,296
Coalition pour la liberté dans l'éducation (CLÉ), 214
Coaticook, QC, 86
Cochrane, Jack, 159
Code civil du Bas-Canada, 209
Code civil du Québec, 61,209
Colombie-Britannique, 194,257
Colonial Church and School Society (CCSS), 262,263
Comité missionnaire consultatif, 114
Commission Fowler, 86,87
Commission Parent, 136
Commission royale d'enquête sur l'éducation, 136
Communistes, 56,60,96

Conard, Bill, 242
Confédération, 131,132,135,273
Conférences des Anciens, Responsables et Ouvriers (CARO), 212,238,244,245,251,279
Conférence des ouvriers francophones, 117
Congo, 113
Congrégationalistes, 24,25
Connaught Home/Auberge Connaught, 124,127
Conseil (revue), 223
Conseils et services missionnaires, 147,149,212,238,240,249
Cookshire, QC, 122,123,124,137,142,146,147,171,230,242,283,287,292
Coppieters, Joël/Debbie, 236,245,279
Coppieters, Samuel/Ida, 97,98,141,175,209,223,225,279,296
Cornett, Norman, 143,220
Cornwall, ON, 90,185,186
Corporation/Églises de frères chrétiens du Québec, 14,58,59,61,63,68, 171,200,209,210,211,212,214,249,277,280
Corps législatif du Québec, 59
Cotnoir (famille), 86
Cotnoir, Gabriel, 29
Cour Suprême du Canada, 68
Cours bibliques par correspondance Emmaüs, 84
Cowansville, QC, 71
Cox, Donald/Elizabeth, 14,93,94,173,175,176,197,209,241,249,280,296
Crise d'octobre, 135
Croisade Chaque Foyer, 84,101,102,103,105,117,196,198

D

Dallas Theological Seminary, 242
Dancy, Charlotte, 196
Darby, John Nelson, 18,19,20,261,263,264
Darling, Joseph/Gertrude, 45,66,163,296
Dart, Louis, 267
Davey, Elizabeth, 46
Davey, Paul, 45

Index

Davey, Vincent/Della, 30,31,32,39,42,43,44,45,46,72,73,74,75,76,156, 163,203,209,266,267
Deans, Bill, 173,240
Decker, Maurice, 239
Decrevel, Claude, 216
Despins, Gilles/Jinny, 255,296
Deschênes, Cécile, 29
Direction chrétienne, 197,202,213,214
Dodds, Charlie, 267
Domaine Béthesda, 212
Doucet, Edgar, 26,37
Doucet, Florence, 71
Doucet, Joseph, 296
Doucet, Kathleen, 296
Doucet, Leonard, 239
Doucet, Ludovic, 239
Doucet, Perside, 72
Doucet, M. et Mme Pierre, 26
Drummondville, QC, 64,66,86,92,103,104,113,114,116,118,182,183,186, 271,283,287,292
Dublin, Irlande, 18
Duncan, James B., 25
Duplessis, Maurice, 56,67
Duplessis, Jean-Paul, 116
Dupont, Roger, 92,98,113,296
Duquen-Nord, QC, 29,111
Durocher, Blanche, 93,113,170,194,195,296
Duvernay, QC, 137,142,143,222,250,284,288,292
Dyck, Ernest, 159

E

Eastview, ON, 91
Ebenezer Gospel Hall, 30,41,119,203

École/Institut biblique Béthel, 14,82,83,84,95,96,97,101,105,108,138, 146,147,148,157,158,159,166,167,175,194,196,197,200,212,217,218, 221,235,241,269
École biblique Emmaüs, Chicago/Toronto, 67,84,105,195
École primaire chrétienne L'Héritage, 137
École de formation, Chicoutimi, 219
École de Théologie évangélique de Montréal, 218
École La Source, 137
École Le Sentier, 138
Écosse, 26
Edgecombe, Ron/Gloria, 170,193,257,296
Édifiez-vous (revue), 223,277
Edmonton, AB, 90,186
Edmonston, NB, 229
Église d'Angleterre, 18,262
Église nationale d'Irlande, 18
Église primitive, 261
Église unie du Canada, 23,265
Églises baptistes de l'Association, 75,82,86,138,143,146,208,218
Églises de Frères chrétiens du Québec, 58,59,61,63,68,200,209,211, 212,214
Elliot Lake, ON, 89
Empire romain, 261
États-Unis, 10,11,50,67,84,93,98,106,110,224,231,242,257,270,272,277
Europe, 19,64,96,192,193,224,226,227,234
Evangel Chapel, Ottawa, 51
Evangelical Literature Overseas, 101,167
Exposition universelle de 1967/Terre des hommes, 84,109,138,140, 141,142,185,225

F

Family Bible Hour, 185
Farmborough, QC, 44,75,76
Farnham, QC, 38,39,41,65,118,119,283,287,292
Fergus, ON, 47

Fleming, SK, 47
Fleming, Kenneth, 241
Fleming, Peter, 241
Fleuve Saint-Laurent, 9,77,229
Foggin, Peter, 90,141,189,190,203,215,216,269,296
Fondation Nicole-Saint-Louis, 11
Fondation NOQ, 258
Fondation Stewards, 11,101,125,249
Forbes, Howard, 106,113,115,116,134,170,209,296
Ford, Leighton, 222
Forest, ON, 24,25
Fortin, Lawrence/Lucille, 147,230,296
Foster, Charles, 216
Foyer Maplemount, 122,123,124,171
Foyer/Mission Flambeau, 121,122,176
Foyer Sion pour enfants, 121
France, 46,47,90,98,113,132,196,239,240
Francis, Bill, 200
Fréchette, François/Louise, 233,251,296
Freeland, Gordon, 159
Frères de Plymouth, 23,24,263,264,265
Frères du Réveil, 26
Frères écossais, 23,24,26
Frères larges, 26
Frères mennonites, 95,97,146,218
Friends of Israel, 239
Frontier Lodge, 106,107,108,109,117,168,234,235,236,270
Fryday, Harold, 44,76,296
Fulford, Francis, 262,263
Fulford, QC, 176
Fuller Theological Seminary, 143

G

Gagnon, André, 146
Garnet, Paul, 243,244,279

Gaspésie (région), 45,46,47,77,90,91,104,175,176,181,185,197,222,229, 230,234
Gaudreault, Jean-Claude/Jacinthe, 222,236,296
Gaulle, général Charles de, 138
Gélinas, Mario, 251
Gélinas, Raymonde, 10
Germain, Louis, 26,46,48,49,50,51,91,120,152,296
Gilbert, A., 116
Gilbert, M., 113
Girardville, QC, 26,27,29,30,37,38,40,55,58,65,70,71,81,103,112,118, 119,151,153,162,163,178,179,180,181,197,238,266,283,287,292
Glad Tidings Crusaders, 88,90,181,184,197,303
Godfrey, James/Nancy, 106,116,296
Gospel Halls, 21,23,26,29,30,31,35,36,41,42,44,49,73,76,246,284
Gospel Recordings of Canada, 176
Gosselin, Jean-Paul/May-Lynn, 227
Gosselin, Myriam, 297
Gosselin, Normand/Jeannine, 297
Grace and Truth Gospel Hall, Ottawa, 49
Grace Chapel, Sherbrooke, 61,83,106,116,119,122,123,125,126,257,258
Grace Christian Home, 124,126,127,164,272
Grace Gospel Hall, Pincourt, 246,285,289,293
Graham, Billy, 202,222
Grainger, Bert/Isabel, 30,41,163,297
Grainger, Eileen, 38,43,72,73,75,297
Grand Bend, ON, 40
Granby, QC, 64,83,86,87,116,118,225,246,247,283,288,291,292,293
Grande-Baie, QC, 67,103
Grant, F. W., 264
Gratton, Noah/Elizabeth, 26,27,28,29,30,31,37,40,41,58,152,163,297
Greenwood Chapel, Toronto, 100
Groupe Réseau des Assemblées Chrétiennes Évangéliques (G.R.A.C.E.), 212,219, 222,252,253,254,255,256,280
Groupes bibliques universitaires et collégiaux du Canada (GBUC), 202,215,216,217
Groves, Anthony Norris, 17,18,19

Index

Guatemala, 220
Guelph, ON, 37,38
Gurnett, Roger, 123,124
Guy, Bernard/Francine, 82

H

Haffenden, Marjorie, 172,258
Hamilton, ON, 23
Hanks, Robert/Hazel, 175,183,184,297
Hannah, Eddie, 267
Haïti, 90,185,189,190,226,234,242,268
HCJB, Équateur, 228,234
Hearst, ON, 142,236,284,288,292
Heidman, Jean, 93,113,297
Herzig, Steve, 239
Hicks, Rév., 25
Hill, Dr Arthur/Margaret, 5,13,20,48,62,68,74,83,92,106,107,110,113,
    114,115,116,120,133,159,172,190,191,192,209,215,216,256,258,259,
    260,268,274,297
Hockey Ministries International, 232
Hoffman, Allan/Helena, 67,68,69
Hostetler, Robert/Lorraine, 146,170,208,216,297
Houle, Ernest, 272
Howitt, Archie I., Jr., 49
Howitt, James, 191
Huberdeau, QC, 48
Hull, QC, 90,118,142,181,185,284,288,292
Hunt, Dave, 239
Huntingville, QC, 123,124,126
Hurtubise, Yvon, 159

I

Insolences du Frère Untel, 132,139
Institut biblique Bérée, 138

Institut/École biblique Béthel, 14,82,83,84,95,96,97,101,105,108,138, 146,147,148,157,158,159,166,167,175,194,196,197,200,212,217,218, 221,235,241,269
Institut biblique de Montréal, 138
Institut biblique Laval, 218
Institut Feller, 20
Interest (revue), 223,242,274,277,279,280
Interest Ministries, 242,249
International Fellowship of Evangelical Students (IFES), 215
Inter-Varsity Christian Fellowship (IVCF), 202,215,216
Irlande, 18,26,37
Island Brook, QC, 48

J

Jackson, Arnold, 106
Jacroux, M., 20
Jalbert, Martin/Yannick, 218,251,252,297
Jeunesse Ardente (revue), 94,270
Jeunesse en Mission, 202
Jeunesse évangélique, 166,167
Jeunesse pour Christ, 202
Jeux olympiques de Montréal, 201,202,203
Johnston, Mme G. G., 36
Jolin, Denis, 73
Jolin, Gaston/Marguerite, 14,21,43,45,73,88,90,104,109,169,177,182, 183,184,185,186,209,228,229,230,232,236,237,239,252,265,269,297
Jolin, Gérard/Angéline, 73,236,252,297
Jolin, Jacques, 45,297
Jolin, Paul/Penny-Jane, 237,297
Joly, Réjean/Danielle, 147,212,229,230,240,297
Jones, Malcolm, 220
Jonquière, QC, 64,103,111,118,266,284,288,292
Joyce, Albert W., 36

Index

K

Kaliojoglou, Trifon, 196
Kénogami, QC, 103
Kenyon, Dorothy, 82,107
Kimber, Ashley A., 141
Kimpel, Jack/Grace, 170,197,252,297
Kirkland Lake, ON, 89
Klinck, Dr William/Dorothy, 106,125,164
Koumarianos, Jean, 239

L

Labonté, Roland, 31,163
Labrecque, Nil, 251
Lac-des-Plages, QC, 49
Lac Opasatica, 109
Lac-Saint-Jean (région), 37,38,57,58,103,107,108,109,111,178,219,238
Lac Wallace, 106,168
Lachute, QC, 41,45,48
Lacombe, Alphonse, 85
Lacombe, Gérard, 116
Lacombe, Roland/Antoinette, 45,98,99,104,106,113,114,116,161,177,209, 297
L'Actualité (revue), 190
La foi vivifiante (LFV), 21,88,89,90,169,181,185,186,187,189,190,222, 230,233
Lafrance, Serge/Lilliane, 159,170,203,245,297
Lafrenière, Pierrot, 238
La Grande Maison, 142,143,250
La jeunesse ouvrière catholique, 195
Lake Shore, ON, 25
Lanctin, Henri, 85
Langley, Roy, 13,62
La Pocatière, QC, 142,184,229,247,284,288,292,293
Larder Lake, ON, 45

Larrivée, Albert, 43
Laurendeau, André, 132
Laurendeau, Yves, 137
Laurentides (région), 107
Laval, QC, 31,142,144,247,250,284,288,292,293
La voix de l'évangile, 87
Learoyd, Bill/Nadine, 31,94,116,170,215,297
Lefebvre, Steve, 238
Le Journal du soir (tract), 94
Lemelin, André, 190
Lennoxville, QC, 125,138,142,196,246,284,286,289,292,293
Lepage, René, 251,298
Lépine, Jean/Lilliane, 222,251,279,298
Lesage, Jean, 81
Lesaulnier, Raymond, 105
Le Soleil (journal), 27
Lévesque, René, 135
Lévis, QC, 245
Lewis, Elizabeth, 78,79,121,122,164,272,298
L'Heure de la Bonne Nouvelle (HBN), 14,21,88,89,90,171,181,182,184, 186,222,228,230,231,232,233,278
Librairie chrétienne de Québec, 278
Librairie Scripture Truth, Ottawa, 49
Liebi, Roger, 239
Light and Liberty (revue), 48,265
L'Île-du-Prince-Édouard, 194,232
L'Île Jésus, QC, 95
Lite, Anthony, 143
Literature Crusades, 202,203
Loi 60, 136
Loi 63, 137
Loi 101, 137
Loi du cadenas, 56
Londres, 20
Lougheed, Richard, 140,273
Low, William, 20

Lucas, Sandra, 170,298
Lucien, Louis, 72
L'Université de Montréal, 215,216
L'Université Laval, 144
L'Université McGill, 216

M

MacArthur, John, 225,226
MacDonald College, 44,75
MacLaren, Ross, 26
MacWilliam, Greg/Pat, 236
Magog, QC, 93,230,245
Mahaffy, James, 36
Maison de la Bible, 227
Maouyo, Ann, 216
Marchildon, André/Dorothée, 137,143,144,220,243,298
Martin, Harold George, 124
Martin, J. M., 49
Martin, Lucien, 32,43
Martineau, Alain/Jocelyne, 235,298
Massawippi Christian Retirement Homes, 124,212
Masters, Margaret, 71
Mauricie (région), 237
McAlister, Jack, 102
McBride, Gary, 239
McCallum, John, 249
McCready, Harry/Patricia, 43,75,163,298
McGowan, Jessie, 183,299
McLaren, Ross, 265
McNicol, Bruce, 249
Mémorandum, 61,210
Mes Combats, 37
Message de Vérité (revue), 50,103,104,105,192,270
Méthodistes, 24,25,47
Ministère de l'Éducation, 44,76,78,136,273

Ministère de l'Instruction publique, 70,71
Mission de la Grande-Ligne, 20,83
Mission évangélique libre, Ottawa, 49
Missionary Service Committee (MSC), Toronto, 173,240,241
MISSIONS (revue), 173,240,241
Mission Québec, 244
Moncton, NB, 85
Montbeillard, QC, 32,43,44,45
Montcalm, général Louis-Joseph de, 132
Montmagny, QC, 65,76,77,83,87,90,103,118,119,185,186,197,245,255, 284,289,292
Montplaisir, Fernand/Guylaine, 238,298
Montréal, QC, 27,29,30,31,35,36,37,40,41,42,44,45,46,48,55,57,58,61, 65,66,70,72,73,75,76,83,86,89,90,93,94,95,97,103,106,107,109,111, 118,119,121,137,138,140,141,142,143,144,148,150,174,176,185,186, 188,190,191,197,202,203,213,214,215,216,218,219,220,222,232,233, 243,247,248,250,262,264,265,269,280,284,285,289,291,292,293
Mont-Saint-Pierre, QC, 175
Moody Bible Institute, 202,203,255
Moose Jaw, SK, 47
Mormons, 192
Mountain, George (évêque), 263
Mouvement charismatique, 145
Mouvement des Frères, 13,17,19,21,22,25,149,246,264
Mouvement d'Oxford, 18,262
Mouvement pour la croissance des églises, 143
Mouvement séparatiste, 132,133
Muirhead, Leslie/Louise, 143,203,220,273,280,298
Müller, George, 18,19,263
Munger, Pierre/Suzanne, 137,235,298
Munkittrick, Harold/Peggy, 106
Munroe, Donald, 24,25,35,151
Musulmans, 240

Index

N

Namur, QC, 49
Naudville, QC, 69
Neelands, John, 25
New Carlisle Bible Chapel, 175
New Jersey, 94,270
Newman, Francis, 18,261
Newman, John Henry, 18,261,262
Newmarket, ON, 42
News of Quebec (revue), 13,14,20,22,26,31,37,46,48,51,58,62,63,64,65, 67,75,76,82,83,84,86,87,93,102,104,110,113,117,120,121,122,124,126, 131,135,139,145,148,172,174,185,190,181,192,194,195,207,209,212, 213,215,219,226,235,241,247,249,250,251,256,257,259,261,264,276
Newton, B. W., 263
New York, 94,141,218,264
Nicholson, J. Boyd, Jr., 239
Nitro, QC, 45,46,285
Noranda, QC, 44,45,72,73,75,76,142,183,184,228,247,255,285,289,292, 293
North Bay, ON, 89
North Hatley, QC, 124,127
Northland Bible Camp, 109
Northrup, Rév., 25
Notre Pain Quotidien (revue), 226
Nouveau-Brunswick, 45,46,48,85,144,182,184,229
Nouvelle-Angleterre, 268
Nouvelle-Écosse, 46,182

O

Ogilvy Street Gospel Hall, 29,30,35,46
Olivier, Henri, 264
Ontario, 10,21,23,24,25,35,36,37,38,40,42,43,45,47,48,50,73,87,88,89, 90,93,103,104,109,118,142,150,151,183,184,185,186,218,230,231,233, 236,239,267,292

Ontario Bible College, 202
Open Door Society, 121
Opération espérance, 202
Opération mobilisation, 217
Oratoire Saint-Joseph, 55
Orillia, ON, 36
Orr, James Edwin, 226
Ottawa, ON, 48,49,50,51,90,91,118,284,285,288,289,292
Otter Lake, QC, 20
Ouellette, Richard/Sylvie, 216,298
Owen Sound, ON, 218

P

Pagé, Lynn, 238
Pape Avenue Gospel Hall, 23,26,35,36
Paquette, E., 116
Paquin, Gabriel/Mélanie, 234,298
Parent, Mgr Alphonse-Marie, 136
Park Extension Gospel Hall ,29
Parkhill, ON, 24,25
Parkside Ranch, 170,178,234,235,236
Parlement du Canada, 23
Parole de Vie Béthel (voir aussi École/Institut biblique Béthel), 218
Paroles d'en haut,184,187,228,229
Paroles du Seigneur, 184
Parti québécois, 135,145
Pasche, Louis, 20
Paul, Tom/Sylvia, 143,144,220,298
Paulette, Robert/Madge, 215
Payne, Homer/Margaret, 82,84,217,231,269,298
Payne, Norman, 267
Peach, Wesley, 140,274
PEDAC, 143,220
Pedneault, Michel/Diane, 222,245,251,298
Pellerin, Pierre/Claudette, 212,298

Pentecôtistes, 75,76,86,138,146,208,269
Petelle, Yves/Lucie, 72,266
Petit-Clerc, Fernand/Evelyn, 44,159
Philadelphie, PA, 94
Phillips, Bill, 146
Pfister, Pierre-Étienne, 239
Pied-du-Lac, QC, 76
Pitman, Doris, 43,71,73,75,266,298
Plourde, Nathalie, 216
Plymton, ON, 25,72
Pointe-aux-Trembles, QC, 31,46,142,284,292
Port Alfred, QC, 67,68,103
Pouliot, Berthe, 71
Presbytériens, 23,24,25,269
Price, QC, 46,142,285,292
Price, Keith, 84,141
Primeau-Robert, Alphonse, 78,267
ProFAC, 212,219,220,221,222,255,256
Projet Timothée, 147,148,149
Prospect Heights, IL, 203
Protestant Partnership in Education, 213,214
Provinces Maritimes, 85,231,233
Publications Chrétiennes, 14,21,83,97,98,100,101,103,165,192,193,194, 198,199,200,201,202,223,224,225,226
Pusey, E. B., 262

Q

Quarante ans dans l'Église de Christ, 38
Québec (ville), 27,28,38,48,64,77,86,92,103,106,118,121,142,175,185, 188,195,227,240,241,242.255,263,272,273,278,285,289,292
Que dit la Bible ? (émission radiophonique), 229,230
Queval, Claude/Muriel, 146,298
Quinlan, Mabel, 92,93,113,298
Quito, Équateur, 228,234

R

Racine, Gaston, 106,109,174
Radio Bible Class, Michigan, 224,226
Radio Lumière, Haïti, 190
Radio Nord, 89,269
Référendum, 135
Regular Baptists, 86
Remon, Denis, 207,264
Regroupement Évangélique pour le Service et l'Entraide des Assemblées Urbaines, 219,243, 247,248,250,280,293
Révolution tranquille, 81,139,140,187
Reynolds, Arnold/Janet, 21,24,61,63,68,71,85,93,106,107,113,114,115, 116,117,125,131,134,139,141,146,147,149,159,163,164,170,172,190, 191,199,203,209, 245,259,260,272,279,298
Reynolds, Herbert, 24
Reynolds, Jim, 216
Reynolds, Robert, 215,216
Rhéaume, Ernest, 175
Rice, David F., 141
Richard, Paul, 33
Rimouski, QC, 76,77
Rivière-Bleue, QC, 45
Rivière-du-Loup, QC, 142,184,187,228,229,285,289,292
Rivière Saint-Maurice, 237
Roberval, QC, 29,71
Robbins, Marj, 14,170,172,193,194,232,258,276,298
Rochester, NH, 10
Rockway Valley, QC, 48
Rollet, QC, 29,30,31,32,33,37,39,42,43,44,45,58,65,72,73,75,76,81,109, 111,112,118,154,155,156,228,285,289,292
Rome, Italie, 56,86
Rosemount Bible Church, 31
Rousillon, QC, 20
Rouyn-Noranda, QC, 289
Rublee, Ron/Jean, 270

Russell, Leslie R., 68,90,140,141,191,269
Russie, 208
Ryle, J. C., 226

S

Saguenay-Lac-Saint-Jean (région), 103,104
Saint-Amour, Pierre, 240
Saint-Constant, QC, 121
Saint-Émile-de-Suffolk, QC, 49
Saint-Félicien, QC, 29,41
Saint-François-de-Sales, QC, 29
Saint-Gelais, Emma, 71
Saint-Jean-sur-Richelieu, QC, 41,142,285,290,292
Saint-Laurent, Gérald/Denise, 234,298
Saint Lawrence Corporation, 10
Saint-Louis, Fernand/Yolande, 10,12,14,21,41,77,83,87,88,90,103,106, 119,132,141,148,159,169,177,185,186,188,190,203,209,230,233,265, 268,269,271,279,298
Saint-Louis, Nicole, 11
Saint-Martyrs-Canadiens, QC, 48,76
Saint-Narcisse, QC, 80
Saint-Pierre et Miquelon, 229
Saint-Pierre-Jolys, MB, 47
Sainte-Agathe, QC, 103
Sainte-Anne-de-Bellevue, QC, 45
Sainte-Anne-des-Monts, QC, 142,175,176,184,229,285,290,292
Sainte-Foy, QC, 118,173,197,242,285,291,292
Sainte-Marthe-du-Cap, QC, 9
Salle évangélique, 21,23,25,26,31,35,49,50,59,111
Salmon, John, 24,25
Samson, Marc, 251
Sanctuaire Notre-Dame-du-Cap, 10
Sarnia, ON, 24
Sarnia Observer (journal), 24
Saskatchewan, 47,95,185

Saskatoon, SK, 90,95,186
Sault-Sainte-Marie, ON, 88
Savard, Elliette, 239
Schmidt, Ewald, 123
Schroon Lake, NY, 218
Scotstown, QC, 48
Scott, Elsie, 71
Scripture Gift Mission, 202
SEMBEQ (Séminaire baptiste évangélique du Québec), 138,143,218
Sermons de la science, 84,138,140,141,142,185,196,203
Service d'orientation biblique, 192,226,227
Services chrétiens de La Grande Maison, 250
Shawinigan/Shawinigan Falls, QC, 45,64,65,66,67,111,118,162,237, 238,255,285,290,292
Sherbrooke, QC, 13,20,21,48,61,62,64,66,76,83,85,90,93,95,97,103,105, 106,107,111,114,116,117,118,119,120,122,123,124,125,126,138,146, 147,157,186,191,195,196,200,212,215,216,222,229,230,241,246,258, 285,286,290,291,292,293
Shontoff, Cyril/Marjorie, 45,46,92,113,116,141,146,170,209,299
Simard, Denis/Donna, 235,299
Smith, Dr Glenn, 140,280,293,299
Smith, James, 44,71
Smith, Ron, 31
Snyder, Bill/Marian, 144,222,299
Société biblique de Genève, 227
Société canadienne de la Bible, 202,232
Société Radio-Canada, 86,87,88
Société d'histoire du protestantisme franco-québécois, 264,274
Society for the Propagation of the Gospel in the Foreign Parts (SPG), 262
Spreeman, John/Nellie (s'est remarié avec Eileen Grainger), 23,26,27, 28,29,30,31,32,35,37,38,40,42,43,55,72,73,93,94,103,152,156,163,265, 267,297,299
Stade olympique, Montréal, 145
Stahr, James, 242,279
Steele, Florence, 71,299

Index

Stratton, Phyllis, 71
Strauch, Alexander, 226
Street, Harold, 101
Strout, Mark/Laurie, 218,251,299
Strout, Richard/Virginia, 10,82,84,146,147,148,159,170,172,173,191,196,
    211,218,222,239,241,242,266,279,299
Suisse, 19,83,84,90,264
Sunnyside School, 10,268
Sutherland, Brian R., 141

T

Tanis, Carl J., 95
Taylor, Kenneth, 101
Taylor, Raymond/Marguerite, 31,83,95,113,116,141,299
Témiscouata, QC (région), 41,45,76,246,286,290,293
Témoins de Jéhovah, 38,60,96,116,192
Theological Education by Extension (TEE), 220
Therrien, Réal/Diane, 176,299
Thetford Mines, QC, 38,41,64,65,83,103,111,118,230,286,291,292
Thibault, Fernande, 239
Thibeault, Lucie, 238
Thomas, Jerry, 269
Thomas, L. C., 49
Thrall, Bob/Carolyn, 45,109,170,179,203,299
Thurso, ON, 45
Tiffault, A., 116
Timmins, ON, 43,87,89,142,183,247,286,291,292,293
Toronto, ON, 23,26,35,36,38,39,42,43,44,72,73,76,93,99,100,141,150,
    195,240,241,261,272
Toute la Bible en parle, 21,188,233
Townley, Steve, 236
Tract Bands, 93,94
Traité de Paris, 131
Tremblay, Joseph/Jessie, 141,175,183,184,186,187,209,216,228,229,299
Trench, Richard C., 226

Trois-Rivières, QC, 10,41,66,78,79,85,109,111,112,118,186,195,245,255, 256,265,268,291,292

U

Union des Églises baptistes françaises, 146,266
Union nationale, 56
Urbana IL, 150,216

V

Vallée de la Rouge, 48
Valleyfield, QC, 41,45,65,118,242,285,290,292
Vaudreuil, QC, 124
Vaudry, Richard, 263
Vedder, Martin, 239
Venezuela, 36
Verdun, QC, 42,143,201,246,247,250,284,293
Vers Minuit (revue), 97,98,103,270
Vessot, Joseph, 91,269
Vie Ardente (revue), 97,99,270
Villa du Carmel, 237
Villa Shalom, 177,235,250
Virgint, Danny, 256
Virgint, Douglas/Ellen, 14,148,200,222,223,225,226,251,255,279,280, 299
Vision Ministries Canada, 254
Vision Mondiale, 202

W

Wade, Mason, 14,261,272
Warnholtz, Fred/Jean, 236
Warwick, ON, 25
Weir, Helen, 43,72,75
Western Tract Mission, 94,95

Wheaton College, 150
Wight, Wilf/Connie, 232
Wilson, David R., 93,141
Windsor, ON, 183
Wingender, Eric, 144,207
Winnipeg, MB, 47
Wolfe, général James, 132
Wolitarsky, Bill/Karen, 31,143,170,220,299
Word of Life Bible Institute (WOLBI), 218
Word of Life International, 218,235
Workers Together, 176,196
World Literature Crusade, 102
World Missions Congress, 150

X-Y-Z

Zaïre, 145,240
Zuidema, Jason, 274

« **Publications Chrétiennes inc.** » est une maison d'édition québécoise fondée en 1958. Sa mission est d'éditer ou de diffuser la Bible ainsi que des livres et brochures qui en exposent l'enseignement, qui en démontrent l'actualité et la pertinence et qui encouragent la croissance spirituelle en Jésus-Christ.

Pour notre catalogue complet :
www.publicationschretiennes.com

Publications Chrétiennes inc.
230, rue Lupien, Trois-Rivières (Québec) G8T 6W4
Tél. (sans frais) : 1 866 378-4023, Téléc. : 819 378-4061
commandes@pubchret.org

www.ingramcontent.com/pod-product-compliance
Lightning Source LLC
Chambersburg PA
CBHW071237160426
43196CB00009B/1097